FIGURES DU THÉOLOGICO-POLITIQUE

PROBLÈMES ET CONTROVERSES
Directeur : Jean-François COURTINE

FIGURES
DU
THÉOLOGICO-POLITIQUE

édité par

E. CATTIN, L. JAFFRO, A. PETIT

Ouvrage publié avec le soutien
de l'Université Blaise Pascal

PARIS
LIBRAIRIE PHILOSOPHIQUE J. VRIN
6, Place de la Sorbonne, V^{e}

1999

Printed in France

ISSN 0249-7875

ISBN 2-7116-1383-6

AVERTISSEMENT

La question théologico-politique est encore la nôtre. Les textes qui suivent, en remontant à quelques-unes des figures qu'elle a prises dans la philosophie et dans l'histoire, voudraient aider à éclairer notre regard sur le présent. Sans doute l'unité du problème n'est-elle pas manifeste au premier abord. Des questions hétérogènes semblent mêlées : celle du droit divin des rois, plus généralement celle de la relation entre le pouvoir et le sacré ; celle, bien différente, de la fonction politique du religieux ; celle, autre encore, de la censure théologique et du contrôle clérical du politique ; celle de l'interprétation de l'Écriture et de la liberté de penser et de croire. Mais ces éléments, comme l'attestent les études qui suivent, s'ordonnent selon des figures déterminées. Bien plus, ils trouvent un centre dans la question de l'intérêt que la philosophie elle-même peut porter au problème théologico-politique. Rarement la philosophie aura été autant *intéressée* à une question : il y va de son existence même, et de sa liberté d'allure.

Car la question théologico-politique est au fond celle de la communauté et de la communication. C'est sous l'unité de ce problème que nous pouvons reprendre la diversité des aspects du théologico-politique. Une première figure : la communauté politique s'appuie-t-elle sur une communauté plus vaste, une communication avec un sacré qui la surplombe ? C'est en ce sens qu'on peut comprendre l'usage de la formule paulinienne, « tout pouvoir vient de Dieu », qui détermine tout un pan de l'histoire du théologico-politique. Mais – deuxième figure – le religieux propose aussi au politique un modèle de communauté, qui est très généralement celui du petit groupe, sous les formes variées du pastorat, de l'*ecclesia*, du *club*, de la sodalité. La communauté politique peut-elle être pensée à partir de ce type de socialité ? La question est ambiguë. On peut affirmer ou nier que l'existence politique suppose des formes religieuses de communauté ; mais on peut aussi s'intéresser à la façon dont la philosophie peut réutiliser à son profit ces modèles de société religieuse afin d'élaborer sa propre politique. Ces deux premières figures explorent des dimensions opposées de la question. Tantôt la communauté politique doit, selon des modalités qu'il convient d'examiner, entrer en communication avec une instance sacrée qui, sous l'aspect de son origine, lui est extérieure et que nous découvre la religion ; tantôt le religieux, sous l'aspect de son organisation, fournit simplement un modèle, qu'il faut évaluer, pour la communication intérieure à la communauté politique. Nous découvrons alors une troisième figure, qui est comme la vérité des précédentes : ces questions ne seraient pas posées par la philosophie, dans son histoire, si un des premiers problèmes de la philosophie, le plus urgent sans doute, n'était pas celui de sa propre communication ou publication. De quelle manière la philosophie peut-elle ménager son existence et son exposition dans la communauté politique ? La question théologico-politique n'est pas seulement celle de l'origine du pouvoir : ce pouvoir, s'il ne la persécute pas, la menace de toute façon, parce que la philosophie lui fait courir au moins le risque que comporte, pour le pouvoir, toute pensée du pouvoir. Pourquoi la question théologico-politique ? Parce que le philosophe compte parmi ses interlocuteurs – ou ses adversaires –, bon gré mal gré, le prêtre et le magistrat.

Cet ensemble d'études est issu d'un colloque, organisé en mai 1996 par le Centre d'Études sur l'Humanisme, les Réformes et l'Age Classique (CERHAC) à l'Université Blaise Pascal (Clermont II). Nous remercions le directeur du CERHAC, Dominique Descotes, et le responsable de sa composante « Réforme et Contre-Réforme », Jean Pironon, pour leur soutien, en particulier pour l'aide à la publication qui nous permet aujourd'hui de soumettre ce travail aux lecteurs.

E. CATTIN, L. JAFFRO, A. PETIT

LE PASTORAT OU L'IMPOSSIBLE RACCOURCI THÉOLOGICO-POLITIQUE

Le concept de « pastorat politique » n'est pas monnaie courante dans l'historiographie de la pensée politique : il ne l'est pas tellement plus si on limite le propos à l'Antiquité, comme ce sera le cas de la présente étude. A cette rareté relative, il y a sans doute plusieurs raisons, dont la première serait le caractère atypique des doctrines antiques qui tenaient pour le pastorat, comme le pythagorisme qui sera notre objet majeur. Au demeurant, le pastorat, pièce intégrante d'une théologie politique pythagoricienne, a cette infortune supplémentaire de partager le sort de la littérature pythagoricienne, très fragmentaire, et souvent apocryphe. De plus, il s'accommode fort mal de l'attention portée par la pensée politique classique des Grecs à la *politeia*, dont on verra qu'il nie les fondements. Enfin, il met en cause l'émancipation du politique, réputée contemporaine de l'émergence de la cité : le pastorat, comme l'attestera le recours au mythe du *Politique* de Platon, soustrait en effet le pouvoir sur les hommes à toute dimension institutionnelle, et rend la loi superfétatoire.

Cette rareté même rend l'objet pastorat intéressant ; mais l'intérêt redouble à observer le nouveau sort fait au pastorat politique par Michel Foucault, qui en fait un des concepts majeurs autant que peu aperçus de la pensée politique.

Il s'agira pour nous, en prolongeant les propositions théoriques de Michel Foucault, de reconsidérer les lieux où le pastorat a fait l'objet de considérations expresses, afin de mettre en lumière non point tant un paradigme caché de la pensée politique antique, qu'un concept permettant de saisir les limites de cette pensée – dans les difficultés qu'elle éprouve à rompre le lien du théologique et du politique – et qu'on aurait tort de croire exorciser en le confinant dans on ne sait quel archaïsme. C'est que le pastorat – tout ancien qu'il soit dans son affirmation pythagoricienne – n'a cessé de resurgir, entre autres du fait de la perception de l'impossibilité où se trouve la loi d'être une régulation parfaite des comportements. Cet écart qu'il manifeste à l'égard de tout légicentrisme, ce dépassement de la loi par le haut et par le bas, valent au pastorat sa grande capacité de fondation d'un exercice monarchique du pouvoir, comme l'attestent les pseudépigraphes « pythagoriciens » *Sur la Royauté* [1]. On serait donc malavisé de le tenir pour philosophiquement ou politiquement mineur sous couleur de rareté philosophique ou de délicatesse avec la pensée classique de la *politeia*.

Mais, au juste, que faut-il entendre par « pastorat politique » ? Le concept de « pastorat politique » tel que le construit M. Foucault dans ses *Tanner Lectures* de Stanford (1979) [2] rassemble plusieurs traits qui tendent à le différencier du concept d'État comme pouvoir centralisé et centralisateur : en particulier, M. Foucault allègue la présence immédiate et l'action directe du pasteur – ce qui veut dire que ce dernier ne peut faire fond sur de bonnes lois pour juger jamais sa tâche achevée –, sa bienveillance constante, individualisée et finale, enfin sa vigilance qui l'amène à connaître les besoins de chacun en particulier. Or, souligne M. Foucault, une telle notion est pour l'essentiel absente des grands textes politiques grecs ou romains. Il y a à cela, hormis Homère et son *poimên laôn* (« pasteur des peuples »), deux exceptions patentes : le pythagorisme et Platon. Cependant, on ne saurait dire qu'elles doivent être considérées au même titre. Car, si le pythagorisme, dès son origine, semble bien proposer une forme de théologie politique, Platon, pour sa part, paraîtrait plutôt la récuser, en montrer le défaut de pertinence pour la cité telle qu'elle est. La difficulté la plus sérieuse réside dans la restitution de cette théologie politique affectant la forme d'un pastorat. On sait quelles obscurités attendent l'exégète du pythagorisme lorsqu'il doit étayer ses conjectures, faute de textes qui soient de première main. C'est flagrant lorsqu'il s'agit du pythagorisme politique, que nous ne connaissons que par le truchement d'Aristoxène de Tarente, au mieux.

1. Éd. H. Thesleff, *The Pythagorean Texts of the Hellenistic Period*, Abo, Abo Akademi, 1965. *Les Traités de la Royauté d'Ecphante, Diotogène et Sthénidas*, éd. Louis Delatte, Paris, Droz, 1942. Voir aussi les traductions dans Armand Delatte, *Essai sur la Politique Pythagoricienne*, Paris, Champion, 1922, chap. IV.

2. M. Foucault, « *Omnes et singulatim* : vers une critique de la raison politique », *Le Débat*, 41, septembre-novembre 1986, p. 5-35.

Le peu que nous en sachions réduit la possibilité d'obtenir une certitude relative à la teneur exacte de cette doctrine politique. Cependant, on est fondé à penser que l'un de ses concepts essentiels est l'imitation politique des dieux [1], même si, dans les *testimonia* issus d'Aristoxène, on ne discerne pas bien les modalités exactes de cette imitation. Le point décisif peut, malgré tout, être assigné avec quelque vraisemblance : c'est le refus pythagoricien d'une émancipation de l'*archè* politique à l'égard du gouvernement divin du monde. En réalité, la théologie politique du pythagorisme ancien est une cosmopolitique, la surveillance que le dieu suprême (Zeus cosmique) exerce sur le monde devant s'exercer aussi sur les cités (Jambl., V. P., § 174). Il n'y a pas, si l'on en croit Aristoxène, de limite à l'empire du dieu, le politique ne saurait être un règne *sui generis*. Le pythagorisme ancien accuse ainsi fortement la nécessaire suréminence *(hyperbolè)* de l'autorité, qui ne saurait être du même ordre que ceux sur qui elle s'exerce ; il met également en pleine lumière le *caractère pastoral* de l'archè, qui requiert une vigilance de tous les instants et une sollicitude à l'égard de chacun [2]. L'autogouvernement des hommes est tenu pour inconcevable, énoncé théologico-politique promis à une grande pérennité, et prépare la constitution d'une théologie politique de la royauté à l'ère hellénistique. Mais le pythagorisme ancien ne précise pas la théomimétique, il ne comporte pas de discours *Peri Basilèias*.

On le rencontre au contraire dans le *Politique* mais selon un tel mode que le dessein politique de ce dialogue est demeuré sujet de controverse parmi les exégètes : Platon entend-il justifier le caractère exceptionnel et pour tout dire absolu du pouvoir royal ou en montrer la rareté dans les cités contemporaines ? On a pu non sans quelques sérieuses raisons voir dans l'argumentation du *Politique* une légitimation de la loi en l'absence de toute nature exceptionnelle constitutive de l'homme royal. Cependant Platon ne l'écarte pas résolument, ce qu'il veut plutôt récuser est le mode de présentation de cet homme royal qui lui associerait un pouvoir immédiat sur ses sujets et qui pourrait bien, comme le croient Henri Joly et Michel Foucault, représenter un élément de doctrine pythagoricienne. A cet égard, quelque réserve s'impose, car,

1. A. Delatte, *Essai sur la politique pythagoricienne*, *op. cit.*, p. 47.

2. *Cf. Phédon,* 62 b : « en tini phroura esmen oi anthrôpoi ... theous einai hêmôn tous epimeloumenous kai hêmas tous anthrôpous hên tôn ktêmatôn tois theois einai ».

selon la remarque de Henri Joly [1], si le mythe du *Politique*, mythe de souveraineté théologique, constitue un modèle politiquement inimitable, il n'en est pas moins vrai qu'il faut l'imiter médiatement par le biais des techniques législatives et juridiques. Si bien que le pastorat reste un modèle disponible pour une théologie politique qui se passerait de cette médiation, et revendiquerait l'extériorité radicale du roi, « être émigré, étranger venu d'en haut (*xenon ekeithen*) chez les hommes » [2]; si bien qu'on pourrait penser que ses vertus sont œuvres du dieu et qu'elles ne sont œuvres du roi que grâce au dieu.

Les pseudépigraphes pythagoriciens *Peri Basileias* rethéologisent fortement l'exercice du pouvoir en jetant les fondements d'une conception absolutiste. Ce qui les conduit à faire du pastorat royal une *médiation* entre le dieu et les sujets, une mission du dieu auprès des sujets, et à *lever l'interdit platonicien* jeté sur l'imitation politique directe, selon les termes de Henri Joly. Il serait donc assez peu judicieux de voir dans la théologie politique des pseudépigraphes hellénistiques [3] une forme de prolongement du platonisme, on pourrait dire à certains égards que les pseudépigraphes restaurent en les amplifiant les traits qui avaient été jugés inadéquats par Platon dans cette théologie de la souveraineté. Ce possible écarté par Platon, ils en font une doctrine légitimatrice d'un absolutisme *in statu nascendi.*

S'il y a quelque chose de constant dans la tradition pythagoricienne en matière de pensée politique, c'est bien le souci qu'elle a toujours manifesté de ne pas ratifier l'autonomie du politique. Les cités ne sauraient s'émanciper de la tutelle divine : ainsi, Aristoxène, si l'on en croit Jamblique, rapportait dans ses *Maximes Pythagoriciennes* que « ce qui semblait à Pythagore le plus propre à fonder la justice était l'autorité *(archè)* des dieux à partir de laquelle on pouvait instaurer un gouvernement et des lois, ainsi qu'une justice et des règles juridiques » [4]. Mais ce ne serait pas assez dire, car on serait tenté d'attribuer à une bonne part du pythagorisme l'idée d'un pouvoir supra-politique, marqué tout à la

1. H. Joly, *Le Renversement Platonicien,* Paris, Vrin, 1974, p. 290.

2. Stobée, dans H. Thesleff, *op. cit.*, p. 275 ; L. Delatte, *Les Traités de la Royauté d'Ecphante, Diotogène et Sthénidas*, *op. cit.*, p. 31.

3. Voir H. Thesleff, *An Introduction to the Pythagorean Writings of the Hellenistic Period*, Abo, Abo Akademi, 1961.

4. *Cf.* D. K. 58 D 3 : Jamblique, V. P., § 174 (trad. D. Delattre, in *Les Présocratiques*, éd. J. P. Dumont, avec le concours de D. Delattre et J. -L. Poirier, Paris, Gallimard, Bibliothèque de la Pléiade, 1988).

fois par la bienveillance à l'égard de chaque individu et l'irresponsabilité à l'égard de tous les sujets.

On partira ici de la distinction introduite par Michel Foucault, entre l'État, « forme politique d'un pouvoir centralisé et centralisateur », et le pouvoir dirigé vers les individus, « le pouvoir individualisateur », qu'il proposait d'appeler « pastorat »[1]. S'interrogeant d'abord sur son histoire, il observait que l'idée pastorale n'était pas familière aux Grecs et aux Romains, mais qu'elle était répandue dans les sociétés orientales antiques, Égypte, Assyrie, Judée. Il notait pourtant deux exceptions notables à cette absence grecque : Homère[2] et les textes pythagoriciens[3]. M. Foucault mettait ainsi en lumière le caractère atypique manifesté par la tradition pythagoricienne au sein de la pensée politique grecque et romaine : si l'on use de la distinction conceptuelle qui est la sienne, on peut dire que le pythagorisme a plutôt favorisé le « pouvoir individualisateur »[4].

Dans un livre important, H. Joly, examinant l'arrière-plan du mythe du *Politique* de Platon, discerne lui aussi le thème pythagoricien du pastorat divin. Pour lui, le *Politique* accomplirait une relativisation des vérités de la théologie politique pythagoricienne, car « la souveraineté théologique (pré-politique et directe) est politiquement inimitable »[5].

De fait, ce qu'il s'agira pour nous d'analyser tient dans le paradoxe, exemplairement illustré par le pythagorisme, d'une représentation du pouvoir qui n'est pas directement politique, qui ne s'inscrit pas essentiellement dans ce champ de dévolution de l'*archè* que constitue la *politeia* dans son acception classique[6]. Aux yeux d'un Platon, déjà, cette représentation fait figure d'archaïsme, en ce qu'elle méconnaît l'artificialité de la politique, ignore les médiations constitutives de la cité, et surtout, rend hyperbolique le statut de l'homme politique. Selon une scholie à Homère[7], « les Pythagoriciens, à côté du genre divin et du genre humain, ont introduit le roi ou l'homme sage ».

1. M. Foucault, « *Omnes et singulatim* : vers une critique de la raison politique », art. cit.

2. *Cf.* l'emploi de l'expression *poimên laôn*.

3. M. Foucault cite le Pseudo-Archytas, *Peri Nomô*.

4. Art. cit., p. 7.

5. *Le Renversement Platonicien*, *op. cit.*, p. 290.

6. *Cf.* Aristote, *Politique*, II, 6, 1278b 8-10.

7. Scholie à *Iliade*, I, 340, citée par A. Delatte, *Etudes sur la Littérature Pythagoricienne*, Paris, Champion, 1915, p. 120-121.

Platon, récusant, on l'a vu, dans le *Politique* [1] la théologie politique du pastorat, tirait de son mythe la conclusion qu'« à la mesure d'un roi, elle est trop grande, la figure du pasteur divin, alors que les politiques d'ici-bas et d'à présent, sont, par leur naturel, beaucoup plus semblables à ceux dont ils sont les chefs ».

Ce qui est en jeu dans l'analyse platonicienne, c'est la suréminence du roi, proclamée sans ambages par les Pythagoriciens, qui, s'il faut en croire Ninon, leur adversaire à Crotone, auraient loué Homère d'avoir parlé du roi comme « pasteur des peuples » *(poimena laôn)* [2].

Ainsi, comme l'œuvre de Platon semble l'attester, le pythagorisme ancien avait élaboré la doctrine d'une imitation de Dieu dans le gouvernement des hommes, qui devait avoir, ultérieurement, une grande fortune. Mais cette doctrine encore peu déterminée, était appelée à revêtir un caractère plus circonstancié dans certains des pseudépigraphes pythagoriciens. La première référence importante en la matière est le *Peri Nomô kai Dikaiosunas*, attribué à Archytas [3] : dans ce traité, que A. Delatte et H. Thesleff datent du IVe siècle avant notre ère, l'auteur écrit : « je dis que toute communauté se compose d'un dirigeant, d'un dirigé, et de lois. Parmi les lois, l'une est animée, c'est le roi ; l'autre est inanimée, c'est l'écrit » [4]. Plus loin, il précise que « pour ce qui est de bien commander, le vrai dirigeant doit être non seulement doué de savoir et de capacité, mais aussi d'humanité. Car il serait étrange qu'un berger haïsse son troupeau ou soit malveillant à son égard » [5]. Certes, la mention de la « loi animée » ne doit pas à elle seule nous persuader de la suréminence du roi, pas plus que la présence, notée par M. Foucault [6], du modèle pastoral. Le légicentrisme est encore dominant dans l'ouvrage du Pseudo-Archytas, et l'expression de « loi animée » ne confère pas au roi

1. Platon, *Politique*, 275 b-c, trad. L. Robin, Paris, Gallimard, Bibliothèque de La Pléiade, 1950.

2. *Cf.* Jamblique, V. P., § 260.

3. Fragments transmis par Stobée, IV, 1 et IV, 5 (Hense). Ils ont été récemment édités par H. Thesleff, *The Pythagorean Texts of the Hellenistic Period, op. cit.*, p. 33-36. Ils avaient été antérieurement traduits et commentés par A. Delatte, *Essai sur la politique Pythagoricienne, op. cit.*, chap. IV.

4. Pseudo-Archytas, p. 33, 1. 6-8, éd. H. Thesleff, *op. cit.* (trad. A. Delatte, *Essai sur la politique pythagoricienne*, *op. cit.*, p. 84).

5. Pseudo-Archytas, p. 36, 1. 2-5, éd. H. Thesleff, *op. cit.* (trad. A. Delatte, *Essai sur la politique pythagoricienne*, *op. cit.*, p. 120).

6. Art. cit., p. 12.

le rang hyperbolique qui va marquer dans d'autres pseudépigraphes une véritable théologie de la souveraineté.

Ainsi, dans le Pseudo-Diotogène *Peri Basileias* [1], retrouve-t-on, certes, l'idée de *nomos empsuchos* [2], mais sa portée se trouve sensiblement modifiée par l'évocation expresse de l'irresponsabilité du roi. Il n'est que de comparer deux passages du Pseudo-Diotogène : tout d'abord, évoquant les rapports de la loi et de la justice, il dit « sans justice, personne ne pourrait être roi, et sans loi, il n'y a pas de justice. Car le juste est dans la loi, et la loi est cause du juste, et le roi est, soit une loi animée, soit le dirigeant qui se conforme à la loi » [3] ; plus loin, dans le même fragment, le Pseudo-Diotogène esquisse les fondements, proprement cosmo-théologiques, de l'exception royale : « le même rapport qui unit Dieu au monde unit le roi à l'État, et le roi est à Dieu comme l'État est au monde, car l'État, constitué par l'accordement d'éléments nombreux et divers, imite l'organisation et l'accord du monde, et le roi, parce qu'il exerce un pouvoir irresponsable et qu'il est lui-même loi animée, *figure* Dieu parmi les hommes » [4].

La suréminence de ce pouvoir est reconnaissable tout d'abord au dépassement de la loi, que L. Delatte minimise à l'excès dans son commentaire du Pseudo-Diotogène [5] : les parallèles cités (« Archytas », Plutarque, *De Alex. fort.*) ne sauraient prévaloir contre l'association des idées de « loi animée », d'irresponsabilité, et d'incarnation de Dieu dans le monde. S'il y avait quelque légicentrisme chez le Pseudo-Archytas, il ne paraît plus de mise ici ; il doit céder la place à une forme de théocentrisme, dans lequel ce n'est pas, certes, la volonté du dieu suprême qui tient lieu de loi (pas plus que la volonté du roi ne saurait le faire) mais sa fonction ordonnatrice, ou plutôt harmonisatrice, analogue à celle que le *De Mundo* du Pseudo-Aristote [6] attribue au « dieu qui contrôle

1. Fragments transmis par Stobée, IV, 7 (Hense). Ils ont été édités par L. Delatte, *Les Traités de la Royauté d'Ecphante, Diotogène et Sthénidas*, *op. cit.*, et par H. Thesleff, *op. cit.* On verra à leur propos E. R. Goodenough, « The Political Philosophy of Hellenistic Kingship », *Yale Classical Studies*, 1, 1928.

2. P. 71, l. 22, éd. H. Thesleff, *op. cit.*

3. P. 71, l. 19-22, éd. H. Thesleff, *op. cit.* (trad. L. Delatte, légèrement modifiée, *Les Traités de la Royauté d'Ecphante, Diotogène et Sthénidas*, *op. cit.*, p. 52).

4. P. 72, l. 19-23, éd. H. Thesleff, *op. cit.* (trad. L. Delatte, légèrement modifiée, *op. cit.*, p. 53).

5. L. Delatte, *op. cit.*, p. 245-248.

6. Pseudo-Aristote, *De Mundo* ; ce traité a été rapproché par J. P. Maguire (« The Sources of Ps-Aristotle *De Mundo* », *Yale Classical Studies*, VI, 1939) de certains

l'univers » et « maintient l'harmonie de toutes choses » [1]. Ce dernier ouvrage comporte un passage qui permettrait de préciser par analogie la relation de Dieu et du roi dans la politique du Pseudo-Diotogène : en effet, Dieu y est qualifié de « loi toujours impartiale, qui n'admet aucune rectification ni changement » [2] : il est, lui aussi, une sorte de « loi animée », il est même la loi animée par excellence.

Il ne serait pas trop téméraire, sur la foi de ce *locus,* de conjecturer que le roi selon le Pseudo-Diotogène n'est lui-même loi que par imitation de la nature divine : cela ne va pas sans quelque paradoxe, cependant, car, si l'immutabilité de la *lex divina* peut assurément se fonder sur l'immutabilité de la nature divine, on ne saurait dire que le roi puisse se prévaloir d'une immutabilité de nature. Mais, par la notion de majesté (*semnotas*) [3] il peut tendre à acquérir une sorte d'immutabilité par procuration, *habitus* royal qui conférera à la loi en lui la continuité requise.

Il est très remarquable de voir s'esquisser ainsi chez le Pseudo-Diotogène une forme d'absolutisme que le Pseudo-Ecphante [4] manifeste avec une bien plus grande clarté. S'il est vrai que le premier fait déjà du roi l'être le plus honorable parmi les hommes [5], le second, achevant en quelque sorte de constituer la cosmo-théologie où s'inscrit la politique pythagoricienne, s'enquiert du rang qu'il convient d'accorder au roi dans la nature régie par le dieu suprême. Le caractère politique majeur de l'absolutisme royal – l'irresponsabilité – trouve ainsi sa fondation dans une arétologie du *basileus* procédant elle-même d'une cosmologie théocentrique. Le roi est le seul être terrestre à provenir de manière directe de la divinité, et à représenter ainsi son image ; qui plus est, il est le seul à pouvoir la connaître [6], devenant par là le médiateur obligé entre elle et

pseudépigraphes pythagoriciens hellénistiques, comme le Pseudo-Ocellus. D. J. Furley, dans son introduction à sa traduction du *De Mundo* (Pseudo-Aristotle, *De Mundo,* Loeb Classical Library, 1955) reprend à son compte cette hypothèse : il date notre traité du Ier siècle avant notre ère.

1. Pseudo-Aristote, *De Mundo,* 400 a, 4-5.

2. 400 b 28-30, trad. J. Tricot, *Traité Pseudo-Aristotélicien du Monde,* à la suite du *Traité du Ciel d'Aristote,* Paris, Vrin, 1949, p. 202.

3. *Cf.* Pseudo-Diotogène, *Sur la Royauté,* éd. H. Thesleff, *op. cit.*, p. 73, l. 28.

4. Pseudo-Ecphante, *Sur la Royauté.* Fragments transmis par Stobée, IV, 6 et IV, 7, Hense. Ils ont été édités par L. Delatte, *Les Traités de la Royauté d'Ecphante, Diotogène et Sthénidas*, *op. cit.*, et H. Thesleff, *op. cit.*

5. Pseudo-Diotogène, éd. H. Thesleff, *op. cit.*, p. 72, l. 18-19.

6. Pseudo-Ecphante, éd. H. Thesleff, *op. cit.*, p. 80, en admettant la conjecture de L. Delatte *(op. cit.*, p. 28, l. 6) : *monon ennoêtikon tô anôterô basileôs.*

les hommes. Il est possible, sans trop d'artifice, de présumer qu'il s'agit là d'une réminiscence de la théologie politique pythagoricienne : le roi, être plus divin, « l'emporte dans la nature commune par son principe supérieur »[1], rappelant ainsi le troisième genre d'être évoqué par la scholie à Homère dont on parlait plus haut[2].

Qu'en est-il, maintenant, du « pythagorisme romain » ? Cette représentation du pouvoir, dont on vient d'esquisser les linéaments dans le domaine grec, a-t-elle son équivalent à Rome ?

Il faut d'abord s'entendre sur le terme de « pythagorisme romain » : il y a en effet à cet égard une difficulté préalable. S'il est vrai, comme l'observe L. Ferrero[3], que des indices de pythagorisme se laissent reconnaître avant l'ère cicéronienne – ainsi le Pseudo-Numa de 181, l'Epicharme d'Ennius – il reste qu'à Rome la première tentative connue de redonner vie à la secte est celle de Nigidius Figulus[4]. Mais, précisément, Nigidius ne semble pas avoir laissé d'œuvre politique, pas plus que Sotion ou les Sextii, autres représentants fameux de la reviviscence du pythagorisme entendu comme *ars vivendi.* Ce n'est pas de ce côté qu'il faut aller chercher une représentation du pouvoir, mais plutôt du côté des « échos pythagoriciens » dont parle Ferrero[5] : parmi ces derniers, le *De Republica* cicéronien occupe une place privilégiée. Mais, aux *testimonia* de Ferrero (qui vont jusqu'à la fin de la République), il paraît pertinent de conjoindre le *De Clementia* de Sénèque. Chez lui, comme chez Cicéron, mais à un plus fort degré, se laisse discerner l'idée d'un pouvoir individualisateur, médiateur entre le divin et l'humain, incarné dans un être prédestiné, soustrait au *corpus politicum.* Certes, comme Ferrero l'a remarqué[6], chez Ennius, déjà, la doctrine pythagoricienne concourait à la divinisation du *princeps.* De même, la « découverte » dans une tombe des livres du Pseudo-Numa aurait répondu au dessein d'établir l'investiture divine du pouvoir.

1. Pseudo-Ecphante, éd. H. Thesleff, *op. cit.*, p. 80, l. 1-2 ; trad. L. Delatte, *Les Traités de la Royauté d'Ecphante, Diotogène et Sthénidas*, *op. cit.*, p. 48.

2. Voir p. 13, note 7.

3. L. Ferrero, *Storia del Pitagorismo nel Mondo Romano,* Torino, Fondazione Parini-Chirio, 1955, chap. II, p. 108-174.

4. On verra *P. Nigidii Figuli Operum Reliquiae,* coll. A. Swoboda, Prague-Vienne, Tempsky, 1889, 136, t. VIII.

5. L. Ferrero, *op. cit.*, chap. III.

6. L. Ferrero, *op. cit.*, p. 213.

Cependant, c'est chez Cicéron et Sénèque que l'on doit rechercher les *testimonia* les plus explicites de notre pythagorisme politique romain. Ce dernier n'est pas absolument en effet un pythagorisme *sui generis*, il manifeste la persistance ou la reprise du « pythagorisme » apocryphe de l'époque hellénistique chez des auteurs qu'on ne saurait dire pythagoriciens à proprement parler. Ainsi le *De Republica,* dans son *Somnium Scipionis* [1], déclare-t-il, par la bouche de Scipion l'Africain, que « ceux qui assurent la direction (*rectores*) et la sauvegarde (*conservatores*) des cités sont venus du ciel et y reviennent ». L'origine céleste des politiques, qui signe leur élection, est renforcée par l'analogie tracée entre *deus* et *princeps* [2] ; la mise en scène cosmologique du politique, qui permettait à certains des pseudépigraphes pythagoriciens de considérer le monarque sous l'espèce d'une hyperbole ontologique, est ici destinée à une forme de légitimation du pouvoir par l'origine de son détenteur. C'est que, dans le milieu romain, l'absolutisme est nettement plus problématique ; on ne saurait dire qu'il ait vraiment droit de cité dans le texte cicéronien. La sotériologie qu'il propose pour le *princeps* n'est pas à proprement parler la réitération de la monarcholatrie du Pseudo-Ecphante : il s'agit plutôt de rappeler aux *tutores rei publicae* que leur élection d'en-haut leur fait un devoir de veiller à la conservation des cités. Cependant, la prédestination des *rectores civitatum* ne laisse pas de disjoindre leur pouvoir des médiations que requiert son caractère politique. On est ainsi fondé à considérer qu'un des traits du pythagorisme politique, – la liaison entre les fondements théologiques de la dévolution du pouvoir et le caractère individualisateur de ce dernier – figure dans l'ouvrage cicéronien, fût-ce sur un mode mineur : ce qui chez Cicéron est encore situé à l'arrière-plan revêt chez Sénèque tout l'aspect du dominant et de l'explicite. Dans le *De Clementia,* en effet, il ne s'agit plus seulement de l'origine divine du *princeps :* « Egone ex omnibus mortalibus placui electusque sum, qui in terris deorum vice fungerer » [3]. Le principat confère à qui est né pour l'incarner le rang de représentant des dieux sur terre, ce qui n'est pas sans rappeler fortement le Pseudo-Diotogène ; ce qui chez Cicéron pouvait encore contrebalancer les conséquences de l'élection divine est absent chez Sénèque, qui ne

1. Cicéron, *De Republica,* VI, XIII, 13, trad. E. Breguet (Paris, CUF, Les Belles Lettres, 2e éd., 1991), légèrement modifiée.

2. Cicéron, *op. cit.*, VI, XXIV, 26.

3. Sénèque, *De Clementia*, I, 2.

conçoit plus d'autre contrepoids à l'absolutisation du pouvoir que la vertu du prince. Et l'on aurait tort d'y voir une simple hyperbole propre au Cordouan : ici le *princeps* romain a toutes les affinités concevables avec le monarque hellénistique que les pseudépigraphes pythagoriciens tenaient pour une loi vivante.

De même, la suréminence du *princeps* se marque chez nos deux auteurs latins par l'usage du paradigme cosmo-théologique, qui, dans la bouche de Scipion, tend à justifier la prévalence d'un seul homme, le *rex :* « nihil esse rege melius, quoniam deos omnes censent unius regi numine » [1]. Le *rex speculum regis* était l'un des traits cruciaux du *Peri basileias* du Pseudo-Ecphante [2], et l'*imitatio deorum* la voie privilégiée pour l'exercice de la royauté. De même, Sénèque pourra dire à Néron que son office lui vaut une forme de nécessité semblable à celle des dieux [3] : il est remarquable que cette représentation du pouvoir concourt à nier en lui l'existence de l'action politique, dans ce qu'elle a de contingent et d'éventuellement conflictuel, pour s'arrêter aux qualités de qui doit le détenir, comme si la *civitas* était devenue indifférente. Tout se joue désormais entre le prince et le ciel : d'où l'irresponsabilité du pouvoir, corrélative de son caractère pastoral, d'où également la fortune de la notion de *caritas* [4], bienveillance monarchique pour ses sujets, vertu supra-politique qui caractérisait déjà le monarque du Pseudo-Ecphante (qui évoque l'*eunoia* du roi envers ses sujets [5] ou le vrai gouvernant dans le *Peri Nomô* du Pseudo-Archytas [6]). Cette émancipation du pouvoir a l'égard de la politicité touche à son comble dans le *De Clementia,* où Sénèque, retrouvant en cela une analogie du Pseudo-Ecphante [7], dit à son disciple-prince qu'il « n'a pas plus que le soleil le privilège d'échapper à la vue » [8]. Médiateur entre le divin et l'humain, le *princeps* du Cordouan rencontre le signe de sa prédestination dans l'éclat même de son pouvoir ; celui-ci n'est ni à instituer ni à renouveler, au sein d'une communauté déterminée, il tient plus du sacerdoce que de l'office, ou plutôt il est plus une présence qu'une

1. Cicéron, *op. cit.*, I, XXXVI, 56.
2. Pseudo-Ecphante, éd. H. Thesleff, *op. cit.*, p. 80, l. 4 et 20-21.
3. Sénèque, *De Clementia,* VI, 3.
4. *Cf.* Cicéron, *op. cit.*, I, XXXV, 55.
5. Pseudo-Ecphante, éd. H. Thesleff, *op. cit.*, p. 82, l. 3.
6. Pseudo-Archytas, éd. H. Thesleff, *op. cit.*, p. 36, l. 4.
7. Pseudo-Ecphante, éd. H. Thesleff, *op. cit.*, p. 80, l. 6-7.
8. Sénèque, *De Clementia,* VIII, 4.

activité, ce qui le soustrait au contrôle des hommes et à la limitation des lois.

Ainsi, là où ils pythagorisent, les auteurs latins se détournent, comme leurs prédécesseurs hellénistiques, de la recommandation formulée dans le *Politique* de Platon : il convenait en effet, selon lui, de ne pas donner au roi d'autre condition qu'humaine, de ne pas user fallacieusement de l'*imitatio Dei* en politique, de ne pas confondre, pourrait-on dire, le pastoral et l'étatique. Car l'imitation du divin, présente dès le plus ancien pythagorisme, si l'on en croit Aristoxène [1], interdit de donner à la représentation du pouvoir un caractère politique, au sens où Aristote entend ce terme : alors que pour le Stagirite, la question de savoir qui doit être le souverain de la cité apparaît comme cruciale [2], qu'Aristote ne tient pour acquis et rigoureusement dirimant aucun des titres allégués pour l'exercice de la souveraineté, selon les tenants de la théologie politique pythagoricienne, le pouvoir cesse d'être un objet d'interrogation en ce qui regarde les raisons de sa dévolution, pour devenir une dispensation, une manière de grâce.

On conçoit d'autant mieux qu'un Cicéron et un Sénèque aient été hantés par la possibilité du tyrannique : « deterrimum genus, et finitimum optimo », dit Cicéron [3], fidèle en cela aux enseignements de Platon et d'Aristote ; cependant, la *corruptio optimi* est d'autant moins aisée à éviter que l'*optimum* tend à résider tout entier dans la supra-humanité du *princeps*. Certes, Platon et Aristote [4] avaient envisagé qu'un homme l'emportât sur tous les autres en vertu, de sorte que la souveraineté ne pût lui être refusée. Mais ils avaient assorti cet aveu d'importantes réserves, n'hésitant pas à reconnaître que l'excellence d'un seul ne laissait pas d'être rare, sinon problématique. Or le pythagorisme, dans son aspect théologico-politique, rend cette excellence non seulement crédible, mais, si l'on peut dire, naturelle. Il a donc d'autant plus de mal à éviter l'écueil de la transformation subreptice du tyrannique en royal ; on alléguera que le tyran est le roi contrefait, qui, comme le pensait déjà le Pseudo-Ecphante, ne supporte pas l'épreuve de la lumière émanant de la vraie royauté [5]. Mais le bât

1. Aristoxène, *ap*. Jamblique, V. P., § 137 = D. K. 58D2.
2. Aristote, *Politique*, III, 16, 1280b 11-38.
3. Cicéron, *De Republica* 1, XLII, 65.
4. Platon, *Politique*, 293-293a ; Aristote, *Politique*, III, 17, 1288a 15-29.
5. Pseudo-Ecphante, éd. H. Thesleff, *op. cit.*, p. 80, l. 8-18.

blesse précisément en ce que la suréminence du roi ou du *princeps* est susceptible de contrefaçon, que le retour de l'âge d'or accompagnant l'élection divine du *princeps* se laisse instrumentaliser, revêtant d'un fort mince manteau de Noé l'exercice d'une tyrannie mal déguisée. En d'autres termes, cela même qui fonde le caractère supra-politique du pouvoir monarchique peut le vouer à s'abîmer dans son simulacre, faute d'un discernement effectif de ce qui distingue l'élu véritable de l'élu prétendu, et qui demeure, si l'on peut dire, *in foro interno principis*.

On comprend, à cette lumière, le bien-fondé des préventions d'un Platon à l'encontre de la politique pythagoricienne : le modèle pastoral du politique, corrélatif de la croyance à une supériorité réelle et naturelle du détenteur du pouvoir, peut en effet indéniablement conduire à la légitimation sophistique d'un pouvoir sans raison d'être. Ce qu'il pouvait subsister de légicentrisme dans le pythagorisme pseudo-archytéen se serait ainsi vu supplanter graduellement par un théocentrisme, éclatant chez le Pseudo-Ecphante, qui fait du pastorat une participation à la volonté du dieu suprême. Il ne serait pas trop téméraire d'alléguer qu'en milieu romain, toutes choses étant égales, c'est le même cours qui a prévalu, puisque de Cicéron à Sénèque les ultimes obstacles à l'absolutisme semblent disparaître avec la discussion sur le meilleur des régimes. On ne peut s'empêcher cependant de demeurer dubitatif quant à la valeur absolue de ce parallèle, qui prêterait au pythagorisme une manière de loi destinale trop rigoureuse pour être vraie. En réalité, le modèle pastoral, plus que virtuel dans le pythagorisme ancien, très circonstancié dans certains des pseudépigraphes hellénistiques, est disponible pour les Latins, sans pour autant pouvoir exercer immédiatement son ascendant sur la représentation du pouvoir. Mais il a ceci de propre qu'il se prête remarquablement à la réactualisation, ce qui invite à la prudence lorsqu'il s'agit de déterminer quel degré de continuité on peut assigner à l'histoire du pythagorisme en la matière. L'obscurité persistante qui entoure, malgré H. Thesleff[1], l'élaboration des pseudépigraphes hellénistiques n'autorise pas à penser qu'on ait affaire à une véritable continuité doctrinale. Cependant, certains traits qui confèrent au pythagorisme politique son idiosyncrasie – la théomimétique, le pastorat, le politique entendu comme grand harmoniste – se transmettent

1. H. Thesleff, *An Introduction to the Pythagorean Writings of the Hellenistic Period, op.cit.*

indubitablement à Rome, par-delà la disparition même du mouvement pythagoricien, au IVe siècle avant notre ère.

Certes, si tradition il y a en la matière, ce ne peut être celle du pythagorisme dans ce qu'il a de philosophiquement caractéristique – comme l'arithmologie ou la doctrine des principes, *i. e.* la limite et l'illimité – mais seulement celle du pythagorisme politique, qui, dès l'époque crotoniate, réserve la possibilité d'une dévolution du pouvoir justifiée par les qualités supra-humaines du vrai politique. C'est cette surhumanité, ayant pour corrélat un statut supralégal, qui va, dans les pseudépigraphes pythagoriciens hellénistiques, donner sa figure au monarque post-alexandrin, et autoriser la forme d'absolutisme qui s'y fait jour. Dans un ouvrage très influent sur la théologie politique médiévale [1], E. Kantorowicz s'interroge sur les antécédents antiques de l'idée d'un double corps du roi ; remarquant que les traités apocryphes pythagoriciens *Peri Basileias*, tout particulièrement le traité du Pseudo-Ecphante, proposaient une distinction du roi considéré dans son corps et du roi image du dieu suprême, il considère qu'ils n'ont pas été sans influence sur les théoriciens politiques de l'absolutisme [2]. A tout le moins ont-ils probablement contribué à la formation d'une conception romaine de l'absolutisme, dont Sénèque offre l'exemple le plus achevé. Et, comme nombre d'absolutismes ultérieurs, cet absolutisme se trouve devant la difficulté de discerner le proprement absolu de l'arbitraire. Car qui exerce le pouvoir pastoral ne s'autorise que de son élection divine, excédant par là l'ordre où il pourrait être tenu pour encore responsable devant ses sujets. De ce fait, la distinction de l'absolu et de l'arbitraire ne dépend plus que de la nature singulière du prince, et relève à ce titre de la seule grâce ou faveur divine. Le pouvoir pastoral aurait donc cet effet – possible et à quelque égard funeste – de dépolitiser le politique, en vidant la *res publica* de sa substance, pour instituer en son lieu et place, dans le meilleur des cas, l'individualisation de la relation du pouvoir aux sujets.

On le voit, le pythagorisme politique, rencontrant dans les monarchies hellénistiques et la Rome du principat les conditions les plus favorables à la diffusion de sa représentation du pouvoir, a été dans l'Antiquité l'un des facteurs intellectuels les plus puissants et les plus

1. E. Kantorowicz, *The King's Two Bodies*, Princeton UP, 1957 (*Les Deux Corps du roi*, trad. française, Paris, Gallimard, 1989).

2. *Ibid.*, p. 499.

constants de la constitution d'une conception providentialiste, pour ne pas dire théonome, du pouvoir, conception qui, pour archaïque qu'elle ait paru aux penseurs de la Cité, Platon ou Aristote, n'en a pas moins connu une résurgence remarquable, une fois la *polis* ou la *civitas* ébranlées dans leurs fondements.

Ce que le pythagorisme politique, dans ses diverses incarnations, manifeste avec éclat, c'est le refus de rompre les liens de solidarité du théologique et du politique.

Alain PETIT
Université Blaise Pascal

Bibliographie sommaire

1. Éditions

DELATTE Louis, éd., *Les Traités de la Royauté d'Ecphante, Diotogène et Sthénidas,* Paris, Droz, 1942.

THESLEFF Holger, éd., *The Pythagorean Texts of the Hellenistic Period,* Abo, Abo Akademi, 1965.

2. Études

DELATTE Armand, *Essai sur la Politique Pythagoricienne,* Paris, Champion, 1922 ; *Études sur la Littérature Pythagoricienne,* Paris, Champion, 1915.

FERRERO Leonardo, *Storia del Pitagorismo nel Mondo Romano,* Turin, Fondazione Parini-Chirio, 1955.

THESLEFF Holger, *An Introduction to the Pythagorean Writings of the Hellenistic Period,* Abo, Abo Akademi, 1961.

AUTORITÉ ET POUVOIR SELON THOMAS D'AQUIN

Thomas d'Aquin reconnaît une distance concrète et irréductible entre le pouvoir et la communauté politique, entre l'État et la nation. Et cette distance pose au théologien Thomas un problème particulier, celui de l'origine première du pouvoir. « Tout pouvoir vient de Dieu », affirme la tradition chrétienne depuis Saint Paul [1]. Cela est évident pour le pouvoir spirituel. Mais déjà, la Lettre aux Romains de Paul et la Première Lettre de Pierre appliquent cet axiome au pouvoir politique [2]. Et ces données scripturaires ont été utilisées dans la pensée médiévale pour justifier la subordination du pouvoir temporel au pouvoir spirituel. Cette affirmation théologique, quelles qu'en soient les applications concrètes, est une manière de réduire définitivement la distance constatée entre la nation et l'État, en justifiant par avance la rationalité de l'État. Cette longue tradition chrétienne est en contradiction avec la pensée de Thomas qui, à la suite d'Aristote, situe la source du pouvoir politique dans la communauté elle-même et en définitive dans le désir naturel de la communauté qui structure l'essence de l'homme. Je voudrais donc ici examiner comment Thomas se situe par rapport à cette tradition et comment il est amené à préciser sa pensée politique.

1. Saint Paul, Lettre aux Romains, 13, 1 *sq.* : « Chacun doit se soumettre à ceux qui gouvernent, car toute autorité vient de Dieu et c'est lui qui donne à chacun son pouvoir. Ainsi celui qui résiste à l'autorité se rebelle contre l'ordre établi par Dieu et les rebelles se feront eux-mêmes condamner ... Fais le bien, et tu en recevras des éloges, car elle est en effet un instrument pour t'inciter au bien ... En revanche, crains si tu fais le mal car ce n'est pas en vain qu'elle porte le glaive, elle est au service de Dieu pour manifester sa colère à qui fait le mal ... »

2. Première Lettre de Pierre 2, 13 : « Par souci du Seigneur, soyez soumis à toute institution humaine, au chef d'État qui détient l'autorité ».

I. *Le problème posé*

Pour Thomas, la multitude n'accède concrètement et réellement à la rationalité qu'en se donnant un gouvernement. Ce gouvernement, cet État, représente le peuple *sub ratione unitatis*. L'État est le peuple, pour autant précisément que le peuple est une nation, c'est-à-dire une multiplicité amenée à l'unité par un ordre interne et rationnel. Par son essence même, l'État détient le pouvoir puisqu'il n'est rien d'autre que la représentation concrète des exigences de la raison universelle. Le schème proposé par Thomas est parfaitement cohérent ; il ne contient aucune hétérogénéité, on va constamment du même au même, et chacun des termes n'est que le substitut des autres, tous se laissant ramener à la notion de rationalité.

Mais justement ce schème est trop parfait. Il n'est rationnel que parce qu'il présuppose la raison. Il supprime toutes les difficultés, en supposant par avance que tous les hommes de la communauté politique sont des citoyens, qu'ils sont tous établis au niveau de la raison, comme installés dans la raison. Il suppose que le peuple est déjà une nation. Mais dans la réalité, il n'en va pas ainsi et Thomas lui-même le reconnaît. Le schème est donc sans portée réelle, il suppose par avance le problème résolu, car il s'agit non pas d'abord de gérer, mais de constituer une communauté rationnelle.

La nation devient donc nation en se donnant l'État. Cela signifie équivalemment que le citoyen devient citoyen. On a l'impression que cela n'est possible qu'à la condition que la nation comme le citoyen se précèdent eux-mêmes, qu'ils soient déjà là avant leur propre genèse, qu'ils soient au point de départ ce que pourtant ils ne sont qu'au terme du processus politique. Nous nous trouvons ici dans une contradiction singulière. L'homme n'est rationnel que dans la mesure où il se veut soumis au pouvoir de l'État rationnel. Mais comment peut-il en arriver là s'il n'est pas déjà rationnel avant d'avoir constitué l'État ? Comment, en effet, un être irrationnel serait-il capable de poser une réalité rationnelle ?

Ce qui donc fait difficulté, c'est que la raison ne soit pas donnée, mais qu'elle doive être constituée. Comment une telle constitution est-elle possible, comment l'homme peut-il sortir de l'irrationnel ? D'où vient la raison, comment est-elle là maintenant alors qu'elle était absente précédemment ? Comment un processus qui constitue la raison est-il lui-même rationnel, c'est-à-dire comment peut-il constituer effectivement la raison ? Si on considère le corps politique en tant qu'il est constitué, comme on a l'habitude de le faire un peu vite, on ne rencontre aucune difficulté. Mais si on prête attention au fait que ce corps doit être constitué, alors ce fait apparaît comme inexplicable et même impossible, en cela même qui le définit, à savoir qu'il est une genèse de la rationalité.

La question que rencontre Thomas tient au fait que nous sommes obligés de poser deux affirmations parfaitement inconciliables. D'une part nous devons dire que le pouvoir de l'État vient de la nation, parce que l'État n'est pas une réalité transcendante, comme une raison divine descendue sur la terre. Il est seulement la raison des citoyens et il représente cette raison objectivement et visiblement. Mais d'autre part nous devons aussi dire que le pouvoir de l'État ne peut venir de la nation, parce que la nation ne préexiste pas à l'État et qu'elle n'a aucune rationalité immanente qu'elle puisse donner et objectiver. Ce dilemme, Thomas l'avait déjà rencontré au niveau de son anthropologie à propos de la constitution de la raison. Et encore plus généralement, c'est, depuis le *Théétète* de Platon, le problème de la constitution de la philosophie. Si le philosophe n'est pas immédiatement philosophe, comment peut-il le devenir ? L'homme ne deviendrait jamais philosophe, si d'une certaine manière il ne l'était pas déjà avant de le devenir. Si pour être philosophe, il faut dépasser la vie empirique et l'opinion, alors pour devenir philosophe, il faut déjà être philosophe, puisque c'est dans ce dépassement même que je deviens philosophe. Dans le cadre de la philosophie politique, le même dilemme se retrouve au niveau du citoyen, qui pour devenir citoyen, doit déjà l'être d'une certaine manière.

On pourrait négliger ce problème, comme le font de nombreuses analyses politiques, en considérant la communauté politique, et l'existence politique en général, comme déjà constituées. Mais, dans la perspective adoptée par Thomas, la nature même du politique, son essence, est inséparable de sa genèse. Sa philosophie politique ne saurait donc se dispenser de réfléchir sur l'origine du pouvoir, ou plus largement sur l'origine de la rationalité.

Il convient d'ajouter que ce problème d'origine du pouvoir ne peut purement et simplement se ramener au problème de l'origine historique. On peut bien décrire, comme de l'extérieur, les origines et le devenir de l'État, comme a tenté de le faire Rousseau, et bien avant lui, Platon.

Mais cette description risque d'être purement événementielle et de laisser dans l'ombre la raison de cette genèse. Cette raison n'apparaît pas dans le tissu événementiel et elle y prend toujours la figure du hasard. Jamais la description historique ne peut mettre en évidence une loi d'essence. Et même si on affirme que l'existence politique est essentielle à l'homme, on ne comprend pas comment elle s'actualise.

II. *L'appel à une transcendance*

En face d'une telle contradiction et pour la résoudre, on peut être tenté de recourir à un troisième terme transcendant les données historiques qui s'avouent impuissantes à assurer la compréhension du devenir politique. En affirmant cela, le philosophe n'invente pas grand-chose, et il ne fait que traduire une intuition populaire qu'on retrouve abondamment, plus ou moins explicite, dans les pratiques et les théories politiques. Je veux dire par là que tout se passe comme si la conscience politique, même la plus rationnelle et laïque, ne pouvait se passer d'une dimension religieuse, mythique ou divine. Non seulement l'existence politique a besoin des rites et les utilise, mais elle s'enveloppe plus ou moins consciemment d'une atmosphère « religieuse » : comme si elle avait besoin d'invoquer une certaine transcendance pour se justifier ou s'expliquer à elle-même. Cela apparaît le plus clairement dans le cas de pouvoirs qui s'affirment « de droit divin ». Alors l'intrusion d'une transcendance affirmée clairement ruine la naturalité du pouvoir politique et par là même rend purement imaginaire l'identité (idéale ou souhaitée) entre l'État et la nation. Cette identité relève alors de la pure apparence, elle devient objet de foi : les citoyens sont appelés à croire en l'État, à se reconnaître en lui, à retrouver en lui leur propre rationalité. Mais dans de tels systèmes, l'État ne représente pas la rationalité de la communauté, il est la représentation visible de la raison transcendante de Dieu, à laquelle le chef participe et qu'il incarne dans la communauté. Alors la théorie qu'on peut élaborer de cette pratique du pouvoir permet de comprendre la genèse du pouvoir qui vient de Dieu, et ainsi on peut dépasser la contradiction soulignée précédemment. On peut résumer ces remarques par deux schèmes qui permettront de bien comprendre le problème qui se pose à Thomas.

Schème I

1. Apparence : Nation → État → Nation
2. Réalité : Pas de nation → Pas d'État → Pas de nation

Dans ce schème, il apparaît que la nation fonde l'État en lui conférant la rationalité et que l'État à son tour fonde la nation en lui donnant une représentation visible de sa propre rationalité. Mais c'est la une pure apparence, car ce schème contient une contradiction puisque la nation se présuppose elle-même. Dans la réalité, ce processus n'existe pas.

Schème II

Dieu ↘

Réalité affirmée et crue : Pas de nation - - - - - État ⟶ Nation

Ce second schème est réel et concret. Il tient compte de l'absence de rationalité qui caractérise la multitude au départ et il ne prétend pas faire sortir la rationalité de l'irrationnel. Cette rationalité est affirmée là où elle préexiste réellement à tout processus politique, en Dieu. C'est Dieu donc qui fonde la rationalité de l'État, et par là, celle de la communauté politique.

On sait que les théories politiques médiévales recouraient à ce deuxième schème, dont l'autorité apparaissait d'autant plus grande qu'il pouvait se réclamer de l'Écriture. Et ce schème était interprété en son sens le plus radical, le vrai médiateur de l'état politique, du pouvoir civil étant le Christ, et plus concrètement l'Église représentante du Christ. Ainsi le politique est absorbé dans le spirituel, dans une conception théocratique du pouvoir.

En fait le problème auquel tentait de répondre l'augustinisme politique était difficile. Si on veut résoudre l'incohérence du premier schème, qui ne parvient pas réellement à fonder l'origine de l'autorité politique dans l'immanence, on est perpétuellement tenté de recourir au deuxième schème, en réintroduisant plus ou moins subrepticement une transcendance fondant la rationalité de l'autorité politique. Tout se passe comme si les philosophies politiques étaient en face d'un impossible choix : ou bien elles ne tiennent compte que des apparences, elles font comme si la rationalité du corps politique était déjà constituée, et elles élaborent des utopies ; ou bien, si elles veulent être concrètes et garder prise sur la réalité, elles sont appelées à se convertir en théologie politique, en faisant appel à une transcendance plus ou moins avouée. Et, de ce point de vue, beaucoup de nos théories contemporaines du politique sont peut-être des théologies qui s'ignorent.

Toutes ces remarques permettent de mieux comprendre le difficile problème que pose à Thomas l'affirmation de la tradition chrétienne sur l'origine divine du pouvoir. Le naturalisme qu'il hérite d'Aristote l'incline à découvrir dans l'immanence le fondement du pouvoir. Mais il ne peut manquer d'apercevoir la difficulté de cette position : d'où vient la rationalité, et donc l'autorité du pouvoir, si la nation et l'État doivent l'un et l'autre se précéder pour exister concrètement ? Et ce même naturalisme empêche Thomas de recourir purement et simplement à l'affirmation de la tradition chrétienne.

III. *Les deux versants de la pensée de Thomas*

Pour comprendre la réponse donnée par Thomas, il est nécessaire ici de rappeler certaines données de son anthropologie. En effet, la pensée politique de Thomas n'est que l'application particulière des principes généraux de son anthropologie, principes qui animent sa conception de la connaissance, des rapports entre l'universel et le particulier, des rapports entre l'âme et le corps. Et, sur le problème précis qui nous occupe ici, l'effort entrepris par Thomas pour concilier des traditions divergentes et apparemment inconciliables me paraît analogue à l'effort qu'il fait en anthropologie pour assumer ces deux traditions, augustinienne et aristotélicienne.

De nombreux textes montrent que Thomas reprend à son compte la thèse classique : *omnis potestas a Deo*. Dans le commentaire qu'il fait de la Lettre de Saint Paul aux Romains, il déclare que « le pouvoir des princes, en tant qu'il est précisément un pouvoir, vient de Dieu » [1]. C'est le moins qu'il puisse faire en cet endroit que de ne pas contredire Saint Paul. Mais la même affirmation reparaît en d'autres textes moins soumis à la règle de l'Écriture. Par exemple, il écrit dans le *Commentaire des Sentences*, que « le pouvoir spirituel et le pouvoir temporel viennent l'un

1. *In Epist. Pauli ad Romanos*, 13, *lect.* I.

et l'autre du pouvoir divin » [1]. Il est inutile ici de multiplier les citations, tant il apparaît évident qu'il reprend cette affirmation traditionnelle. L'important est le sens qu'il lui donne.

Il semble qu'une interprétation strictement augustinienne de cette thèse ne serait pas en contradiction fondamentale avec ce que nous savons de la pensée de Thomas. Saint Bonaventure conciliait très logiquement l'origine divine de l'autorité et le système électif. Comme le fait aussi Thomas, Bonaventure soulignait les dangers du système héréditaire et insistait sur l'idée que généralement les chefs élus sont les meilleurs [2]. Mais pour Bonaventure, cette élection n'était qu'une simple désignation, qui par elle-même ne conférait aucune autorité. Dans la plus stricte orthodoxie augustinienne, Bonaventure pensait que cette désignation étant effectuée il appartenait à Dieu, c'est-à-dire au pouvoir spirituel représentant Dieu, de conférer le pouvoir au chef ainsi désigné.

Thomas, quant à lui, rejette fermement toute désignation divine pour le pouvoir. Quelles qu'en soient les modalités concrètes, la désignation à la fonction de gouvernant appartient au peuple. Elle est pour lui un droit fondamental. Mais, cela dit, reste en suspens le rapport entre cette désignation et le pouvoir qu'elle inaugure et on peut se demander si la position de Thomas est ici la même que celle de Bonaventure.

Les textes de Thomas qui reprennent la doctrine traditionnelle doivent être lus avec d'autres textes qui dévoilent le sens que Thomas donnait à l'axiome *omnis potestas a Deo*. Dans la *Somme de Théologie* [3], une longue question est consacrée par Thomas aux « infidèles » (*gentiles*). Thomas pose le problème du pouvoir politique détenu par les infidèles. Un tel pouvoir est-il légitime, les infidèles peuvent-ils exercer un pouvoir sur des fidèles ? Thomas, analysant la situation qui est celle de la chrétienté médiévale, commence par dire prudemment que l'Église ne permet pas que des infidèles acquièrent et exercent présentement un pouvoir sur des fidèles, car « cela conduirait au scandale et menacerait la foi ». Mais lorsqu'il s'agit d'un pouvoir déjà existant, la réponse de Thomas est toute différente :

1. *In II Sent. dist.*, 44.

2. *Collationes in Hexameron*, V, 19. Éd. Quaracchi, tome V, 357 a.

3. S. T. IIa IIae, q. 10 a 10. Ce texte est tout à fait important historiquement car il sera utilisé et commenté par les théologiens dominicains et franciscains, en particulier Vittoria, pour la défense des Indiens contre les conquistadores espagnols.

> Le *dominium* et la prééminence ont leur origine dans le droit romain ; quant à la distinction entre fidèles et infidèles, elle est de droit divin. Or le droit divin, qui est fondé sur la grâce, ne supprime pas le droit humain qui est fondé sur la raison naturelle. Ainsi la distinction entre fidèles et infidèles, considérée en soi, ne supprime pas le *dominium* et la prééminence des infidèles sur les fidèles.

Ce texte affirme la réalité et la légitimité du pouvoir hors de sa référence à Dieu. Et on doit en conclure que la pratique de l'Église, que Thomas rappelle au début de l'article et qui exclut les infidèles du pouvoir, ne peut revendiquer aucune raison essentielle mais qu'elle peut seulement s'expliquer dans le cadre d'une situation historique particulière.

Un peu plus loin dans la *Somme de Théologie*, on retrouve la même affirmation, non plus à propos du pouvoir des infidèles, mais à propos du pouvoir du prince apostat [1]. Si on me permet de m'exprimer ainsi, ce texte est d'autant plus intéressant qu'il apparaît assez incohérent. Thomas y énonce le principe de sa réflexion politique et il essaie en même temps de justifier une pratique ecclésiastique fondée sur un tout autre principe (la théorie augustinienne des rapports entre le temporel et le spirituel), et qui apparaît tout à fait inconciliable avec sa propre pensée. Thomas conclut : « Dès que quelqu'un a été sententiairement déclaré excommunié pour apostasie, ses sujets sont *ipso facto* déliés de son *dominium* et du serment de fidélité qui les liaient à lui. »

Telle était alors la pratique de l'Église. Mais comment justifier en raison cette pratique, s'il est vrai, comme vient de le dire Thomas dans les lignes précédentes que « l'infidélité, de soi, ne s'oppose pas au *dominium*, parce que le *dominium* a son origine dans le droit des gens qui est un droit humain ; or la distinction entre fidèles et infidèles est de droit divin, et celui-ci ne supprime pas le droit humain ».

On peut, pour sortir de l'impasse, distinguer entre infidélité et apostasie : « Il n'appartient pas à l'Église de punir l'infidélité chez ceux qui n'ont jamais adhéré à la foi ; mais elle peut la punir par sentence chez ceux qui ont reçu la foi. »

Le principe apparaît ici indiscutable. Mais est-il logique d'en tirer la conclusion qu'en déduit Thomas : « Il est donc tout à fait convenable que les apostats soient punis en se voyant privés de leur pouvoir sur leurs sujets attachés à la foi ».

1. S. T. IIa IIae, q. 12 a 2.

Manifestement, agir ainsi revient à suspendre, sinon à supprimer le droit humain au nom du droit divin, contrairement à ce que Thomas a dit précédemment. La seule conclusion légitime que Thomas aurait pu tirer était que l'Église avait le droit de punir le prince par sentence d'excommunication. Quant à son pouvoir, il ne peut être aboli que si le prince se met à l'exercer au mépris du droit humain.

Il apparaît évident dans ce texte que Thomas n'a pas aperçu ou voulu apercevoir toutes les conséquences pratiques de sa pensée. Il reste cependant que sur le plan théorique, Thomas refuse l'interprétation augustinienne de l'axiome *omnis potestas a Deo*. Celui-ci ne peut signifier, pour lui, que le pouvoir est conféré au prince par l'autorité spirituelle. Au contraire, l'origine du pouvoir est à chercher dans le droit humain, c'est-à-dire dans la raison naturelle.

IV. *L'origine divine du pouvoir*

Si cela est exact, alors on doit se demander ce que signifient ces textes de Thomas, auxquels j'ai fait allusion tout à l'heure, textes dans lesquels il reprend la théorie traditionnelle de l'origine divine du pouvoir : « Le pouvoir temporel et le pouvoir spirituel viennent l'un et l'autre du pouvoir divin ». En quel sens Thomas peut-il encore affirmer que le pouvoir politique a une origine divine ? Est-ce là une expression conventionnelle, qui n'a pas de sens pour Thomas, mais qu'il reprend par respect pour une tradition théologique vénérable, ou par peur de contester une pratique ecclésiastique bien établie à son époque ?

Une telle attitude n'est pas habituelle chez Thomas et son respect de la tradition ne l'empêche guère de la critiquer, fût-ce en l'interprétant en un sens radicalement nouveau. Même si la pensée de Thomas ne peut intégrer une théorie du pouvoir qui serait de droit divin, cela ne veut pas dire que l'axiome traditionnel *omnis potestas a Deo* ne peut avoir aucun sens pour lui. Comme d'habitude, Thomas assume cette tradition en lui donnant un sens nouveau et en accord avec sa propre pensée. Il faut ici revenir à une thèse générale essentielle à toute la pensée de Thomas, thèse que nous voyons à l'œuvre dans la *Somme contre les Gentils* dans un texte où Thomas examine le double statut de notre savoir relatif à Dieu [1]. Nous connaissons Dieu d'un savoir rationnel et d'un savoir issu

1. SCG, I, 7.

de la foi fondée sur la Révélation divine. Ces deux savoirs sont à la fois distincts et non superposables, et convergents et non contradictoires. Entre ces deux connaissances, il ne peut y avoir contradiction. Et si elles ne peuvent se contredire, ce n'est pas à cause de leur contenu objectif qui s'accorderait : en fait, elles ne se recouvrent que sur quelques points précis comme l'existence de Dieu ou l'immortalité de l'âme. Si elles ne peuvent se contredire, c'est parce que leur visée et leur origine est la même : l'une et l'autre de ces deux connaissances, affirme Thomas, ont leur source en Dieu. Cela est bien évident en ce qui concerne la connaissance de foi qui a sa source dans une révélation de Dieu. Mais cela est aussi vrai pour le savoir rationnel : « principiorum naturaliter notorum cognitio nobis divinitus est indita : cum ipse Deus sit auctor nostrae naturae ».

Or cette origine divine du savoir rationnel ne peut en aucune manière conduire à une réduction de ce savoir à la connaissance de foi. Dire que la connaissance de la raison est d'origine divine, c'est simplement pour Thomas, affirmer que « Dieu lui-même est l'auteur de notre nature ». Thomas est loin ici de prôner une quelconque vision en Dieu, définissant le statut de la connaissance rationnelle. Pas plus qu'il ne reprend la théorie de l'illumination augustinienne. Le savoir pour Thomas a sa source dans le *lumen naturale* et non dans le *lumen divinum* auquel la foi est une sorte de participation immédiate. Si Thomas affirme l'origine divine de la connaissance rationnelle, c'est seulement et uniquement parce que le *lumen naturale* est une dérivation de la lumière increée. Il faut donc que le savoir rationnel et humain se rattache au savoir divin, mais il s'y rattache d'une façon médiate : la raison vient de Dieu, qui en est l'auteur, mais elle constitue un niveau autonome, qu'on ne saurait comprendre comme un niveau divin. Dieu n'est pas la source de la connaissance humaine, sinon en ce sens précis qu'il crée une nature douée du pouvoir de connaître et qui, pour actualiser ce pouvoir, trouve en elle les principes nécessaires et suffisants. La raison a toujours besoin de Dieu, non pas pour connaître actuellement, mais plus fondamentalement pour exister. Ainsi les deux modes de connaissance, le savoir rationnel et la foi, se rejoignent en Dieu qui les fonde, mais ils le font en suivant des voies différentes : la foi se fonde immédiatement en Dieu, la raison le rejoint médiatement. C'est ce qui fait que la raison et la foi peuvent converger sans se recouvrir et s'identifier.

C'est cette thèse qui permet de comprendre quel sens Thomas donne à l'affirmation que tout pouvoir vient de Dieu. En disant que le pouvoir politique vient de Dieu, Thomas n'entend pas lui refuser son origine rationnelle. Bien au contraire, il la confirme. Le pouvoir trouve son fondement immédiat dans un « jus humanum, quod est ex naturali ratione » [1] et le naturalisme politique d'Aristote est entièrement justifié, de même que le surnaturalisme de l'augustinisme politique est totalement disqualifié. Mais c'est justement parce qu'il est fondé sur un droit naturel et humain que le pouvoir a aussi son origine en Dieu.

Pour lever toute ambiguïté à propos de cette relation entre le droit naturel et Dieu, il est ici important de souligner que Thomas est très éloigné de la théorie moderne du droit naturel. Cette conception moderne s'est élaborée à la suite de conflits avec les pouvoirs religieux et elle se caractérise par une rupture complète entre le plan humain et le plan divin. Pour Thomas, le droit naturel n'est que l'expression accessible à la raison de la volonté divine. On appelle selon lui droit naturel ce qui est exigé par le contenu essentiel d'une nature, c'est ce sans quoi une nature ne serait pas ce qu'elle peut et doit être. Or pour Thomas, qu'une nature soit telle qu'elle recèle en elle-même ces exigences-là, et non pas telles autres, cela tient à ce que Dieu l'a créée ainsi. D'autre part et corrélativement, le vouloir divin n'est pas arbitraire et inintelligible pour l'homme, sans rapport avec ce que perçoit la raison. Ce que Dieu veut, c'est très précisément ce qu'exigent les natures qu'il a créées. On ne saurait donc opposer la loi qui structure chaque nature et la loi divine. Et à l'inverse, c'est en découvrant le droit naturel qu'on accède du même coup à la compréhension de la volonté de Dieu. Le droit naturel n'est donc pas une invention humaine arbitraire et dépourvue de tout fondement métaphysique : il n'est que la lecture attentive, dans l'immanence du monde, de la volonté transcendante de Dieu.

Rejeter l'origine divine du pouvoir politique, sous le prétexte d'assurer sa pleine autonomie, revient donc à assurer le contraire de ce que l'on recherche. Le pouvoir n'a plus aucun fondement naturel, puisque la nature devient ce qu'on voudra bien déterminer et donner comme un absolu sans règle. On nie ainsi la contingence des natures, et particulièrement de la nature humaine, sujet du politique. Le droit naturel devient un droit conventionnel et ce relativisme, apparemment de

1. S. T. IIa IIae, q. 10 a 10.

bon aloi, fait que le pouvoir échappe à toute règle éthique et il autorise la justification de n'importe quel pouvoir. Si on affirme au contraire que tout pouvoir vient de Dieu, au sens où l'entend Thomas d'Aquin, on souligne alors le fondement naturel du pouvoir et on affirme que son origine immédiate se trouve dans une exigence de la raison humaine. Alors, en vertu de ce fondement humain, et non pas malgré lui, on doit rechercher en Dieu l'origine du pouvoir et son fondement ultime.

V. *L'origine humaine du pouvoir*

Telle est, me semble-t-il, l'interprétation que Thomas donne à l'affirmation traditionnelle disant que tout pouvoir vient de Dieu. Cette interprétation me paraît théoriquement satisfaisante, mais on doit se demander si elle permet de lever la difficulté que je soulignais précédemment, à propos de la précédence impossible de la nation sur l'État. Thomas exclut toute intervention transcendante dans le processus politique. C'est dans la nature humaine qu'il faut trouver l'origine immédiate du pouvoir, Dieu n'en étant qu'une origine médiate. Mais dans une telle perspective, est-il possible de casser ce cercle vicieux que j'ai décrit tout à l'heure ? Comment comprendre cette présupposition réciproque et donc impossible entre la nation et l'État, la nation ayant besoin de l'État pour exister comme nation, et l'État exigeant une véritable nation pour exister comme État rationnel ? Et si on tient compte des analyses que je viens de faire, il est maintenant impossible d'introduire un troisième terme qui serait Dieu dans cette circularité pour la briser, car ce troisième terme interdirait de penser le processus politique comme rationnel et humain.

Pour résoudre cette difficulté, Thomas va introduire une précision capitale, en invoquant un *duplex ordo in rebus* [1]. Si on affirme que les choses sont à la fois ordonnées entre elles et par rapport à Dieu et qu'on applique ce principe au politique, on est alors amené à relativiser l'existence politique, en disant que le politique est nécessaire mais non suffisant. La rationalité et l'humanité de l'homme tout entière sont médiatisées par le processus politique, mais elles ne sont pas constituées par lui au sens rigoureux du mot "constitué". Telle est, me semble-t-il, la

1. « Une double ordination dans les choses ». Thomas distingue « ordo rerum ad invicem » et « ordo rerum ad Deum ». Les principaux textes que je commente ici ont : S. T. Ia IIae, q. 94 a 2. ; Ia, q. 21 a 1, *ad* 2 ; Ia, q. 11, q. 47 a 3.

pensée profonde de Thomas. Il faudrait ici montrer comment Thomas définit les rapports de la personne et de la communauté politique. La personne est médiatisée par la cité. Mais si elle est ainsi « médiatisée », on doit dire qu'elle se définit par une référence à une réalité qui se situe au-delà du politique, à savoir Dieu. C'est ce principe qui permet à Thomas de résoudre le dilemme qui est actuellement le nôtre.

Le processus au terme duquel une multitude acquiert son unité en devenant une nation, c'est-à-dire en se donnant un État et un gouvernement, ce processus doit, pour Thomas, être assimilé à une véritable genèse de la raison. Le pouvoir rationnel qui est le terme concret du processus politique a son fondement dans le pacte social qui met en route ce processus politique. Mais si on veut que cette affirmation, qui paraît évidente, apporte une solution réelle au dilemme qui nous occupe, alors le pacte social doit viser à quelque chose de plus que ce à quoi il aboutit concrètement. Il faut que ce pacte social soit médiation d'une intention qui le dépasse.

Je voudrais préciser cette affirmation trop vague et générale en proposant un troisième schème du processus politique, qui me semble celui de Thomas et qu'on pourra comparer aux deux schèmes précédents qui aboutissent tous les deux à des impasses :

Schème III

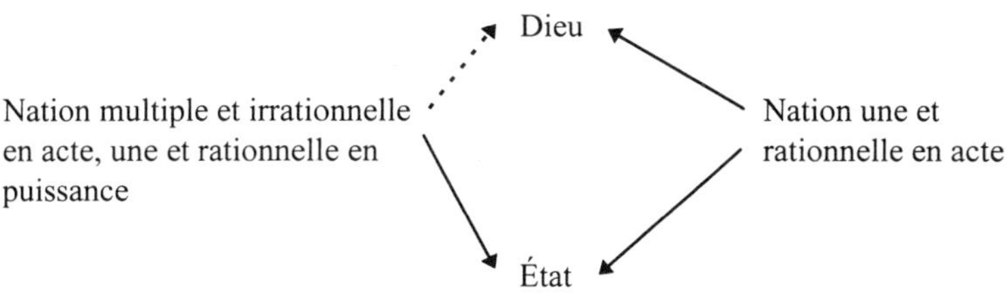

Ce schème a pour but d'indiquer que la raison ne crée pas d'emblée le processus politique en le mettant en route. Au contraire, la raison est antérieure, non pas chronologiquement mais ontologiquement au processus politique et à la communauté politique elle-même. La raison se définit par le rapport ou l'ouverture de l'homme, en tant qu'être spirituel, à Dieu. Comme l'exigeait le second schème que j'ai proposé tout à l'heure, c'est bien Dieu qui est le fondateur de la rationalité, et donc, médiatement, du pouvoir politique. Cependant le politique demeure une condition nécessaire de l'avènement de la rationalité. En ce sens, la genèse de la raison est immanente à la genèse du processus politique et on ne peut faire à ce dernier schème le reproche qu'on faisait au premier, le reproche d'apparence. Car ici, on ne suppose pas illusoirement que la raison préexiste au processus politique en tant que raison constituée. Si la raison préexiste, c'est seulement à titre de simple pouvoir, de ce que Thomas appelle désir naturel, *desiderium naturale*. La raison est bien là, non sous la forme d'une réalité actuelle, mais sous la forme d'une tendance, d'une tension, d'un dynamisme qui ne peut s'actualiser qu'en faisant naître le processus politique. L'homme qui est rationnel pour autant qu'il est ouverture à Dieu, ne réalise jamais une relation immédiate à Dieu. Cette relation doit être médiatisée et cette médiation nécessaire n'est rien d'autre que le processus politique.

Ce qui fait la rationalité du politique est donc le fait qu'il est la médiation actualisant la rationalité humaine. Cette rationalité est bien le terme, la fin du processus politique. On peut donc dire que contrairement à ce qu'affirmaient les deux schèmes précédents, ce n'est pas le couple nation-État qui présuppose la raison, mais c'est au contraire la raison qui présuppose le couple nation-État. Et pourtant on doit dire, dans le sens que je viens de préciser, que d'une certaine manière la rationalité est antérieure au politique puisqu'elle se définit comme ouverture à cet universel concret qui est Dieu. Ces deux aspects se présupposent, s'enveloppent et se médiatisent mutuellement sans qu'il y ait aucune contradiction : entre la puissance et l'acte, il y a à la fois identité et différence. On passe bien de la raison à la raison, mais c'est un processus réel et concret, car on passe de la puissance à l'acte.

Ces remarques permettent de comprendre un problème qu'on rencontre en permanence en philosophie politique, ce problème que j'ai appelé précédemment l'ambiguïté de la rationalité politique. Le processus politique est tension vers la raison et pourtant, il n'est jamais pleinement rationnel. Dans ce processus, l'homme s'accomplit et cependant il ne parvient jamais à y exister d'une façon pleinement et définitivement humaine. Et pourtant le politique est le lieu où se réalise l'universel concret du bien commun de la communauté tout entière, et donc, en droit, de tout homme et de l'homme en général. Or la rationalité ne peut jamais se constituer pleinement et définitivement, et cet universel concret du bien commun demeure toujours dans la communauté politique, comme une tâche à accomplir et toujours inachevée.

On peut maintenant rendre compte de ce fait en disant que l'universel concret, le bien commun dont la réalisation achèverait le processus politique en l'installant définitivement dans la raison constituée, n'est pas de l'ordre de l'immanence, il n'est pas historique ni même d'ordre humain. Il est en définitive une réalité transcendante. Notre langage se révèle plein d'ambiguïté lorsque nous parlons de bien commun. Nous pensons toujours spontanément au bien commun immanent, au bien de la communauté, à l'*ordo civitatis* qui vise à instaurer et justifier le processus politique. Mais en réalité, nous supposons un bien commun transcendant, car le seul universel concret réellement existant est Dieu. Or l'homme ne peut constituer un tel universel concret, mais toujours il doit le viser en projetant dans l'immanence la constitution d'un universel humain. Cette tâche est toujours vouée à l'échec, sans doute, mais elle est néanmoins nécessaire, car elle est pour l'homme le seul moyen concret de s'arracher à sa particularité et au sensible pour s'ouvrir à l'universel. Ce qui explique que Thomas répète sans cesse, et sans contradiction, que le bien commun de l'humanité est à la fois Dieu et l'*ordo civitatis*.

L'existence politique vise donc à constituer une fin qui la transcende et à cause de cela, elle est toujours vouée à l'échec. Mais ce qui justifie l'effort de l'existence politique, c'est que cette fin transcendante ne peut être atteinte que par la constitution et la réalisation d'un espace politique. Le processus politique est donc bien une médiation nécessaire : l'homme ne rejoint l'universel concret, Dieu, qu'en s'attelant à la lourde tâche de réaliser l'humanité communautaire de tous les hommes. Mais cette humanité projetée est une tâche infinie dont l'achèvement ne peut se réaliser qu'en Dieu.

Omnis potestas a Deo : en interprétant cette affirmation et en l'approuvant, Thomas dévoile au sein du processus politique une dialectique qui va de l'apparence au réel. Ce qui est projeté dans l'immanence apparente n'est réalisable que dans une transcendance réelle. La perversion fondamentale et mortifère du politique consiste à confondre cette réalité transcendante avec ce qui est vécu dans l'apparence. Alors le bien commun est réduit à sa dimension historique, toujours relative et provisoire, et l'espace politique devient alors un espace d'enfermement pour l'homme vivant.

Dès lors, ce qui apparaît décevant dans le processus politique, cette sorte d'impuissance qu'il a à réaliser le bien commun que toujours il projette, devient plein de sens. Cet échec est l'épreuve nécessaire et inévitable dans laquelle l'homme doit entrer pour faire l'expérience de sa contingence et de la finitude de l'histoire. Mais dans cette expérience, et seulement en elle, l'homme devient capable de l'absolu. Alors l'histoire de la politique devient le chiffre de l'histoire de l'homme avec l'absolu.

Yves CATTIN
Lycée Blaise Pascal, Clermont-Ferrand

Bibliographie sommaire

1. Œuvres de THOMAS D'AQUIN
– *Somme théologique.* Ia IIae, q. 90-98 ; IIa IIae, q. 10-12 ; IIa IIae, q. 57-61. Dir. A. Raulin, trad. A. -M. Roguet, Paris, Le Cerf, 1984-86 (4 vol.). Abréviation S. T.
– *Somme contre les Gentils*, 4 Livres, trad. M. -J. Gerlaud, Paris, P. Lethielleux, 1950-1961 (4 vol.). Abréviation S. C. G.
– *De Regno* (ou *De Regimine Principum*). Trad. *Du Royaume*, Fribourg, Éditions Universitaires, 1946. (Les vingt-et-un premiers chapitres de cet ouvrage, jusqu'en II, chap. 4, sont probablement de la main de Thomas, qui écrit entre 1267 et 1268. L'ouvrage a été achevé par un disciple de Thomas, Tolemeo de Lucques.)
– *Opuscula Philosophica*, éd. R. M. Spazzi, Turin, Marietti, 1954.

2. Sur la pensée de Thomas d'Aquin
TORREL Jean-Pierre, *Initiation à saint Thomas d'Aquin*, Paris et Fribourg, Le Cerf et Éditions Universitaires, 1993, p. 529-567.

JACQUES Ier ET LA MONARCHIE LÉGALE

L'œuvre politique de Jacques Ier est devenue aujourd'hui l'occasion d'un débat essentiel [1] : la pensée politique anglaise a-t-elle connu, avant 1640, une théorie de la souveraineté absolue qui attribuerait au monarque un pouvoir d'essence arbitraire ? Dans son introduction aux œuvres politiques du roi-philosophe, C. H. McIlwain n'était pas loin de le penser [2], soulignant à l'envi le caractère extrême et provocateur des formulations employées par James [3] ainsi que l'apport proprement écossais qui lui permet de négliger l'esprit anglais de la *common law* au profit des éléments absolutistes du droit romain [4]. Par

1. James Stuart, né en 1566, roi d'Écosse sous le nom de James VI à la mort de Marie en 1567, succède à Elizabeth sur le trône d'Angleterre en 1603 sous le nom de James I, mort en 1625.

2. J. N. Figgis (*The Divine Right of Kings* (1914), rééd. New York, Harper & Row, 1965) est, quant à lui, plus réservé, notant que la doctrine jacobite du droit divin a été « forged as a weapon in the conflict with ecclesiastical agression ». Certes, cette doctrine a servi à imprimer le concept de souveraineté sur l'esprit anglais (p. 146), mais Figgis note tout de même que James, à la différence de Blackwood (*Apologia pro Regibus*, 1581), ne récuse pas le qualificatif de *lex loquens* pour affirmer sa propre supériorité par rapport à la loi (p. 135).

3. *The Political Works of James I*, éd. C. H. McIlwain, Cambridge, Mass., Harvard UP, 1918, Introduction, p. XXXV-XLV. Voir aussi *The High Court of Parliament and Its Supremacy*, New Haven, Yale UP, 1910, p. 348.

4. C. H. McIlwain, *The Political Works, op. cit.*, Introduction, p. XLI ; sur ce point, voir J. Wormald, « James VI and I, *Basilicon Doron* and the *Trew Law of Free Monarchies* : The Scottish context and the English translation », *in* L. Levy Peck, *The Mental World of the Jacobean Court*, Cambridge UP, 1991, p. 36-54, qui pense que ces deux textes, qui ont été rédigés dans le contexte écossais (donc avant l'accession au trône de James en 1603), sont plus absolutistes que la pensée du roi ne le sera ensuite. Ce point est confirmé par G. R. Cragg, *Freedom and Authority : a Study of English Thought in the Early Seventeenth-Century,* Philadelphia, Westminster Press, 1975, p. 64-68, qui note l'influence de la pensée absolutiste française en Écosse. James s'est cependant explicitement défendu de tout dédain pour la *common law*, affirmant qu'il ne connaissait

ailleurs, dit McIlwain, James n'a désapprouvé les formules favorables à une souveraineté illimitée et arbitraire contenues dans le dictionnaire de Cowell que du bout des lèvres [1] ; il n'avait que fort peu de respect pour « the law of the land » [2] et il considérait les libertés et privilèges des sujets comme résultant uniquement de la bonne grâce de ses prédécesseurs. Rois par droit de conquête, dit McIlwain, les monarques anglais détiennent, aux yeux de James, un droit absolu de légiférer seuls, ainsi qu'un droit illimité et arbitraire sur la vie, sur les libertés et sur les biens de leurs sujets [3]. Et s'il est vrai qu'ils prêtent serment lors de leur couronnement, c'est devant Dieu seul, en sorte que leurs engagements ne confèrent aucun droit à leurs sujets, qui leur doivent en toute circonstance – y compris lorsque les actes royaux sont oppressifs ou tyranniques [4] – une obéissance absolue et inconditionnelle [5].

Cette interprétation a cependant été battue en brèche par un « révisionnisme » qui affirme qu'il n'y avait pas, avant 1640, de sérieuses divergences de conception sur la nature du pouvoir royal et sur le rapport que celui-ci entretenait avec les droits et libertés des sujets : la pensée commune voulait que la monarchie anglaise fût mixte et limitée en vertu de l'Ancienne Constitution, et que les droits du peuple fussent en quelque sorte inaccessibles à un monarque qui ne peut faire la loi ni lever d'impôts sans le concours de ses sujets ; la *common law* serait donc supérieure aux *statuta*, tandis que les droits du roi et du parlement seraient définis par – et donc subordonnés à – une Ancienne Constitution dont l'immémorialité serait la garantie de la validité et de l'obligation.

aucune forme de droit qui soit si favorable à la prérogative royale (*Speech to Parliament, 21 March 1610*, *in* James VI and I, *Political Writings*, éd. J. P. Sommerville, Cambridge UP, 1994, p. 184-5).

1. John Cowell était un civiliste, auteur d'un dictionnaire juridique paru en 1607, *The Interpreter, or book containing the signification of words*, où il soutenait que le roi était « above the law by his absolute power » et que « simply to bind the prince to or by these laws (the laws of England) were repugnant to the nature and constitution of an absolute monarchy. » Voir C. H. McIlwain, *The Political Works*, Introduction, Appendix B, *Cowell's Interpreter*, p. LXXXVII-LXXXIX. McIlwain note que l'éloge du droit civil que faisait Cowell dans un ouvrage antérieur avait l'approbation de James. Voir *Speech to Parliament, 21 March 1610, op. cit.*, p. 180.

2. James se défend pourtant explicitement de cette accusation (*ibid.*, p. 184-186).

3. C. H. McIlwain, *op. cit.*, p. XXXVIII-XXXIX ; *A Speech to Parliament, 21 March 1610, op. cit.* Voir aussi *The Trew Law of Free Monarchies*, in *Political Writings*, éd. J. P. Sommerville, *op. cit.*, p. 75.

4. *The Trew Law of Free Monarchies*, *ibid.*, p. 70-71.

5. C. H. McIlwain, *op. cit.*, p. XLIII. Voir *A Defense of the Right of Kings*, in *Political Writings*, *op. cit.*, p. 217-222.

Ce révisionnisme soutient en outre la thèse de l'« insularité » intellectuelle et politique d'une Angleterre dominée par l'esprit de la *common law* et fermée aux influences romanistes – favorables à l'absolutisme – venues du continent [1]. « Fortescue » aurait ainsi été, en quelque sorte, l'idéologue officiel de l'Angleterre jacobéenne, et l'univers intellectuel de la première moitié du siècle serait demeuré si marqué par l'aristotélisme dominant de la période précédente que l'idée même d'une souveraineté au sens moderne semblerait en être exclue. Pour les interprètes partisans de cette révision, la rhétorique absolutiste de James est à usage externe [2] et essentiellement destinée à la défense – contre les catholiques et les dissidents [3] – d'une « théologie de la monarchie absolue » apte à soustraire cette dernière aux tentatives d'immixtion pontificale et à la protéger contre la volonté des consciences puritaines [4] de n'être soumises qu'aux lois qu'elles approuvent et qu'elles estiment conformes à la loi de Dieu, telle qu'elle se manifeste dans le for intérieur de chacun [5]. Au demeurant, le renforcement des éléments qui soulignent – à l'égard des catholiques – que le roi détient son pouvoir de Dieu seul sans aucune médiation [6], et – à l'égard des dissidents – que le devoir

1. Voir J. Kenyon, *The Stuart Constitution*, Cambridge UP, 1966, p. 8-9 ; A. Woolrych, « Political theory and political practice », *in The Age of Milton, Backgrounds to Seventeenth-Century Literature*, éd. C. A. Patrides et B. Waddington, Manchester UP, 1980, p. 34-71 ; C. Russell, *Parliaments and English Politics 1621-1629*, Oxford UP, 1979, p. 53-54. Voir aussi J. G. A. Pocock, *The Ancient Constitution and the Feudal Law*, Cambridge UP, 1957, p. 54 et l'ensemble du chap. I. Même s'il pouvait y avoir des divergences importantes sur la place que l'Ancienne Constitution et la loi fondamentale attribuaient respectivement à la prérogative et aux droits des sujets, dit Pocock, le consensus semblait se faire pour dire que l'une et les autres étaient définis par une constitution et par une loi immémoriales.

2. De fait, dans *Triplici Nodo ... An apologie for the Oath of Allegiance*, James définit le pouvoir absolu de la manière suivante : « In that oath is contained the king's absolute power, to be judge over all persons, as well civil as ecclesiastical, excluding all foreign powers and potentates to be judges within his dominions » (in *Political Writings*, *op. cit.*, p. 103).

3. *Basilicon Doron or His Majesties Instructions to his Dear Son Henry*, in *Political Writings*, *op. cit.*, p. 18-19.

4. *Ibid.*, p. 27.

5. Voir G. Burgess, « The Divine Right of Kings reconsidered », *English Historical Review*, 425 (1992), 837-61 ; P. Christianson, « Royal and parliamentary voices on the Ancient Constitution, c. 1604-1621 », *in* L. Levy Peck, *The Mental World of the Jacobean* Court, *op. cit.*, p. 71-95 ; Christianson conteste que pour les premiers Stuarts, le droit divin ait été un absolutisme signifiant que la couronne « gouverne arbitrairement » (p. 72).

6. *A Defence of the Right of Kings*, *op. cit.*, p. 189.

d'obéissance est inconditionnel et que toute résistance active est proscrite [1], n'est pas incompatible avec le refus de l'arbitraire comme avec le refus de la théorie volontariste et anthropologiquement pessimiste qui le soutient ; il n'est pas incompatible non plus avec l'idée que la fonction royale est instituée – par Dieu seul, sans aucun concours du peuple ou du pape – pour la promotion d'un ordre intrinsèquement fondé en nature.

Un chercheur a toutefois entrepris – dans la période récente – de réhabiliter le point de vue de McIlwain [2]. A ses yeux, les entreprises de James étaient clairement perçues par les contemporains comme traduisant une volonté de soumettre l'Angleterre à un pouvoir « arbitraire » [3]. Pour ce chercheur, les conceptions politiques de James sont très loin de l'insularité qu'on leur prête parfois, puisqu'elles sont plus marquées par l'influence des théories continentales que par celle de la *common law*, avec laquelle James est peu familiarisé, et dont il n'approuve guère les implications « constitutionnalistes » [4]. James connaît Bodin [5] et les théoriciens français de la souveraineté qui ont écrit à la fin

1. *Ibid.*, p. 223.

2. J. P. Sommerville, *Politics and Ideology in England, 1603-1640*, Londres, Longman, 1986, chap. I ; *id.* « Ideology, property and the Constitution », *in* R. Cust and A. Hughes, éd., *Conflict in Early Stuart England. Studies in Religion and Politics 1603-1642*, Londres, Longman, 1989, p. 47-71 ; *id.*, « Richard Hooker, Hadrian Saravia and the advent of the Divine Right of Kings », *History of Political Thought*, IV (1983) (sur Saravia – auteur du *De Imperandi Authoritate* paru en 1593 – voir aussi W. Nijemhuis, *Adrianus Saravia* (c. 1532-1613), Leiden, 1980) ; *id.*, « James I and the Divine Right of Kings : English politics and continental theory », *in* L. Levy Peck, *The Mental World of the Jacobean Court*, *op. cit.*, p. 55-70.

3. Le mot figure dans des textes parus au cours des années 1640 (cités par J. P. Sommerville, « Ideology, property and the Constitution », *loc. cit.*, p. 48, 59-60) ; Pym, William Prynne (*The Sovereign Power of Parliaments and Kingdoms*, 1643), Henry Parker (*The Case of Shipmony Briefly Discussed*, 1640), Charles Herle (*A Fuller Answer to Treatise Written by Doctor Ferne*, 1642) étaient au demeurant d'accord sur cette accusation en 1640-1642 : le roi tentait de réduire les Anglais à l'état d'esclaves et d'imiter l'absolutisme de la monarchie française, où la volonté du roi seul prétend faire loi. Aux yeux des parlementaires, Laud encourageait le roi à introduire « an arbitrary government » en l'encourageant à lever des impôts sans le consentement des sujets et en faisant imprimer divers sermons (ceux de Sibthorpe et de Mainwaring en particulier) « which might establish this arbitrary way ».

4. J. P. Sommerville, « James I and the Divine Right of Kings », *loc. cit.*, p. 62-63. Sur cette question de l'insularité de la pensée politique anglaise, voir D. Kelley, « History, English law and the Renaissance », *Past and Present*, 65 (1974), p. 24-51.

5. Voir « The library of James VI, 1573-1583 », *Scottish History Society Miscellany*, I, Edimbourg, 1983, p. XI-LXXV ; J. Wormald, « James VI and I, *Basilicon Doron* and the *Trew Law of Free Monarchies* », *loc. cit.*, p. 43.

du XVIe siècle [1] ; il connaît aussi les différentes versions de la théorie du droit de résistance [2], et il puise largement, pour les réfuter, dans l'argumentaire des absolutistes continentaux fondé sur le droit des gens et une théorie juridique d'ordre général [3] plus que sur des considérations historiques ou coutumières [4]. James a d'ailleurs eu recours, pour l'assister dans ses travaux théoriques, à divers personnages dont l'appartenance à cette mouvance continentale ne fait aucun doute [5]. Par ses origines écossaises, il était également familiarisé avec le droit civil et, selon Sommerville, il en subit l'influence et en manie les conceptions [6].

1. J. P. Sommerville, « James I and the Divine Right of Kings », *loc. cit.*, p. 56-60 ; James connaissait John Barclay (le fils de l'auteur du *De regno et regali potestate adversus Monarchomachos*, publié en 1600, William Barclay) et Charles Du Moulin ; il a également collaboré et correspondu avec Isaac Casaubon, qui avait écrit un livre où se trouvait réaffirmée la validité de la thèse bodinienne selon laquelle il doit y avoir un souverain unique dans toute communauté politique (*De libertate ecclesiastica liber singularis*, Paris, 1607) ; le livre de Casaubon avait été écrit – à propos de l'interdit lancé par le pape contre Venise – pour soutenir l'indépendance des gouvernants séculiers par rapport à l'Église et c'est d'abord à ce titre qu'il intéressait James.

2. N'oublions pas qu'il a été éduqué par George Buchanan ; il connaît aussi les écrits des « Marian exiles », Knox et Ponet en particulier ; voir D. H. Willson, *King James VI and I*, Londres, Cape, 1956.

3. Ainsi, pour étayer l'inconditionnalité – fondée en nature – du devoir d'obéissance envers le roi, James le compare au devoir du fils envers son père : ce devoir découle du droit de nature et non pas d'un acte humain ou d'un contrat (*A Defence of the Right of Kings*, *op. cit.*, p. 224).

4. Lorsqu'il réfute les arguments du cardinal Du Perron sur le droit des papes à déposer les rois, James l'accuse de ne raisonner qu'en termes de précédents et il conclut : « He relates things done, but never what should be done ; which, as the judicious know, is to teach nothing » (*ibid.*, p. 209).

5. James aurait été en relation avec Paolo Sarpi et il en aurait approuvé les idées sur l'indépendance des pouvoirs séculiers par rapport à l'Église (voir W. J. Bouwsma, *Venice and the Defence of Republican Liberty*, Berkeley, University of California Press, 1968, p. 526-527 ; D. Wootton, *Paolo Sarpi : Between Renaissance and Enlightenment*, Cambridge UP, 1983 ; Sarpi entrenait des vues proches de celles de Hobbes sur la nature humaine et sur la souveraineté (voir W. J. Bouwsma, *op. cit.*, p. 518-519 et 536-537). James aurait de même été influencé par les idées de Hadrian Saravia, qui aurait « trenchantly asserted the sovereign power of the kings of England, attacking the idea that the English form of government was mixed or limited. » D'après Saravia, Guillaume Ier aurait exercé un pouvoir absolu par droit de conquête, et ses héritiers détenaient un pouvoir du même ordre, c'est-à-dire absolu, illimité et arbitraire. Saravia soutient également (à l'instar de Bodin, dit Sommerville), qu'un souverain absolu est une composante nécessaire de toute république (*loc. cit.*, p. 62 et « Richard Hooker, Hadrian Saravia and the advent of the Divine Right of Kings », *loc. cit.*, *passim*).

6. Voir J. P. Sommerville, « James I and the Divine Right of Kings », *loc. cit.* p. 63, pour l'influence du civiliste Albericus Gentilis, auteur du *De potestate regia absoluta* (1605).

L'absolutisme de James est avant tout dirigé, il est vrai, contre les prétentions du pape et des dissidents ; parce qu'il écrit à la fois contre Knox et Buchanan [1] d'une part, contre Suarez et Bellarmin [2] de l'autre, sa préoccupation essentielle est bien de « protéger les droits des rois contre les assauts des jésuites et des puritains » [3], et il est clair que c'est le fondement de son adhésion à la thèse selon laquelle le roi est *jure divino*. C'est pourquoi ses affirmations se ramènent toutes à trois thèses qu'il réaffirme sans cesse : en premier lieu, l'Église ne possède aucun droit d'interférer dans les affaires des États séculiers, et les monarques ne détiennent pas leur droit par la médiation du siège romain ni d'aucune autre Église [4] ; en second lieu, le roi est divinement institué et, à ce titre, il doit jouir d'une obéissance inconditionnelle sans le moindre droit de résistance, même lorsque ses actions sont celles d'un prince mauvais ou hérétique [5] ; enfin, le roi tenant son pouvoir de Dieu seul, n'est limité que par Lui, sans qu'aucune instance humaine, aucun contrat, aucune loi faite par les hommes ne puisse limiter son pouvoir qui, dans son essence, n'est pas d'institution humaine [6].

D'après Sommerville, ces trois thèses suffisent à définir James comme un partisan d'une monarchie absolue *et* arbitraire, car il est évident que si le monarque demeure bien tenu de promouvoir le bien de la communauté, c'est son jugement seul qui est habilité à définir ce bien. Comme les partisans du parlement le soulignaient, être soumis à un roi qui est seul juge de ce que le bien de la communauté exige, c'est être réduit à l'état d'esclaves d'un prince arbitraire [7].

La thèse de Sommerville est donc que « Fortescue » est loin d'être l'idéologie officielle partagée par tous – y compris par le roi – dans la première moitié du XVIIe siècle. James ne souscrit pas à l'idée que le roi tirerait son pouvoir d'une ancienne constitution ; il ne raisonne pas en termes de précédents, et il ne pense pas que l'on puisse conclure de ce

1. *Basilicon Doron*, *op. cit.*, p. 46.

2. *A Defence of the Right of Kings*, *op. cit.*, p. 233.

3. J. P. Sommerville, « James I and the Divine Right of Kings », *loc. cit.* p. 59 ; *cf. A Defence of the Right of Kings*, *op. cit.*, p. 211.

4. *Triplici nodo, Triplex cuneus, An Apologie for the Oath of Allegiance*, *op. cit.*, passim ; *A Defence of the Right of Kings*, *op. cit.*, p. 230 où James reprend l'argumentaire d'Occam et de Jean de Paris, comparant les actions du Christ et celles du pape.

5. *A Defence of the Right of Kings*, *op. cit.*, p. 235 . Voir aussi *The Trew Law of Free Monarchies*, *op. cit.*, p. 78.

6. *A Defence of the Right of Kings*, *op. cit.*, p. 194.

7. J. P. Sommerville, « Ideology, property and the Constitution », *loc. cit.*, p. 57-61.

qui a été à ce qui doit être [1]. Pour lui, le pouvoir royal dérive de Dieu seul ; le roi possède donc le monopole du pouvoir et tous les droits des sujets dérivent de la grâce royale ; il n'y a aucun de ces droits qui soit détenu par le biais d'une constitution originale et qui serait à ce titre opposable à la volonté du monarque. Enfin, le roi a le droit d'imposer ses sujets sans leur accord, et il tient ce droit non pas d'une constitution ancienne, mais de Dieu, de la loi de nature qui veut qu'un roi ait les moyens matériels de sa fonction, et du droit des gens qui enseigne qu'un prince qui dépend de ses sujets n'est pas du tout un monarque souverain [2].

Sommerville reconnaît cependant que si James récusait toute tentative pour limiter sa prérogative – dont il refusait rigoureusement d'admettre qu'elle fût définie par la loi et qu'elle en dépendît – il n'avait aucun désir d'exercer celle-ci d'une manière arbitraire ou capricieuse [3]. Ailleurs, il admet que tout le monde, au début du XVIIe siècle, acceptait l'idée que le pouvoir royal était d'une certaine manière « limité » par la loi, mais que James et ses propagandistes repoussaient fermement la thèse d'une limitation institutionnelle : pour eux, c'est le roi qui est l'auteur des lois et c'est lui qui s'est engagé à ne gouverner que d'après les lois qu'il a faites ; au cas où il violerait ses promesses, les sujets n'ont donc aucun droit de lui résister [4]. Or cette absence de limitation institutionnelle – doublée d'une absence de définition constitutionnelle

1. Voir p. 45, note 5.

2. J. P. Sommerville, « James I and the Divine Right of Kings », *loc. cit.* p. 63-65 ; Sommerville paraît ignorer que Bodin refuse au souverain le droit de lever les impôts sans le consentement de ses sujets. Voir *A Remontrance for the Right of Kings and the Independence of their Crowns against an Oration of the most Illustrious Card. Du Perron*, 1615, *in* McIlwain, *The Political Works of James I*, *op. cit.*, p. 170 et p. 202-205. James fait appel, dans ce passage, à l'autorité de Jean de Paris pour étayer la thèse de l'indépendance du pouvoir temporel (*De potestate regia et papali*, chap. 10) ; Occam, John Mair et Jacques Almain sont également invoqués à l'appui de l'idée que le pape ne détient aucun droit, en vertu de la parole de Dieu, « de priver les rois de leurs sceptres ».

3. J. P. Sommerville, « James I and the Divine Right of Kings », *loc. cit.* p. 54-55 et 60.

4. Le raisonnement de Sommerville paraît cependant contradictoire : le roi, dit-il s'engage de sa propre volonté à ne gouverner que selon les lois, mais cela ne donne pas aux sujets un droit de lui désobéir au cas où il s'en abstient ; cela n'impose même pas au roi, poursuit-il, une obligation morale de gouverner d'une certaine manière (« Ideology, property and the Constitution », *loc. cit.*, p. 60). Là encore, Sommerville raisonne avec des catégories trop partialement modernes, laissant entendre qu'un engagement dépourvu de tout mécanisme de contrôle institutionnel et de possibilité de sanction ne saurait créer aucune obligation.

de la fonction royale et des droits des sujets qui s'imposerait au monarque ainsi constitué – est, aux yeux de Sommerville, l'équivalent d'une monarchie arbitraire, tant l'absence de sanction d'une limite rend celle-ci illusoire et vaine. La ligne de partage passerait donc entre les partisans d'une monarchie limitée, qui mettent l'accent sur le fait que le pouvoir et la prérogative dépendent d'une constitution primitive, et qui soutiennent que les sujets sont protégés dans leurs droits par cette supériorité de la loi sur le roi, et les partisans de l'absolutisme qui nient une telle constitutionnalité du pouvoir monarchique et soutiennent que toutes les lois émanent du roi lui-même, mettant ainsi les droits des sujets à la discrétion du pouvoir monarchique.

James était au demeurant convaincu – selon Sommerville – qu'il y avait un clivage essentiel entre lui-même et les partisans de la monarchie limitée [1], car, d'après lui, tous ceux qui prétendaient limiter son pouvoir et contrôler l'exercice de sa prérogative en la soumettant aux lois voulaient en réalité la destruction de la monarchie et l'avènement d'une forme de « république ». A l'inverse, dit Sommerville, il est tout aussi clair que sur des points essentiels, les partisans du parlement avaient eux aussi conscience d'une divergence de vues essentielle – qui touchait les principes mêmes du gouvernement – entre eux et le roi : James récusait la constitutionnalité de son propre pouvoir et de sa prérogative, il récusait l'idée d'une suprématie de la *common law* et de l'Ancienne Constitution, il jugeait que les droits et les privilèges n'existaient que par sa seule volonté, que la communauté n'avait aucun droit intangible de participer à la confection des lois et de ne pas être taxée sans son propre consentement [2]. Autant de divergences fondamentales.

Néanmoins, il n'est pas certain que la thèse défendue par Sommerville soit valide. Il y avait bien, par-delà les divergences sur l'origine et l'étendue du pouvoir royal, une certaine forme de consensus sur la nature du politique, qui place l'époque de Jacques Ier en-deçà du surgissement du concept de souveraineté en son sens moderne.

Sur quoi se faisait ce consensus ? Il semble que, au-delà des divergences purement institutionnelles, tout le monde ait reconnu que le roi est obligé à la substance de la loi, c'est-à-dire qu'il est tenu de conformer

1. J. P. Sommerville, « James I and the Divine Right of Kings », *loc. cit.*, p. 66 : « It would have come as news to James that he was living in an age of ideological harmony and consensus. »

2. J. P. Sommerville, « Ideology, property and the Constitution », *loc. cit.*, p. 64-66.

ses actes à la loi du pays dans toute la mesure où celle-ci exprime droitement la justice dont la communauté a besoin [1]. Bien évidemment les modalités de cette obligation font l'objet d'une divergence très importante : les uns estiment qu'elle est instituée par l'Ancienne Constitution et qu'elle se traduit par le fait que le roi ne peut ni modifier les lois existantes ni toucher aux droits et privilèges des sujets, ni imposer ces derniers sans le consentement du parlement. Les autres – au premier rang desquels James lui-même – estiment que cette obligation ne procède que de la volonté royale elle-même, comme c'est exactement le cas des droits des sujets, y compris celui de ne pas être imposés sans leur propre consentement. Ce qui complique singulièrement la situation c'est que les uns et les autres reconnaissent l'existence d'une prérogative, c'est-à-dire d'une réserve de puissance permettant au roi d'agir seul dans certains cas ; pour les uns cette prérogative est strictement codifiée par la constitution, tandis que, pour les autres, elle exprime l'état initial et l'essence absolue du pouvoir, et elle signifie que toutes les concessions ne continuent d'exister – avec les droits qui en sont la conséquence – que par la volonté du roi. En tout état de cause, les partisans du parlement ne niaient pas, avant le surgissement du conflit à la fin des années 1620, l'existence de la prérogative, et ils n'accusaient pas le roi de procéder à des innovations en droit ; il allait de soi, pour tout le monde que, dans certaines circonstances et pour une juste cause, c'est-à-dire lorsque le bien du royaume l'exigeait, le roi pouvait taxer ses sujets sans leur consentement, agir à l'encontre des lois, revenir sur certaines concessions passées. C'est l'abus de cette faculté qui a conduit les opposants à rappeler d'une manière sans cesse plus insistante que le droit d'agir par-dessus les lois ne peut exister de manière absolue, qu'il est strictement codifié par la constitution, et qu'il ne comporte en aucun cas le pouvoir de légiférer sans le concours du parlement, ou d'imposer les sujets sans leur consentement.

A partir des années 1625 – donc après la mort de James – il est ainsi devenu clair, aux yeux de beaucoup, que les monarques Stuart faisaient de cette prérogative un usage contraire à l'esprit même de son institution, puisque celle-ci n'était conçue que pour permettre au prince de promouvoir le bien de la communauté mieux qu'il ne pourrait le faire

1. James le reconnaît lui-même : *jus cuique tribuere* est une des fonctions essentielles du roi (*A Speech in the Star Chamber, 20 June 1616*, in *Political Writings*, *op. cit.*, p. 209).

s'il était tenu par la lettre de la loi [1]. C'est sous l'influence de cette constatation que les positions se sont radicalisées et qu'on en est venu à ce qui, aux yeux de Sommerville, est une opposition de principe qui existait depuis longtemps : c'est parce que les représentants de la communauté ont constaté que la prérogative était l'objet d'un abus manifeste [2] qu'ils ont entrepris de dire que son usage devait être codifié de manière très stricte et que, par exemple, la taxation sans le consentement était non seulement contraire à l'esprit de la constitution mais *illégale* et dépourvue de tout caractère obligatoire, de même que la législation sans le concours des chambres du parlement était inconstitutionnelle et sans pouvoir de créer du droit. Comme il est assez compréhensible, chacun prétend, au moment où le consensus se fracture, que sa propre position est inscrite dans le droit de toute éternité ; les partisans d'une monarchie absolue exposent donc leur point de vue en soulignant que tous les privilèges dont jouissent les sujets résultent de la grâce royale et sont révocables à volonté, tandis que les partisans du parlement mettent en avant l'idée de coordination [3] : les droits et libertés des sujets, ainsi que le consentement à l'impôt sont consubstantiels à la monarchie anglaise et en constituent le fondement ; ils sont inscrits de manière immémoriale dans une « Ancienne Constitution », et le roi n'est élevé sur le trône qu'à la condition expresse de respecter cette constitution [4].

Si le consensus se faisait sur l'idée que la fonction royale a pour objet la promotion d'une justice objective et indépendante de la volonté des hommes, le conflit se noue en revanche sur la question de savoir *qui est juge* de ce que cette justice exige et qui en est l'interprète. James et ses partisans prétendent que le monarque est seul juge, mais ils ne nient pas que cette fonction de jugement exige, pour être accomplie de manière satisfaisante, l'assistance des conseils et des avis du parlement ; en aucun cas, par conséquent, ils ne récusent l'idée que le gouvernement est avant tout une affaire de sagesse et non pas de décision ou de volonté. Les parlementaires, à l'inverse, avancent la thèse selon laquelle

1. Comme James lui-même l'indique, *Basilicon Doron*, *op. cit.*, p. 43.

2. Voir J. Morrill, « The religious context of the English civil war », *Trans. Royal. Hist. Soc.*, 1985, p. 174.

3. Voir C. Weston et J. Greenberg, *Subjects and Sovereigns : the grand controversy over legal sovereignty in Stuart England*, Cambridge UP, 1981, en particulier le chap. 3 (« The new age of political definition »).

4. Sur toutes ces questions, voir le magistral ouvrage de J. G. A. Pocock, *The Ancient Constitution and the Feudal Law*, *op. cit.*

les sagesses cumulées voient *nécessairement* mieux que la sagesse d'un seul ce dont l'État a besoin – thème tout à fait classique de la politique médiévale – et que c'est la raison pour laquelle l'Ancienne Constitution a sagement pourvu aux nécessités du royaume en prescrivant non seulement la consultation mais le consentement du parlement, et en inscrivant dans le droit le principe selon lequel la loi *doit* résulter de la collaboration du roi et du parlement. Après la pétition des droits, il est incontestable que cette opposition ne cesse de se radicaliser.

Cette radicalisation des positions dans les années 1640 ne contredit cependant pas la thèse d'un consensus antérieur : celui-ci se faisait bel et bien autour de l'idée que le droit existant (la *common law)* oblige à raison de sa justice intrinsèque et que, à ce titre, le roi y est tenu en tant que sa propre fonction ne se justifie que parce qu'il est le vecteur de la promotion du bien de la communauté, ce qui ne l'empêche pas (et cela ne fait l'objet d'aucune contestation) de jouir d'une prérogative qui le délie de la lettre de la loi pour lui permettre d'en respecter l'esprit. En toute hypothèse, si James n'a par exemple de cesse de se proclamer le représentant de Dieu sur la terre et si, à ce titre, il proclame ouvertement que ses actes ne doivent jamais être contestés par aucun de ses sujets, c'est pour ajouter aussitôt que ce caractère divin implique qu'il imite Dieu dans sa manière d'agir, c'est-à-dire qu'il ait perpétuellement pour objet le bien de ceux qu'il gouverne et qui lui sont soumis, de faire justice, d'instituer de bonnes lois, de les interpréter avec équité, *etc.* [1]

Par conséquent, s'il est incontestable que, comme le montre Sommerville, il y a eu des divergences « de principe » sur l'étendue du pouvoir royal, cela ne signifie pas que ces divergences aient opposé deux conceptions de la fonction de ce même pouvoir. Ni James ni ses propagandistes n'adhéraient à l'idée qu'il n'existe aucune justice intrinsèque dans la nature et que, pour cette raison même, le commandement du souverain doit passer pour la règle qui oblige tous les membres de l'État sans aucune contestation possible. Il existe bel et bien une loi de nature à laquelle toutes les lois civiles doivent être conformes pour être des lois [2]. Même si les « absolutistes » affirment – comme James – que le roi seul est en mesure de juger de cette conformité, on aurait tort d'en conclure que l'exigence et la limite elle-même en deviennent purement nominales, car ce serait projeter sur ce moment de la réflexion politique

1. *A Speech in the Star Chamber, 20 June 1616*, *op. cit.*, p. 204-205.
2. *Ibid.*, p. 212.

des catégories postérieures ; il n'y a aucune absurdité, dans le contexte que nous étudions ici, à affirmer conjointement qu'une autorité est soumise à une norme qu'elle ne produit pas, et à dire en même temps qu'elle est seule juge de la conformité de ses propres actions à cette même norme transcendante [1]. Dans la première moitié du XVIIe siècle, par conséquent, personne ne prétendait, en Angleterre, que la décision du souverain était l'origine et la cause de la justice, même si certains prétendaient qu'il appartenait au souverain seul de dire et de juger de ce qu'exige la justice ; pour autant, cette dernière position ne suffit pas à prouver l'existence d'un concept de souveraineté arbitraire avant 1640 [2].

On peut en avoir le témoignage, tout d'abord, dans le fait que le roi Jacques Ier entend, lorsqu'il définit la fonction du monarque à l'intention de son fils et héritier présomptif [3], souligner la différence entre le roi et le tyran : le premier reconnaît qu'il n'est ordonné que pour le bien de son peuple et que la charge dont il est revêtu est un devoir plus qu'un privilège [4] ; le second pense que le peuple n'existe que pour satisfaire ses caprices [5]. Cette différence des fins, dit James, engendre une différence marquée dans la conduite de l'un et de l'autre au maniement des affaires de l'État et du gouvernement :

1. James se reconnaît soumis à Dieu et il en attend la vengeance au cas où il ferait mauvais usage du pouvoir qui lui est confié par Dieu (*ibid.*, p. 211).

2. Même si le terme existait, il semble qu'il ait signifié la même chose que les termes « tyrannie » et « despotisme » ou la « monarchie seigneuriale » de Bodin ; c'est donc un terme qui sert à l'accusation, mais les pamphlétaires royalistes, avant Filmer, ne le revendiquent pas comme désignant une forme normale ou légitime de pouvoir, pas plus qu'ils n'affirment l'assimilation ou l'impossible distinction entre le roi et le tyran. Sommerville lui-même ne propose aucune distinction claire entre l'absolu et l'arbitraire, alors même que, sur le plan philosophique, cette distinction est capitale (voir « Ideology, property and the Constitution », *loc. cit.* p. 59 pour la confusion des deux adjectifs). A l'exception de Mainwaring et de Sibthorpe – et le premier a été mis en accusation pour cela même – on ne trouve donc pas d'auteurs disposés à utiliser l'adjectif « arbitraire » en un sens positif. Sommerville reconnaît en outre (*ibid.*, p. 65) que nombre d'auteurs qui s'étaient exprimés contre toute idée de pouvoir abitraire avant 1640 prirent par la suite le parti du roi dans la guerre civile ; c'est le cas, par exemple, de Falkland.

3. Le prince Henri, qui mourra avant d'accéder au trône, en 1612.

4. *Basilicon Doron, op. cit.*, p. 45.

5. Voir G. Burgess, « The Divine Right of Kings reconsidered », *loc. cit.*, p. 843 ; Burgess insiste sur le fait que la revendication de James à être de droit divin n'implique aucune prétention à la détention d'un pouvoir discrétionnaire ou « souverain » au sens de Filmer et de Hobbes ; la thèse du droit divin porte sur l'interdiction du droit de résistance et sur l'origine du pouvoir, non sur son étendue en matière législative.

> A good king, thinking his highest honour to consist in the due discharge of his calling, employs all his studies and pains to procure and maintain, by the making and execution of good laws, the welfare and peace of his people, and as their natural father and kindly master, thinks his greatest contentment stands in their prosperity, and his greatest surety in having their hearts, subjecting his own private affections and appetites to the weal and standing of his subjects, ever thinking the common interest his chiefest particular ; where, by the contrary, an usurping tyrant, thinking his greatest honour and felicity to consist in attaining, *per fas et nefas*, to his ambitious pretences, thinks never himself sure but by the dissention and factions among his people, and counterfeiting the saint while he once creeps in credit, will then (by inverting all good laws to serve only for his unruly private affections) frame the commonwealth ever to advance his particular, building his surety upon his people's misery ; and in the end (as a step father and uncouth hireling), make up his own hand upon the ruins of the republic. [1]

James insiste souvent sur cette différence entre un roi légitime et un tyran – différence que Bodin maintient mais dont Filmer et Hobbes récuseront la pertinence – en montrant que le tyran croit que les peuples qu'il domine ne sont destinés qu'à la satisfaction de ses intérêts privés tandis que le roi légitime sait qu'il n'est institué par Dieu que pour faire de bonnes lois au profit de son peuple et les exécuter avec toute l'impartialité dont il est capable [2]. James se définit donc comme un serviteur de son peuple, à qui sa fonction fait un devoir de se dépouiller de ses appétits et de ses affections privées [3].

De même, dans un discours prononcé devant les deux chambres du parlement en 1610, James affirme explicitement que son pouvoir n'a rien de celui d'un tyran et qu'il repose au contraire sur un engagement de ne gouverner le peuple que selon la loi. Utilisant une de ses comparaisons favorites entre le pouvoir du souverain et celui de Dieu [4], James explique que, sous l'Ancien testament, Dieu parlait par oracles et agissait par miracles sans assujettir sa propre action à aucune règle fixe que la raison puisse pénétrer. Mais, dit-il, dès qu'il lui a plu d'établir une Église

1. *Basilicon Doron*, *op. cit.*, p. 20 ; pour un texte exactement parallèle, voir *A Speech ..., March 1603*, in *Political Writings, op. cit.*, p. 143, voir aussi, *A Defence of the Right of Kings*, *op. cit.*, p. 206.

2. *A Speech ..., March 1603*, *op. cit.*, p. 143.

3. *Ibid.*, p. 142.

4. *A Speech to the Lords and Commons of the Parliament at Whitehall, on Wednesday the XXI of March Anno 1609*, in *Political Writings*, *op. cit.*, p. 181.

rachetée par le sang de son fils, Dieu a cessé de recourir aux oracles et aux miracles et il a « gouverné son peuple et son Église dans les limites de sa volonté révélée (*within the limits of his revealed will)* »[1]. Il en va de même des rois car, que leur pouvoir ait reposé à l'origine sur la conquête ou sur l'élection du peuple[2], il est certain que, dans les premiers temps, ils gouvernaient leurs peuples en prenant leur seule volonté pour loi. Mais par la suite, « lorsque les royaumes ont commencé à être établis en civilité et police (*to be settled in civility and policie*) », les rois ont fait connaître ce qu'ils avaient à l'esprit non par des volontés mais par des lois établies faites par le roi, même si elles sont concédées par le roi à la demande du peuple[3]. En s'exprimant de cette manière, James rompt en visière avec l'idée – chère aux partisans de la *common law* – que la loi existe avant le roi et le constitue (*lex facit regem*) ; tout au contraire, selon James, c'est le roi, et lui seul qui a fait les lois parce qu'il les jugeait nécessaires au bien de son peuple (*rex facit legem*)[4]. Mais il n'en conserve pas moins l'idée qu'une monarchie civile est instituée pour le respect de la justice que les lois incarnent.

Par cet établissement d'une légalité, le roi devient en quelque sorte *lex loquens*[5], un instrument de la raison incarnée dans la loi[6] ; James dit qu'il ne nie pas l'ancienne définition qui affirme que le roi est une loi

1. *Ibid.*, p. 183.

2. Contrairement à Filmer, James ne récuse pas comme absurde l'hypothèse selon laquelle certains rois au moins tireraient originellement leur pouvoir de l'élection populaire ; néanmoins, dit-il, cela ne contredit en rien la thèse selon laquelle les rois sont établis par Dieu sur leurs trônes, le peuple ne jouant en quelque sorte que le rôle de médiateur (*A Meditation upon the 27. 28. 29. Verses of the XXVII Chapter of Saint Matthew*, *op. cit.*, p. 238).

3. *A Speech ..., Anno 1609*, *op. cit.*, p. 183. Dans le *Basilicon Doron*, James demande à son fils de ne convoquer le parlement que pour la confection de nouvelles lois, laissant entendre que celle-ci ne peut être menée à bien sans le concours de cette assemblée (*op. cit.*, p. 21).

4. *The Trew Law of Free Monarchies*, *op. cit.*, p. 73 ; voir J. G. A. Pocock, *The Ancient Constitution and the Feudal Law*, *op. cit.*, p. 35 *sq*.

5. *A Speech to Both the Houses of Parliament, 31 March 1607*, in *Political Writings*, op. *cit.*, p. 161.

6. Voir F. Oakley, *Omnipotence, Covenant and Order*, Ithaca, Cornell UP, 1984, p. 103-104 ; J. Daly, *Cosmic harmony and political thinking in early Stuart England*, Transactions of the American Philosophical Society, vol. 69, Philadelphie, 1979, souligne que l'ordre en question n'est nullement le produit d'une volonté arbitraire ; il ne s'agit pas d'un ordre extrinsèque aux natures ainsi rassemblées – et produit par une volonté qui en décide – mais d'un ordre intrinsèque, conséquence nécessaire des natures mises en relation. Le monarque n'est pas donc pas soumis à un ordre indifférent et qu'il pourrait changer à volonté, mais à un ordre qui s'impose à lui par sa rationalité.

parlante et la loi un roi muet car, ajoute-t-il, un roi qui ne gouverne pas par des lois ne saurait rendre de comptes à Dieu, ni avoir un règne heureux [1]. Et s'il est vrai que, en tant qu'il en est l'auteur, le roi est techniquement et juridiquement parlant au-dessus des lois, cela n'implique nullement que la loi ne soit que l'expression de sa volonté arbitraire, mais seulement qu'il échappe à toute possibilité de contrainte, qu'il est seul interprète des lois existantes et de la nécessité de les maintenir ou de les abroger [2]. En outre, dit James, le roi prend plaisir à n'exercer son pouvoir qu'en accord avec elles et à y conformer ses propres actions [3]. On trouve ici le même dispositif qui, dans la monarchie centrée sur la loi telle que E. H. Kantorowicz l'a si magistralement analysée, faisait se répondre *lex regia* et *lex digna* pour établir que le gouvernement royal n'est jamais plus conforme à son essence – qui est de reposer sur la loi – que lorsqu'il agit en conformité avec les lois [4]. Même si James souligne avec force que le roi ne se soumet aux lois que de son propre mouvement et de sa propre volonté, la légalité de la monarchie est une chose affirmée [5]. Bref, l'existence d'une prérogative qui échappe à toute définition légale, ainsi que l'absence de toute possibilité de limiter humainement et institutionnellement le pouvoir, de le contraindre à respecter la loi, et de lui résister, ne suffisent pas à introduire l'idée que le monarque est investi d'un pouvoir arbitraire.

Au demeurant, James ne recule pas non plus devant les « images » qui lui font comparer le royaume à une épouse dont lui-même serait l'époux, transférant ainsi au domaine civil une métaphore qui convenait au pape et à l'évêque pour désigner leurs fonctions pastorale et ministérielle à l'égard de l'Église du Christ. Il en ressort que, loin d'être un maître despotique et capricieux, le monarque est un père, un époux, un serviteur du bien de ce mineur dépourvu de raison qu'est le peuple [6].

1. *The Trew Law of Free Monarchies*, *op. cit.*, p. 75.

2. *A Speech to Parliament, 31 March 1607*, *op. cit.*, p. 172 : « Ejus est explicare cujus est condere ».

3. *A Defence of the Right of Kings*, *op. cit.*, p. 227.

4. E. H. Kantorowicz, *Les Deux corps du roi,* trad. française, Paris, Gallimard, 1989, p. 90 *sq*.

5. *The Trew Law of Free Monarchies*, *op. cit.*, p. 75.

6. *A Speech ..., March 1603*, *op. cit.*, p. 136 ; pour la fonction pastorale du roi-berger prenant soin de son troupeau, *cf. A Meditation ... upon ... Saint Matthew*, in *Political Writings*, *op. cit.*, p. 239. Sur le modèle antique du pastorat, voir *supra* l'étude de A. Petit, « Le pastorat ou l'impossible raccourci théologico-politique ».

La tâche du roi est ainsi d'établir de bonnes lois, d'en assurer l'exécution (car sans exécution, il n'y a pas de lois [1]), et de rendre à chacun de ses sujets ce qui lui est dû [2]. Dans son discours à la chambre des Lords, le roi affirme « qu'il préférera toujours le bien du corps (*the weal of the body*) et de la communauté dans son ensemble » à n'importe quelle finalité qui lui serait particulière et il ajoute avoir toujours su que son propre bien n'était pas séparable, en fait comme en droit, de celui de ses sujets [3]. James insiste également, dans le *Basilicon Doron* sur la vertu de modération [4], montrant qu'un royaume n'est bien gouverné que lorsqu'il sait éviter l'excès de sévérité qui le fait tourner à la tyrannie, mais aussi l'excès d'indulgence qui fait que les sujets n'ont plus cette sûreté nécessaire à la justice, et qui a fait dire à beaucoup que mieux vaut vivre dans un État où trop de choses sont interdites que dans un autre où trop de choses sont permises [5].

En l'espèce, non seulement le roi a promis, à l'occasion de son sacre [6], de défendre les lois et la justice mais il a pour ainsi dire renouvelé la promesse faite à son peuple à l'occasion de chacun des actes qui sont devenus des lois sous son règne ; en promulguant ces lois, le roi souscrit en effet un quasi-contrat de ne gouverner qu'en vertu de ce qu'elles portent, et de ne jamais aller à leur encontre [7] sauf, bien entendu, lorsque le bien du peuple l'exige. La monarchie est donc dotée d'une base quasi-contractuelle et légale, puisque les lois sont comme des contrats entre le souverain et son peuple, même si James prend bien soin de répéter que ce quasi-contractualisme est un effet de la bonne volonté du roi et ne soumet pas la possession du trône à une condition de respect

1. *Ibid.*, p. 249 ; *Basilicon Doron*, *op. cit.*, p. 20-21 ; l'office du roi est d'établir de bonnes lois parmi le peuple et de les exécuter (car l'exécution est la vie de la loi, « the life of the Law »).

2. *The Trew Law of Free Monarchies*, *op. cit.*, p. 64 ; *cf.* *A Speech in the Star Chamber, 20 June 1616*, *op. cit.*, p. 209.

3. *A Speech ..., March 1603*, *op. cit.*, p. 142-143 ; James ajoute que c'est précisément cette attitude qui distingue un roi légitime (« a lawful king ») d'un tyran.

4. *Basilicon Doron*, *op. cit.*, p. 31 ; *cf.* *ibid.* p. 44.

5. *The Trew Law of Free Monarchies*, *op. cit.*, p. 79.

6. *Ibid.*, p. 64-65. Sur le serment du monarque anglais, voir P. E. Schramm, *A History of the English Coronation*, Oxford, Clarendon Press, 1937, en particulier p. 141 *sq.* ; pour une comparaison avec le serment des monarques français, voir R. A. Jackson, *Vivat rex, Histoire des sacres et couronnements en France*, Association des Publications près les Universités de Strasbourg, 1984, p. 57 *sq.*

7. *A Speech ..., Anno 1609*, *op. cit.*, p. 183 ; *A Speech in the Star Chamber, 20 June 1616*, *op. cit.*, p. 208-209. *Cf.* *ibid.*, p. 218.

des lois existantes : le roi, dit-il, s'est engagé mais le respect de cet engagement ne dépend que de lui et n'est pas la condition de la permanence de son pouvoir, qu'il détient par la volonté de Dieu et par droit héréditaire, non par la volonté des hommes [1]. Certes les lois sont les lois du roi, mais cela ne signifie pas qu'il peut s'en affranchir de manière arbitraire puisque le simple fait de les édicter contient aussi la promesse ou le contrat de n'agir qu'en conformité avec elles [2].

Toutefois, James interprète ce contrat dans des termes très particuliers : pour lui, le roi s'engage à rendre justice à son peuple et à gouverner selon les lois [3] mais ce n'est pas le peuple, en tant que partie prenante au contrat, qui peut, de lui-même, juger que le roi a violé sa parole et qu'il est par conséquent délié de son devoir d'obéissance. Avant que le peuple ne soit autorisé à se rebeller et à cesser d'obéir, il faut que le juge suprême des deux parties, à savoir Dieu, ait prononcé un jugement établissant que le roi a violé sa parole. Ceux qui arguent du caractère contractuel de la monarchie pour étayer l'idée d'un droit de résistance se trompent donc lourdement :

> And the last objection is grounded upon the mutual paction and adstipulation (as they call it) betwixt the king and his people, at the time of his coronation ; for there, say they, there is a mutual paction and contract bound up and sworn betwixt the king and the people. Whereupon it follows that if the one part of the contract or the indent be broken upon the king's side, the people are no longer bound to keep their part of it, but

1. *A Defence of the Right of Kings*, *op. cit.*, p. 225.

2. J. Daly (*Cosmic Harmony and political thinking in early Stuart England*, *op. cit.*, p. 27) affirme que ce refus de l'arbitraire est une sorte de lieu commun de la période (par rapport auquel, bien entendu, Filmer et Hobbes représentent des exceptions notables), et il en cite une formulation particulièrement claire, donnée dans un pamphlet de William Falkner, *Christian Loyalty* (1679) : « It is neither necessary nor most suitable to supremacy of governement, that the rules by which the governor proceeds should be altogether at his own will and pleasure ... For it is no abatement of the high sovereignty of the glorious God over the world, that all his government and executing judgement is ordered according to the natural and eternal rules and measures of goodness and justice, and not by such arbitrary will, which excludes all respect thereto. And man has not a less but a greater government over himself when he guides himself by the rules of reason ; nor is it therefore any diminution of the power of a governour, when the exercise thereof is, and ought to be managed by the rules of common equity » (p. 10-11).

3. *A Defence of the Right of Kings*, *op. cit.*, p. 224.

> are thereby freed of their oath. For (say they) a contract between two parties, of all law, frees the one party if the other break unto him. [1]

Même si James refuse ici les implications du terme de contrat [2], il reconnaît cependant que le serment du sacre est l'équivalent d'une promesse faite au peuple, et il avoue que le roi n'est pas libre de juger par lui-même que le peuple a violé ses engagements, et qu'il pourrait s'estimer délié, par les simples actes du peuple, de l'engagement de protection et de justice qu'il a pris auprès de ce dernier [3]. Dans le « contrat » passé lors du serment du sacre, ni l'une ni l'autre des deux parties engagées ne peut prononcer que le pacte est rompu par l'autre partie et qu'elle-même est déliée des engagements qu'elle a pris. Un tel jugement appartient à Dieu seul : il n'appartient pas plus au roi qu'au peuple. Le pacte qui est passé à l'occasion du couronnement est en effet passé sous le regard de Dieu en sorte que c'est Dieu seul qui est en mesure de juger que l'un des partenaires n'a pas rempli ses engagements et que, par conséquent, l'autre est délié de ce à quoi il s'était engagé.

> As to this contract alleged made at the coronation of a king, although I deny any such contract to be made then, especially containing such a clause irritant as they allege, yet I confess that a king, at his coronation, or at the entry to his kingdom, willingly promises to his people to discharge honorably and truly the office given him by God over them. But presuming that hereafter he breaks his promise unto them never so inexcusable ; the question is, *who should be judge* of the break. [4]

Posant la question qui sera celle de Hunton et de Locke (qui sera juge ?), James refuse de répondre en disant que le monarque seul est juge de ses propres limites et de ses propres excès éventuels ; comme il le comprend fort bien, cela reviendrait en effet à lui attribuer le pouvoir arbitraire dont il est précisément en train de répudier l'hypothèse.

1. *The Trew Law of Free Monarchies*, *op. cit.*, p. 82 ; voir J. W. Gough, *Les Lois fondamentales dans l'histoire constitutionnelle anglaise*, trad. française, Paris, PUF, 1992, p. 54-74.

2. Ce refus du contractualisme et cette distinction entre la promesse et le contrat seront bien entendu radicalisés par les pamphlétaires royalistes lors de la crise du début des années 1640 ; voir, par exemple, Henry Ferne, *The Resolving of Conscience*, Cambridge, 1642, p. 14-15.

3. *Basilicon Doron*, *op. cit.*, p. 38 : rendre à chacun ce qui lui est dû, dit James, est « the very groundstone of good government » ; *cf. ibid.*, p. 43, où James dit que la Justice « is the greatest virtue that properly belongs to a King's office ».

4. *The Trew Law of Free Monarchies*, *op. cit.*, p. 81.

> I think no man that has but the smallest entrance into the civil law will doubt that of all law, either civil or municipal of any nation, a contract cannot be thought broken by the one party, and so the other be likewise to be freed therefrom, except that first a lawful trial and cognition be had by the ordinary Judge of the breakers thereof. Or else, every man may be both party and judge, which is absurd once to be thought.[1]

C'est donc Dieu seul, sous le regard de qui est formulée la promesse du prince à l'égard de son peuple, qui est juge :

> Now in this contract (I say) betwixt the King and his people, God is doubtless the only judge, both because to Him only the king must make count of his administration, as likewise by the oath in the coronation, God is made judge and revenger of the breakers. For in his presence, as only judge of oaths, all oaths ought to be made. Then, since God is the only judge betwixt the two parties contractors, the cognition and revenge must only appertain to him. It follows therefore of necessity, that God must first give sentence upon the king that breaks, before the people can think themselves freed of their oath.[2]

L'institutionnalisation d'un droit de résistance – tout autant que la thèse selon laquelle les sujets seraient déliés de leur serment d'obéissance au cas où le monarque agirait au mépris de ses promesses – ferait du peuple un souverain tout aussi arbitraire que le roi le serait lui-même s'il était juge de ses propres excès ; en l'espèce, aucune des deux parties en présence ne peut être unilatéralement juge des excès de l'autre :

> What justice then is it, that the party shall be both judge and party, usurping upon himself the office of God, may by this argument easily appear : and shall it lie in the hands of headless multitude, when they please to weary off subjection, to cast off the yoke of government that God has laid upon them, to judge and punish him whomby they should be judged and punished ; and in that case, wherein by their violence they kythe themselves to be most passionate parties, to use the office of an ungracious Judge or Arbiter ? Nay, to speak truly of that case, as it stands betwixt the king and his people, none of them ought to judge of the other's break. For considering rightly the two parties at the time of their

1. *Ibid.*

2. *Ibid.*, p. 81 ; voir P. Christianson, « Royal and Parliamentary voices on the Ancient Constitution », *loc. cit.*, p. 77.

> mutual promises, the king is the one party and the whole people in one body are the other party. [1]

James pousse donc le raisonnement jusqu'à son terme en montrant que le roi n'est pas plus unilatéralement juge des excès du peuple que le peuple ne l'est des excès du roi :

> And therefore, since it is certain that a king, in case so it should fall out, that his people in one body had rebelled against him, he should not in this case, as thinking himself free of his promise and oath, and become an utter ennemy, and practice the wreak of his whole people and native country ; although he ought justly to punish the principal authors and bellows of that universal rebellion : how much less then ought the people (that are always subject unto him, and naked of all authority on their part) press to judge and overthrow him ? Otherwise, the people, as one party contracter, shall no sooner challenge the king as a breaker, but he as soon shall judge them as breakers ; so as the victors making the tyners the traitors (as our proverb is), the parties shall aye become both judge and party in his own particular. [2]

De plus, dans la mesure même où les lois sont des quasi-contrats passés devant Dieu, elles n'obligent que si Dieu les « approuve », c'est-à-dire si elle sont conformes avec sa loi et avec celle de la nature. James reconnaît donc explicitement qu'il peut exister des lois injustes – toutes celles qui sont contraires à la loi de Dieu et de la nature – ou des lois qui sont en contradiction avec les besoins de justice de la communauté, et que de telles « lois » n'obligent pas [3].

Si le roi s'est engagé à ne gouverner que selon les lois, cela ne signifie évidemment pas qu'il est incapable de passer outre l'ordre législatif à l'instauration duquel il a lui-même si puissamment contribué. Il est en effet hors de doute que les lois sont les lois du roi et qu'elles émanent de lui ; loin de le précéder, elles ne sont établies et elles ne subsistent que par son assentiment et par la reconnaissance qu'il fait de leur justice et de leur rationalité ; James refuse donc l'adage *lex facit regem* pour

1. *The Trew Law of Free Monarchies*, *op. cit.*, p. 81.

2. *Ibid.*, p. 82 ; *cf. His Majesty's Declaration Touching his Proceedings in the Late Assemblie and Convention of Parliament*, in *Political Writings*, *op. cit.*, p. 253, où James accuse les parlementaires d'agir à l'encontre du bien public et de préférer à celui-ci leur propre intérêt particulier.

3. *A Speech in the Star Chamber, 20 June 1616*, *op. cit.*, p. 210.

adopter l'adage contraire : *rex facit legem* [1]. Si les lois sont bien faites à la demande du peuple réuni en parlement, il est clair que le roi peut légiférer seul et que, en revanche, le parlement ne possède jamais ce droit [2].

En ce sens, la monarchie de James est bel et bien « absolue » [3]. Néanmoins, lorsque le roi analyse les rapports de sa puissance avec la *common law*, il reconnaît conjointement trois faits : la qualité intrinsèque de cette *common law*, et sa propre volonté constante de ne gouverner qu'en accord avec elle toutes les fois qu'elle apparaîtra, à son jugement, comme la plus appropriée et la plus apte à instaurer paix et justice au sein de la communauté ; sa propre supériorité par rapport à cette *common law*, dont nul ne peut prétendre qu'elle est intangible et qu'elle ne renferme jamais des choses qu'il faudrait abroger ou réformer, précisément dans le but de satisfaire aux exigences de justice de cette même communauté ; et enfin, que de telles modifications de la *common law* ne peuvent être bien faites sans l'avis et le conseil du parlement, lieu naturel de la réflexion sur ce dont le peuple a besoin et ce dont il souffre (*grievances*). James conclut alors que c'est précisément lorsqu'il a l'aval de ce parlement que son propre pouvoir est à son zénith ; c'est là qu'on peut le qualifier d'absolu, non pas au sens où il pourrait prévaloir *contre* les aspirations de la communauté elle-même (ce qui serait absurde), mais au sens où ses décisions deviennent entièrement incontestables par l'approbation que leur donnent les représentants de cette même com-

1. *The Trew Law of Free Monarchies*, *op. cit.*, p. 73. Sur la polémique à propos de l'antériorité du roi par rapport aux lois et au parlement, voir J. G. A. Pocock, *The Ancient Constitution and the Feudal Law*, *op. cit.*, p. 150 *sq*.

2. *The Trew Law of Free Monarchies*, *op. cit.*, p. 74. Toutefois, dans certains textes, James paraît concéder que la confection de nouvelles lois requiert l'assistance du parlement (*cf. A Speech to Parliament, 31 March 1607*, *op. cit.*, p. 175). En outre, si James reconnaît parfois que le parlement doit être associé à la confection des lois, il maintient fermement que les assemblées ne peuvent discuter que les questions qui leur sont soumises par le roi ; elles ne peuvent donc pas fixer elles-mêmes leur ordre du jour (*His Majesty's Declaration*, *op. cit.*, p. 250).

3. James affirme en effet que le parlement n'est pas co-auteur de la loi ; il n'est que le Grand Conseil du roi, que celui-ci assemble à l'occasion lorsqu'il faut interpréter les lois existantes, en abroger certaines, ou en faire de nouvelles ; cependant, il confesse que l'œuvre de législation ne peut pas être bien faite sans l'assistance de ce conseil ; il s'agit en effet d'affaires générales, qui touchent l'ensemble des membres de la communauté et pour lesquelles il n'est possible de trouver une règle juste qu'en convoquant tous les plus sages à donner leur avis (voir *A Speech in the Parliament House, 19 november 1605*, in *Political Writings*, *op. cit.*, p. 155).

munauté, aussi bien vis-à-vis des puissances étrangères que des magistrats subordonnés [1].

James avalise ainsi l'idée que le pouvoir royal n'est jamais plus puissant que lorsqu'il obtient l'aval de la communauté qui reconnaît qu'il s'exerce à son avantage, et il affirme que lorsque le roi est entouré de cette assemblée, il n'y a aucune merveille (*wonder*) qu'ils ne puissent, ensemble, accomplir [2]. Ce thème selon lequel un pouvoir libre de tout conseil est un pouvoir faible, alors qu'un pouvoir assisté d'un conseil large et représentatif tend au contraire vers le sommet de sa puissance par la justesse des décisions que cela le met en mesure de prendre, est un thème classique de la pensée politique médiévale. Il inscrit la puissance politique dans l'économie de l'ordre naturel, et en fait le relais d'une norme de justice inscrite dans les choses mêmes.

Soulignant le caractère légal de la monarchie qu'il prône, James affirme que la puissance du glaive n'en est pas l'essence car, dit-il, « il y a une grande différence entre le sceptre (qui représente l'autorité du roi envers tous ses sujets, bons ou méchants) et le glaive, qui n'est ordonné que pour la punition des méchants » [3]. La fonction du pouvoir politique n'est donc ni exclusivement répressive ni ordonnée pour le contrôle des effets du péché ; elle est articulée à une tâche positive de promotion de la justice entendue comme ordre rationnel entre les êtres et les choses qui composent le royaume [4].

Ce caractère légal implique une certaine forme de respect de la propriété puisque, en l'espèce, une des fonctions du monarque est d'assurer à ses sujets la sûreté de leurs possessions [5]. James dit en effet que ses sujets tiennent leurs biens de lui et qu'il en est à l'origine le seul légitime propriétaire, mais les concessions qu'il en a données sont

1. *A Speech ..., Anno 1609*, *op. cit.*, p. 186. De même dans son discours devant la Chambre étoilée, James reconnaît qu'il n'a jamais souhaité aucune altération arbitraire de la *common law* (*A Speech in the Star Chamber, 20 June 1616*, *op. cit.*, p. 208).

2. *Ibid.*, p. 209.

3. *A Meditation ... upon ... Saint Matthew*, *op. cit.*, p. 240.

4. *Ibid.*, p. 248 ; une position qui demeurera celle des royalistes modérés dans la crise révolutionnaire, voir H. Spelman, *The Case of our Affairs in Law, Religion, and Other Circumstances,* Londres, 1643, p. 6 : « In judging and determining matters of private interest, his power is not absolute but is restrained to judgement (not judgement arbitrary in his own person, but judgement to be administered by the proper sworn judges of his courts of law) ». L'usage qui est fait ici de l'adjectif « arbitrary » en dit long sur la valeur de provocation explicite que possède son emploi par Filmer.

5. *A Speech to Parliament, 31 March 1607*, *op. cit.*, p. 161 : « ...The care I have to put my subjects in good security of their possessions ».

comme des promesses qui confèrent un droit que le roi s'est engagé à respecter, comme il s'est engagé à ne gouverner que selon les lois qu'il a voulu donner à ses sujets [1]. Certes, les sujets sont tenus de contribuer, sur ces biens, à l'entretien de la monarchie ; c'est leur devoir mais, en 1610 au moins, James reconnaît que, quant à la détermination du montant et du moment de cette contribution, cela dépend de « l'amour » de ses sujets, donc d'une décision du parlement [2]. De même, dans le *Basilicon Doron*, il enjoignait à son fils de ne jamais chercher à s'enrichir des dépouilles de ses sujets, de toujours respecter leurs richesses comme si elles étaient les siennes, de ne lever de subsides qu'aussi rarement qu'il le pourrait, et de ne les employer qu'à l'usage auquel ils étaient publiquement destinés, se comportant toujours comme le *fidus depositarius* des biens de son peuple [3]. Très loin de lui, par conséquent, l'idée d'affirmer que le monarque pouvait user librement et à sa fantaisie des biens de ses sujets comme s'ils étaient les siens propres ; James adhère ainsi à l'idée qu'il serait absurde de prétendre que les sujets n'ont aucune sûreté quant à la possession de leurs biens alors même que cette sûreté est une partie essentielle de la justice qu'il doit à son peuple en tant que roi [4]. Par ailleurs, James reconnaît également que, lorsqu'il agit en tant que personne privée – en particulier dans tous les litiges portant sur la possession des biens – il est soumis aux lois du royaume au même titre que n'importe lequel de ses sujets [5].

En matière de propriété par conséquent, le roi peut se prétendre maître des biens de ses sujets par un droit direct et éminent, mais cela ne fait pas obstacle à la réalité des droits des sujets ; en tout état de cause, il est exclu que la volonté du souverain, dépourvue de toute raison et agissant comme un *fiat* pur et simple, puisse passer pour la seule origine et la

1. *The Trew Law of Free Monarchies*, *op. cit.*, p. 73 et 75 ; pour une interprétation contraire, voir J. P. Sommerville, « James I and the Divine Right of Kings », *loc. cit.*, p. 64.

2. *A Speech ..., Anno 1609, op. cit.*, p. 193 et p. 195.

3. *Basilicon Doron*, *op. cit.*, p. 48.

4. Sommerville lui-même (« Ideology, property and the Constitution », *loc. cit.*, p. 54-55) reconnaît que le monarque ne peut pas prendre les biens de ses sujets « at will » et qu'il doit faire état d'une juste cause pour procéder à des levées fiscales. Cela, du moins est accepté par tous, y compris par les pamphlétaires royalistes : le roi ne peut prendre les biens de ses sujets que lorsqu'il juge que la tâche de promotion du bien public que Dieu lui a assignée l'exige.

5. *A Speech in the Star Chamber, 20 June 1616*, *op. cit.*, p. 207, 214, 218.

seule justification de la propriété [1]. Celle-ci possède un fondement dans la nature ainsi que dans les engagements royaux qui, à leur tour, créent un droit que le monarque ne peut supprimer de manière arbitraire c'est-à-dire sans aucune justification [2]. Il ne faut donc pas confondre le droit que le roi aurait de revenir sur ces droits de manière *unilatérale* et le droit qu'il aurait de les supprimer de manière *arbitraire* : l'unilatéralité ne supprime pas la nécessité de donner de bonnes raisons à l'appui de son action, alors que l'arbitraire supprime cette nécessité au nom du principe que la volonté tient lieu de raison (*stat pro ratione voluntas).*

Il n'y a pas de contradiction, dès lors, à dire que les sujets *ont* une propriété et à affirmer en même temps que le roi est juge de la part qui lui est nécessaire pour faire face aux exigences de sa mission [3]. Bien entendu, cela ne signifie pas que la propagande parlementariste n'ait pas affirmé le contraire [4], ni que, sur le plan pratique, la soumission à un monarque qui est juge absolu en ce sens ne soit fort proche de la condition de l'esclave, mais cela signifie du moins qu'il existe un système conceptuel qui fait du roi le juge suprême de tous les conflits de droit, sans pour autant prétendre que ce qui est droit découle tout simplement de sa seule volonté. James raisonne à l'intérieur des limites de ce système conceptuel.

1. Voir *Basilicon Doron, op. cit.*, p. 24. La fonction royale ne consiste pas à décréter arbitrairement ce qui appartient à tel ou tel, mais à tenter de le déterminer par des raisons fondées en nature et respectueuses de ce qui est dû à chacun des sujets. En la matière, le roi est tenu de rendre justice.

2. Sommerville (« Ideology, property and the Constitution », *loc. cit.*, p. 57) a donc tort de conclure que « as long as the will of the king determined the necessity, the government of England was literally arbitrary », car ce n'est pas la volonté mais la raison du roi qui détermine la nécessité ; toute la différence est là : un gouvernement est arbitraire lorsque la volonté seule fait la loi, qui devient ainsi définie en termes de commandement et de décision dans un contexte où l'on tient la raison pour incapable de déterminer objectivement ce qui correspond à la justice et aux besoins de la communauté. Jacques est très éloigné de ce genre de pensée.

3. Contrairement à l'affirmation de Nathaniel Fiennes, *Speeches and Passages of this Happy and Great Parliament* (1641) ; une telle doctrine, dit Fiennes « is nothing but a bare contradiction, for to take my goods without my consent must needs destroy my propriety » (p. 52).

4. Voir W. Hakewill, *The Liberty of the Subject Maintained against the Pretended Power of Impositions* (1641), cité par J. P. Sommerville, *loc. cit.*, p. 57 ; ce point est également souligné dans les *Observations upon His Majesty's Answers to the XIX Propositions*, de Henry Parker, et dans les pamphlets de C. Herle en réponse à Ferne, *An Answer to Doctor Ferne's Reply* et *A Fuller Answer to a Treatise Written by Doctor Ferne* (1642).

Jamais, par conséquent, le roi ne prétend que son propre intérêt particulier pourrait être préféré à l'intérêt général de la communauté [1]. Sa manière la plus constante de s'exprimer est de dire que la tête n'existe que pour le corps et que leur unité est indéfectible [2], qu'il doit être lui-même le plus respectueux de ses propres lois afin que ses sujets le soient également, et qu'il doit en tout leur offrir un modèle de conduite rationnelle et vertueuse [3]. Comment en effet un roi pourrait-il gouverner d'autres hommes s'il est incapable de se gouverner lui-même et de modérer ses appétits [4] ? James peut ainsi conclure ses instructions destinées à son fils en lui répétant qu'il a non seulement des devoirs en tant que chrétien, mais aussi en tant que roi :

> So you may be a good king, discharging your office in the points of justice and equity, which in two sundry ways you must do : the one in establishing and executing (which is the life of the law) good laws among your people ; the other by your behaviour in your own person, and with your servants, to teach your people by your example ; for people are naturally inclined to counterfeit – like apes – theirs prince's manners. [5]

Toutefois, si le roi est bien à la tête d'une monarchie légale, il dispose toujours de cette réserve de puissance absolue par laquelle il peut revenir sur la concession qu'il a faite, car sa promesse est en quelque sorte générale et ne consiste qu'à procurer le bien du peuple. Or cela requiert parfois que le monarque passe outre la loi établie, et toute autre interprétation – en particulier celles qui insistent pour que la prérogative soit codifiée et limitée par la loi et la constitution – signifierait que le roi est mis dans l'impuissance de faire ce pour quoi il existe, à savoir la promotion du plus grand bien et de la plus grande justice.

1. *The Trew Law of Free Monarchies*, *op. cit.*, p. 69 où James explique que la loi de nature et la fonction royale sont perverties lorsque la personne et les biens des sujets sont utilisés pour l'usage privé du monarque et pour la satisfaction de ses appétits désordonnés (*inordinate*) ; *cf. A Speech ..., 19 March 1604*, in *Political Writings*, *op. cit.*, p. 134. Et aussi *A Speech to Parliament, 21 March 1610*, *op. cit.*, p. 195 : « Woe to him that divides the weal of the king from the weal of the kingdom » .

2. *Basilicon Doron*, *op. cit.*, p. 32-33.

3. Sur cette idée que le monarque doit pratiquer en sa propre personne les vertus – en particulier le respect des lois – auxquelles il invite ses sujets, voir *ibid.*, p. 12-13, 33-34, 42, 49, *etc.*

4. *Ibid.*, p. 20 et 33-34. *Cf. The Trew Law of Free Monarchies*, *op. cit.*, p. 75.

5. *Basilicon Doron*, *op. cit.*, p. 20.

En aucun cas cette réserve de puissance absolue ne peut donc signifier que l'ordre législatif concédé est arbitraire, et qu'il pourrait être changé à volonté par un effet de la puissance absolue ; elle ne signifie certainement pas que le roi peut aller contre l'économie générale de l'ordre, ou subvertir celui-ci sous prétexte qu'il n'aurait aucune rationalité ni justification intrinsèque. Elle signifie seulement que le roi possède toujours le pouvoir suréminent de violer les lois pour assurer le triomphe de la raison qui les anime (qui en est l'âme), et qui risquerait de pâtir d'une application exacte de la lettre de la loi.

Si le roi doit respecter les lois et la justice, il doit aussi user de la justice avec modération, de peur que le *summum jus* ne soit aussi la *summa injuria* [1]. Il faut donc interpréter la loi de manière à ce que bonne justice soit toujours rendue aux sujets : « For laws are ordained as rules of virtuous and social living, and not to be snares to trap your good subjects ; and therefore, the law must be interpreted according to the meaning and not to the literal sense thereof : *nam ratio est anima legis.* » [2] C'est pourquoi James affirme à propos du roi qu'il peut, au même titre que le père par rapport à ses enfants ou la tête par rapport aux membres du corps, agir à discrétion et selon ce qu'il juge approprié ; il n'en reste pas moins que ce pouvoir n'est pas arbitraire mais uniquement destiné à œuvrer au bien des enfants dans le cas du père, à celui du corps dans le cas de la tête, et à celui des sujets dans le cas du roi. Il est vrai que le père peut parfois priver ses enfants de leurs biens selon ce qu'il juge approprié, de même que la tête peut décider la cautérisation ou même l'amputation de tel ou tel membre si elle le juge nécessaire, mais en aucun cas cela ne signifie que ce jugement – dans le père comme dans la tête – pourrait n'être gouverné que par la considération de l'intérêt particulier de celui qui décide, ou qu'il pourrait être une pure décision dépourvue de causes et de raisons qui l'étayent et la justifient. Les enfants, le peuple, les membres sont comme des mineurs dénués de raison, qui ont besoin qu'un autre décide à leur place de ce qui est bon pour eux ; mais il est évident que celui qui décide doit le faire par un

1. *Ibid.*, p. 43. *The Trew Law of Free Monarchies*, *op. cit.*, p. 75 : lorsque le roi voit que les lois sont douteuses ou trop rigoureuses, il peut en interrompre l'application ou les modérer, « lest otherwise *Summum jus summa injuria* ». James ajoute que les lois faites publiquement au parlement peuvent être modérées par la seule autorité du roi et pour des causes « connues de lui seul. »

2. *Basilicon Doron*, *op. cit.*, p. 43 ; *A Speech ..., 19 March 1604*, *op. cit.*, p. 139 ; *A Speech in the Star Chamber, 20 June 1616*, *op. cit.*, p. 212.

acte rationnel qui juge droitement des besoins du mineur sans y substituer les siens propres. Or ces besoins – de santé dans le cas d'un corps physique, de justice dans le cas d'un corps politique – ne sont pas arbitraires ; ils émanent de la nature même du corps considéré, et Dieu lui-même ne pourrait décréter que ce qui rend le corps sain le rendra malade ou l'inverse [1].

Cette faculté de rendre justice, c'est-à-dire de déterminer les besoins du corps politique et de les satisfaire par des lois et des décisions adéquates, est qualifiée par James de « greatest virtue which belongs to the king's office » [2]. James rappelle donc à son fils que ni le trône ni le pouvoir ne lui appartiennent en propre, mais qu'ils sont la propriété de Dieu qui ne les confère que pour le bien des sujets : « But when you are there, remember the throne is God's and not yours that you sit in, and let no favour nor whatsoever respects move you from the right. You sit not there, as I shew before, for rewarding of friends or servants, nor for crossing of contemners, but only for doing of justice. » [3] Le pouvoir « absolu » est donc toujours donné, selon la formule consacrée, *ad aedificationem non ad destructionem* [4] et James reconnaît qu'il est lui-même non pas le maître mais le serviteur de la communauté, chargé de pourvoir à son bien en matière de justice et de paix. James avoue donc que le peuple est une entité indépendante et qui préexiste à l'institution même des rois, un corps qui a des besoins qui lui sont propres, qui émanent de sa nature et auxquels il cherche à pourvoir par l'intermédiaire du gouvernement dont il se dote [5]. A nouveau, cela n'est nullement incompatible avec l'idée que les lois sont faites par le roi et qu'elles ne lui préexistent pas : le peuple est pourvu par Dieu d'un monarque pour qu'il lui donne toutes les lois dont il a besoin.

Certes, Dieu pourrait détruire sa création, et le père pourrait aussi, dans l'absolu, détruire ses enfants ou agir avec eux à sa fantaisie ; mais « il n'est pas compatible avec la sagesse de Dieu que ce dernier exerce son pouvoir pour la destruction de la nature et pour la subversion de tout l'ordre des choses, puisque ses créatures ont été faites pour que sa gloire

1. *The Trew Law of Free Monarchies*, *op. cit.*, p. 69 ; ce serait en effet une inversion de la loi de nature et de l'office du roi, lequel serait ainsi assujetti à l'usage privé et à l'appétit désordonné.

2. *Basilicon Doron*, *op. cit.*, p. 43.

3. *Ibid.*, p. 45.

4. *A Speech ..., Anno 1609*, *op. cit.*, p. 182.

5. *A Speech ..., March 1603*, *op. cit.*, p. 143.

en soit par là d'autant mieux exprimée ». De même, ajoute James, il serait fou, de la part du père de déshériter ou de détruire ses propres enfants sans raison, ou de négliger le soin dû à leur éducation ; de même encore, la tête serait prise d'insanité si, « au lieu de soigner le corps, elle l'empoisonnait et le phlébotomisait de manière à nourrir en lui de dangereuses maladies d'où la destruction pourrait résulter » [1].

L'absolutisme de James doit donc être compris avec certaines nuances [2] ; il est vrai qu'à plusieurs reprises, le roi avertit ses sujets de ne pas se mêler de déterminer ou de limiter l'étendue de sa prérogative publique [3]. De même qu'il n'appartient pas aux chrétiens de spéculer sur ce que Dieu aurait pu ou pourrait faire, mais uniquement sur ce qu'il a fait, c'est-à-dire sur la nature de l'ordre qu'il a mis dans les choses et sur sa volonté révélée, il n'appartient pas aux sujets de dire ce que le roi pourrait faire en faisant appel à son pouvoir absolu, et encore moins de prétendre le limiter, mais uniquement de dire ce que le roi veut en fait :

> That as to dispute what God may do is blasphemy ; but *quid vult Deus*, that divines may lawfully and do ordinarily dispute and discuss ; for to dispute *A posse ad esse* is both against logic and divinity. So it is sedition in subjects to dispute what a king may do in the height of his power ; but just kings will ever be willing to declare what they will do if they will not incurr the curse of God. I will not be content that my power be disputed upon ; but I shall ever be willing to make the reason appear of all my doings, and rule my actions according to my laws. [4]

L'interprétation de ce texte pose toutefois de multiples problèmes ; ailleurs dans ce même discours de 1610 James dit en effet que le pacte que le roi passe avec ses sujets doit être comparé avec celui que Dieu a conclu avec Noé après le déluge (Genèse, VIII, 22), et par lequel le

1. *A Speech ..., Anno 1609*, *op. cit.*, p. 182.

2. Voir le livre de G. Burgess, *Absolute Monarchy and the Stuart Constitution*, Yale UP, 1996, en particulier les chap. 1 et 4.

3. *A Speech in the Star Chamber, 20 June 1616*, *op. cit.*, p. 213 ; *His Majesty's Declaration*, *op. cit.*, p. 250-251 ; s'adressant au *Speaker* de la chambre, James lui enjoint d'informer les membres de celle-ci de ne pas avoir à se mêler de ce qui concerne le gouvernement de l'État, « or mysteries of state », qui relèvent de la seule prérogative absolue, en l'occurrence l'affaire du mariage espagnol de son fils.

4. *A Speech ..., Anno 1609*, *op. cit.*, p. 184 ; *cf.* *A Speech in the Star Chamber, 20 June 1616*, *op. cit.*, p. 214. Sur cette distinction, voir G. Mosse, *The Struggle for Sovereignty in England*, East Lansing, Michigan State College Press, 1950, p. 74 *sq.* ; voir également F. D. Wormuth, *The Royal Prerogative 1603-1649 : A Study in English Political and Constitutional Ideas*, Ithaca, Cornell University Press, 1939, p. 55-60.

créateur s'engage à maintenir l'ordre des saisons et des jours « tant que la terre durera »[1]. F. Oakley a soutenu qu'en recourant ainsi à la distinction entre la *potestas absoluta* et la *potestas ordinata*, James fait bien plus qu'opérer une variation sur un thème médiéval rebattu comme la distinction entre la *jurisdictio* et le *gubernaculum*[2]. Il distingue au contraire entre deux niveaux – et non pas deux domaines – de pouvoir, dont l'un est clairement supérieur à l'autre : le roi gouverne ordinairement dans le cadre des lois (qui sont comme sa volonté révélée), tout en ayant toujours la possibilité de sortir de ce cadre légal pour faire appel à sa puissance absolue que rien ne limite. Ce faisant, dit Francis Oakley, James s'insère dans une tradition théologique qui, rejetant toute forme de nécessité de l'ordre de la nature, soutient que cet ordre n'existe que *ex hypothesi*, en supposant que ce qui est créé est maintenu par Dieu dans son ordre actuel, lequel ne s'impose pas à lui comme une rationalité intrinsèque, mais découle d'un libre décret de sa volonté[3]. En ce sens, la distinction entre la *potestas absoluta* et la *potestas ordinata* serait une référence explicite au fait que la puissance de Dieu n'est limitée que par le principe de contradiction. Appliquée à l'ordre politique, elle signifierait donc que le corps de la communauté ne peut pas être conçu comme un ordre doté de ses propres lois et exprimant des besoins de justice autonomes qui s'imposeraient à la raison royale comme une nécessité.

Toutefois Oakley reconnaît qu'il est difficile de donner une interprétation fiable et univoque de l'ensemble des références qui utilisent cette distinction à propos du pouvoir royal ; il est clair qu'elles ont toutes une vocation absolutiste assez marquée, mais Oakley confesse qu'elles demeurent prisonnières d'une représentation qui fait du roi un instrument du bien commun de la communauté, laquelle est investie de besoins de droit et de justice qui découlent de sa propre nature et que la volonté du roi – si absolue soit-elle – ne peut pas modifier. Il ne faudrait donc pas outrer l'analogie théologique : le roi est appelé à agir dans le cadre de l'ordre naturel que Dieu a mis dans les choses par une volonté qui aurait pu être autre s'il l'avait voulu ; c'est dire que, dans l'économie présente

1. *A Speech ..., Anno 1609*, *op. cit.*, p. 183.

2. C'est l'interprétation de la distinction proposée par C. H. MacIlwain, *Constitutionalism, Ancient and Modern*, rééd. Ithaca, Cornell University Press, 1947, p. 67-130.

3. F. Oakley, *Omnipotence, Covenant and Order*, *op. cit.*, chap. 4 ; *id.*, « Jacobean political theology », *Journal of the History of Ideas*, XXIX (1968), p. 323-346.

de la nature et de la société des hommes, les besoins de justice ne sont pas modifiables à volonté par le décret de celui qui gouverne, bien qu'il puisse faire des exceptions à l'ordre « normal » par lequel ces besoins sont satisfaits pour atteindre à une satisfaction plus grande.

Autrement dit, la prérogative absolue est une capacité d'agir *extra leges* mais pas *contra leges* au sens où il s'agirait d'un droit d'aller à l'encontre de ce dont le corps a besoin et de la justice qu'exige sa conservation en bonne santé. Ou encore, comme le dit Benjamin Rudyard dans un discours devant le parlement en 1628, « plutôt *praeter naturam* que *contra naturam* » et, en toute hypothèse « toujours *propter bonos fines* » [1]. Au demeurant, comme ce sera le cas de Bodin, tous les auteurs qui usent de cette distinction pour souligner le caractère absolu du pouvoir du roi reconnaissent que celui-ci est assujetti à la loi de nature et qu'il est tenu aux contrats passés avec ses sujets ; même si, à la différence de ce qui se passe en France, les Anglais ignorent le concept d'une loi fondamentale comme la loi salique, l'idée que le pouvoir royal est inscrit dans un ordre naturel auquel il ne peut pas déroger est clairement présente ici. On peut citer ici le témoignage de Francis Bacon qui, tout en soulignant que le roi possède une « juridiction libre » et un « pouvoir souverain » qu'il ne tient pas de la loi civile mais directement de la volonté de Dieu, affirme néanmoins que ce pouvoir n'est destiné en lui qu'à tempérer, à modifier et à contrôler la *common law pro bono publico* ; ce pouvoir lui permet également de modérer ou de suspendre les statuts du parlement sans être contrôlé par aucune Cour, mais il ne l'autorise pas à agir de manière injustifiée [2].

En attribuant à James l'idée que le roi possède une souveraineté absolue et arbitraire, on commettrait donc un contresens flagrant : si c'était le cas, le roi serait à la fois juge et partie, et serait seul maître de dire si son partenaire dans le contrat a violé son engagement. La théorie défendue par James est toute différente ; certes le roi est de droit divin, c'est-à-dire qu'il tient son pouvoir de Dieu seul et qu'il ne doit de comptes qu'à Dieu [3]. Mais ce pouvoir reste pensé par *analogie* avec le pouvoir du Tout-Puissant : loin d'en être l'équivalent de manière

1. B. Rudyard, cité par F. Oakley, « Jacobean political theology », *loc. cit.*, p. 341.

2. F. Bacon, *View of the Differences in Question betwixt the King's Bench and the Council in the Marches*, in *The Letters and Life of Francis Bacon*, éd. J. Spedding, Londres, 1861, t. III, p. 371-374.

3. *The Trew Law of Free Monarchies*, *op. cit.*, p. 72.

absolue, il ne l'est que dans son ordre et au niveau qui est le sien, ce qui signifie bien entendu qu'il est intégré à l'ordre et à l'économie de la création et que, loin d'en être le maître, il n'est que l'instrument par lequel elle déroule ses propres lois, qui sont celles que Dieu a voulu y déposer. S'il dispose bien de cette réserve de puissance absolue que nous venons d'évoquer, ce n'est pas le signe du caractère arbitraire de son pouvoir, ni du fait que le corps qu'il gouverne n'a pas de besoins de justice découlant de sa propre nature, mais seulement que, pour satisfaire de tels besoins, les lois et le cadre légal établi sont parfois impuissants ou contre-productifs, ce qui suppose que le roi puisse les outrepasser pour le bien de l'État [1]. Le roi et la monarchie sont donc les relais de l'ordre divin ; ils ne doivent leur suréminence qu'à cette position d'intermédiaire et de vecteur ; le roi, en ce sens, est roi de justice, instrument de promotion du bien, et son pouvoir ne repose que sur la raison, non sur la puissance et la volonté [2].

James reconnaît donc explicitement que la notion d'obligation possède un sens très réel [3] alors même qu'il rejette toute possibilité de sanction par le peuple ou par toute instance humaine constituée. Au demeurant, la définition qu'il donne lui-même du caractère absolu de son pouvoir ne fait pas allusion à la puissance de sa volonté, ni à l'arbitraire de celle-ci, mais seulement au fait qu'il n'est soumis, dans l'exercice de sa fonction, à aucun pouvoir supérieur, domestique ou étranger, et qu'il est juge de toutes les personnes, ecclésiastiques aussi bien que civiles, qui se trouvent dans son royaume, sans être lui-même jugé par personne [4].

Jean-Fabien SPITZ
Université de Caen

1. F. Oakley, « Jacobean political theology », *loc. cit.*, p. 343.

2. *Basilicon Doron*, *op. cit.*, p. 22 et 24.

3. *The Trew Law of Free Monarchies*, *op. cit.*, p. 83.

4. *Triplici Nodo*, *op. cit.*, p. 103. Pour un rejet explicite de l'idée que la monarchie absolue serait nécessairement une monarchie où tout est soumis à la volonté arbitraire du roi, voir R. Twysden, *Certain Considerations upon the Governement of England*, éd. J. M. Kemble, Londres, Camden Society, 1849 ; Twysden admet que le roi d'Angleterre est « absolu » mais que cela ne l'empêche nullement, au contraire, d'être limité par la loi, bien que cette « limitation » provienne d'une initiative des monarques eux-mêmes et qu'elle ne puisse être opposée à leur pouvoir par la contrainte. Sur ce sujet, voir J. Daly, « The idea of absolute monarchy in Seventeenth-Century England », *The Historical Journal*, XXI, 2 (1978), p. 239-240.

Bibliographie sommaire

1. Œuvres de JACQUES Ier

The Political Works of James I, éd. C. H. McIlwain Cambridge, Mass., Harvard UP, 1918 ; James VI and I, *Political Writings*, éd. J. P. Sommerville, Cambridge UP, 1994.

2. Études générales

POCOCK John G. A., *The Ancient Constitution and the Feudal Law*, Cambridge UP, 1957.

SOMMERVILLE Johann P., *Politics and Ideology in England, 1603-1640*, Londres, Longman, 1986.

ENTRE ARISTOTE ET AUGUSTIN L'IMPOSSIBLE ARGUMENTATION DE LA *TENURE DES ROIS* DE MILTON

Un manuel d'histoire utilisé au cours des années trente dans les universités anglo-saxonnes présente en ces mots l'exécution du roi Charles Ier le 30 janvier 1649 : « Il fit face à la mort avec un courage sans défaillance » : Sous le signe de ce sanglant événement s'ouvre notre analyse de la *Tenure des rois et des autorités civiles*.

Procès et exécution du roi sont l'apogée de la crise religieuse, politique et sociale que traversa l'Angleterre de 1642 à 1660. Le procès de Charles Ier débute le 20 janvier 1649 et dure trois jours [1]. La condamnation à mort de Charles se fondait sur trois chefs d'accusation : il aurait dû défendre la loi et ne l'a pas fait ; il s'est donc conduit en tyran, non en roi ; il a fait la guerre à son parlement et à son peuple. Au cours du procès s'ajoutera un quatrième chef d'accusation : a insulté la Haute Cour en refusant de répondre à ses questions.

Les charges retenues contre le roi, en un procès dont la légitimité était loin d'être incontestable – le Parlement, à l'origine de la désignation d'un jury de 135 membres dont seulement 68 devaient siéger n'avait-il pas, six semaines auparavant, été épuré par le Colonel Pride ? – avaient fait l'objet d'un débat général et passionné, d'une véritable guerre pamphlétaire, pendant plusieurs mois avant l'ouverture du procès – débat qui devait se prolonger jusqu'à la chute du régime cromwellien en 1659, et qui devait reprendre dès le lendemain de l'exécution.

1. Voir O. Lutaud, *Les Deux Révolutions d'Angleterre*, Paris, Aubier-Montaigne, 1978, p. 94. Les textes fondamentaux sont au nombre de trois : le texte de l'accusation, le récit officiel du procès, et le discours de Charles sur l'échafaud. Les documents relatifs au procès et à l'exécution sont datés de 1648, car l'année anglaise débute alors le 23 mars.

C'est dans ces circonstances qu'apparaît le nom de John Milton. Connu pour ses positions pro-parlementaires d'abord, puis « indépendantes » par la suite, Milton a probablement commencé à rédiger *La Tenure* pendant le procès, et l'a achevée avant le 13 février 1649. A la recherche de précédents et d'autorités irréfutables, Milton va exhiber, en faveur des régicides, une érudition classique et biblique tout à fait remarquable, laquelle constitue la base d'une argumentation qui fut longtemps considérée comme la justification du caractère constitutionnel de la monarchie anglaise. Mais est-il sûr que cette argumentation – louée dans les années soixante – soit acceptable en tant que telle ? Nous prendrons le parti de réexaminer les arguments miltoniens, en considérant leurs deux sources principales, *La Politique* d'Aristote – en Angleterre d'ailleurs à peu près complètement intégrée à la pensée théocratique, comme nous le montrerons plus loin ; et, d'autre part, les Écritures, surtout l'Ancien Testament, que notre pamphlétaire reconsidère à la sombre lueur de la prédestination calviniste et de l'enthousiasme pour l'idée de l'homme en l'état de nature qu'il tire de Saint Augustin [1]. D'une part en confrontant l'argumentation de *La Tenure* avec l'interprétation d'Aristote sur les formes monarchiques de la constitution et avec l'idée de royauté ou de tyrannie telle qu'elle apparaît dans les Écritures, et d'autre part en considérant ses propres faiblesses internes, c'est toute la difficulté de la position miltonienne que nous voudrions expliciter.

Un problème initial se pose à propos de la construction et de l'argumentation générale de la *Tenure.* Le jugement que nous serons en mesure de porter concernant leur validité passe d'abord par l'examen de la division et de la progression d'un texte qui occupe une cinquantaine de pages dans l'édition utilisée [2] et qui est constellé de citations classiques ou scripturaires.

Les éditeurs ou critiques David Masson, W. F. Gilman et Merritt Y. Hughes se sont rejoints dans une analyse qui s'est voulue éclairante et définitive. Gillman et Hughes annoncent une division du texte en six

1. J'utiliserai la traduction de P. Pellegrin : Aristote, *Les Politiques*, Paris, GF-Flammarion, 2e éd., revue et corrigée, 1993 ; et la version standard de la Bible : *The Holy Bible*, Th. Nelson, 1957, qui reste proche de celle que fréquentait Milton, l'*Authorized Version* de 1611, éd. 1612.

2. *Complete Prose Works of John Milton*, vol. III, éd. Merritt Y. Hughes, Yale UP, 1962. Nous utiliserons également quelques références au vol. IV, éd. Don. M. Wolfe, 1966. Cités désormais CPW.

parties, mais en fait ne parviennent à démontrer l'existence que de trois d'entre elles, le reste du texte étant traité par Hughes d'une manière moins précise qui en souligne les répétitions, en même temps qu'elle révèle ce qui constitue malgré tout l'apogée de l'énergique argumentation miltonienne : « le droit d'un peuple naturellement libre de punir et de déposer un roi qui a trahi leur confiance » [1]. Quoi qu'il en soit, les trois parties initiales, selon ces trois commentateurs, seraient : une étude historique de la royauté élective ; un examen des conséquences découlant du principe de l'élection du monarque, en particulier la possibilité de le déposer et de l'exécuter ; la troisième partie étant une liste et une analyse des autorités classiques et scripturaires ayant défendu le droit des citoyens à l'égard des tyrans. S'il existe trois autres parties composées selon la logique – ce dont la lecture même du texte permet de douter – je dirai, pour apporter quelques précisions par rapport aux commentateurs précédents, qu'elles paraissent centrées sur trois notions : celle du droit coutumier anglais touchant à la royauté, dont Milton fait l'abrégé historique, et qu'il interprète par rapport aux principes qu'il a déjà posés dans les parties précédentes [2], la notion du danger que représentait Charles pour la nation, danger accru par l'attitude des parlementaires presbytériens qui, après avoir pris parole en faveur de la déposition pendant tout le début des troubles civils, étaient revenus maintenant sur leur position, et s'étaient efforcés de lui éviter le billot [3] ; la troisième notion pourrait être appelée tout simplement l'enthousiasme indispensable à toute révolution ; en effet, les cinq dernières pages du pamphlet sont une virulente exhortation aux Anglais à ne pas se complaire dans des regrets passéistes, à regarder vers l'avenir et à bâtir la cité théocratique idéale.

Les trois commentateurs précités reconnaissent dans le texte miltonien la présence de digressions et tentent de les justifier. Le texte, écrivent-ils, est marqué de manière continue par le ressentiment personnel de Milton contre les écrits royalistes qui ont essayé de sauver la tête du roi en utilisant des arguments bibliques que Milton, sans trop de difficulté, tourne à leur désavantage. Interprétant les Écritures, bien sûr

1. CPW, III, éd. Hughes, p. 107 *sq.* Je traduis. David Masson est l'éditeur et le biographe de Milton le plus important au XIXe siècle. W. E. Gilman, *Milton's Rhetoric : Studies in His Defense of Liberty*, Columbia, U. of Missouri Press, 1939.

2. CPW, III, p. 216-230.

3. CPW, III, p. 230-238.

en tant que vérité révélée, Milton, dans le contexte intellectuel du milieu du XVIIe siècle, est imbattable à leur sujet. Au fond, il est parfaitement compréhensible que, du camp des anglicans, dont beaucoup étaient soupçonnés de « cryptopapisme » par les presbytériens, se soient élevées des voix pour défendre la personne du roi et que Milton, soucieux des intérêts d'un régime parlementaire constitué selon son idéal politique, les ait combattus. Mais ce qui est marqué davantage par les vicissitudes souvent inquiétantes de la politique est que la cible principale de ces digressions soit, non pas les anglicans, mais les parlementaires, en particulier les parlementaires presbytériens eux-mêmes qui – on l'a vu – s'étaient élevés contre le régicide [1]. L'intérêt, dans la perspective que nous avons choisie, est que, dans ces digressions, Milton ne puisse, pour justifier sa position, que répéter les arguments dépositaires et régicides des autorités classiques et bibliques – que les presbytériens avaient d'abord eux-mêmes utilisés, bien qu'il ait la prétention de leur en enseigner de nouveau le sens – ou recourir à des procédés purement rhétoriques liés à l'éthos de son texte, pour gagner la confiance de son auditoire (voir les cinq premières pages du pamphlet, dans lesquelles il évoque la résistance des presbytériens), ou créer dans le texte même, en particulier à la fin, des effets de dérision ou d'exhortation n'ayant que peu de choses à voir avec l'objectivité de la démonstration.

Le respect porté au foisonnement rhétorique du pamphlet par Masson, Gilman ou Hughes ne peut cependant servir d'alibi aux insuffisances de l'analyse formelle qu'ils en font. Nous proposerons donc un bref examen critique de l'argumentation, lequel, notre méthode nous y oblige, portera d'abord essentiellement sur sa forme. Aucun des trois commentateurs cités ne montre vraiment en quoi consiste la seconde moitié de la *Tenure*. On ne les voit pas, en particulier, faire la part très nette entre ce qui est proprement argumentaire, et par conséquent légitime du point de vue de la démonstration, et ce qui appartient à l'animosité individuelle de l'auteur à l'égard d'hommes ou d'écrits qui progressivement en étaient venus à le heurter dans ses convictions les

1. « And although they would seem good patriots [...] these men [...] after they have juggled and paltered with the world, bandied and bore arms against their king, devested him, disanointed him, nay, cursed him all over their pulpits and pamphlets, to the imagining of sincere and real men, beyond what is possible or honest to retreat from, not only turn revolters from those principles [...] but lay the staine of disloyaltie and worse, on those proceedings, which are the necessary consequence of their own former actions ». CPW, III, p. 191.

plus sincères, et qui s'exprime au moyen d'une rhétorique passionnée [1]. Dans un sujet touchant d'aussi près au destin politique de la nation tout entière, on ne peut justifier Milton en insistant seulement sur des talents purement littéraires qu'on voit se manifester dès les premières lignes du pamphlet [2].

En revanche, il faut reconnaître que Hughes, responsable principal de l'édition de Yale, met sans doute le doigt sur ce qui fait le fondement même de la logique argumentaire de la *Tenure,* lorsqu'il décrit le texte comme une manière de syllogisme ; un : il est juste qu'un tyran soit exécuté ; deux : Charles fut un authentique tyran ; trois : il a été justement exécuté par la volonté d'un peuple [3]. C'est bien en effet sur un tel syllogisme que débouche l'argumentation classique et scripturaire de Milton. Adoptons cette démarche même pour revenir au texte.

En quoi le texte miltonien est-il l'illustration du syllogisme fondamental dont nous venons de noter la présence ?

L'argumentation miltonienne va reposer sur la distinction classique entre un roi et un tyran. Mais il faut observer dès à présent que ce début logique (« mais qui particulièrement est un tyran ? » [4]) n'est pas en fait le début du texte, car, nous l'avons dit, cette question est précédée de cinq pages rhétoriques destinées semble-t-il à mettre le lecteur dans des dispositions favorables aux thèses du pamphlétaire : Milton renonce en fait à présenter les accusations qui pèsent, ou ont pesé, sur Charles – ceci est le rôle de ses juges. En revanche, il va insister sur ce qui fait la différence entre un roi et un tyran.

D'abord à l'aide d'arguments tirés de la théologie réformée en général. Etant l'image de Dieu, l'homme a été créé et est né libre : il préserve cette liberté en choisissant une forme de gouvernement, ce qui n'exclut pas qu'il puisse déléguer son pouvoir politique à un individu de son choix. Dans cette perspective « primitiviste » théorique, tout se passe bien, la Cité pourrait apparaître comme un retour au Jardin d'Eden.

Mais il faut bien justifier la marche de l'histoire et tenir compte de l'ampleur des troubles que connaît l'Angleterre. Tout au long de la *Tenure* court un argument diffus, qui apparaît pour la première fois peu

1. En fait, Milton ne participe à la guerre des pamphlets qu'à partir de *La Tenure ; Colasterion* avait été publié en 1645.

2. Note 1, CPW, III, p. 190.

3. CPW, III, p. 107 et 129, note 13, « syllogism ».

4. CPW, III, p. 197.

après l'annonce faite par Milton qu'il va définir ce qu'est un tyran. C'est en fait l'argument augustinien, et par la suite calviniste, de la dépravation fondamentale de l'homme en l'état de nature, mais que Milton semble avoir connu à travers le livre premier des *Lois de politique ecclésiastique*, de Richard Hooker [1]. Milton : « ils vécurent ainsi, dans un état où leur liberté pouvait intégralement s'exercer, jusqu'à ce que, la racine du Mal étant la Transgression d'Adam, les hommes parmi eux se mirent à se mal conduire et à exercer la violence, et comme ceci ne pouvait tendre qu'à la destruction de tous, ils décidèrent, mus par l'intérêt commun, de s'organiser en cités et de se choisir une autorité suprême pour exercer le droit » [2]. On le voit, cette idée est l'origine de la pensée hobbesienne, mais pour l'heure, c'est du Milton ! Cette autorité suprême dont parlent Hooker et Milton, c'est évidemment le roi qui, en vertu même du principe, ne tient son autorité que de la loi décidée par tous et qui manifeste sa subordination à celle-ci, et par conséquent à la volonté des sujets qui l'ont choisi, en prêtant un serment d'allégeance [3].

Si la définition de la royauté suprême passe d'abord par une réflexion pessimiste sur l'état de nature inspirée par les arguments théocratiques de Hooker, la définition de la « déviation » de l'autorité royale (le pouvoir tyrannique) est, quant à elle, inspirée directement des chap. 7 à 17 du livre III et du chap. 10 du livre IV des *Politiques* d'Aristote, ainsi que de l'*Éthique à Nicomaque*. C'est en effet d'abord par une citation de l'*Éthique* que Milton ouvre sa définition initiale du pouvoir monarchique véritable par opposition au pouvoir tyrannique : « Un roi est celui qui gouverne pour le bien et le profit de son peuple, et non pour

1. J'utilise (et traduis) *The Laws of Ecclesiastical Polity* (1594), Londres, Everyman's Library, 1907, Introduction de R. Bayne.

2. CPW, III, p. 199. A comparer avec *The Laws of Ecclesiastical Polity*, *op. cit.*, chap. X, p. 188 *sq.* Je traduis : « La loi politique, laquelle est nécessaire à l'ordre, n'est jamais faite en fonction de l'homme idéal, mais en fonction de son être réel, qui suppose une volonté obstinée, rebelle, même aux lois de sa propre nature [...]. En un mot, la loi ne doit pas supposer l'homme meilleur que ce qu'il est de par un esprit dépravé, et ne valant guère mieux qu'une bête sauvage [...] car elle [la loi] a pour but de promouvoir le bien dans les sociétés dans lesquelles elle est instituée. De même que la personne la plus importante dans chaque foyer était toujours une sorte de roi, lorsqu'un nombre important de foyers formèrent ensemble une société [...], les rois furent les premières autorités parmi eux. »

3. CPW, III, p. 201-202.

satisfaire ses propres intérêts »[1]. Les pages qui suivent ne sont que la confirmation d'une distinction qu'il va chercher aux points essentiels des livres précités des *Politiques*[2]. Toutefois, si l'œuvre politique d'Aristote sert de fondement, elle se trouve en parfaite conformité avec l'enseignement révélé, l'enseignement scripturaire lui-même, surtout vétéro-testamentaire ; et Milton d'accumuler une impressionnante série de références bibliques allant de II Samuel, qui fournit l'idée d'un « pacte » (*covenant*) entre les hommes et leur roi, David en l'occurrence, aux Chroniques et surtout au Second Livre des Rois, avec, encore une fois, l'histoire de David, revue et corrigée, pour y faire apparaître le rôle d'un interprète du droit en la personne de Jehoiada[3]. L'idée est évidemment très importante puisque c'est précisément un *covenant* qu'en 1643, les presbytériens et les indépendants avaient tenté d'imposer au roi, pour tenter de régler la question écossaise.

Du principe du choix du souverain pour le peuple va dépendre le principe indissociable qu'il peut également être dépossédé (« déposé ») de sa « tenure ». De la distinction entre roi et tyran, Milton va tirer trois conséquences.

Premièrement, le pouvoir royal n'est que « délégué » : ce pouvoir des rois et des autorités publiques, « n'est rien d'autre qu'à eux confié par le peuple, pour le bien commun de celui-ci, en qui le pouvoir réside fondamentalement, et à qui il ne peut être enlevé, sans une violation de son droit à la naissance ... »[4]. Ce double principe une fois posé, Milton va répondre à l'un des principaux arguments utilisés dans le camp royaliste, à savoir que la souveraineté d'un roi sur ses sujets est de même nature que le droit d'héritage – argument dont les parlementaires eux-mêmes avaient fait la propagande en 1624-25, au moment de l'accession de Jacques VI d'Écosse au trône d'Angleterre. L'argument qui consistait à assimiler les sujets à des possessions matérielles apparaît à notre pam-

1. *Éthique à Nicomaque*. VIII, 11, 1 (voir trad. Jean Tricot, Paris, Vrin, rééd., 1990).

2. *Les Politiques*. L'exemple le plus clair : éd. P. Pellegrin, III, 7, 5 : « Car la tyrannie est une monarchie qui vise l'avantage du monarque ... ».

3. Je garde en anglais II Sam. 5, 3 : « And king David made a covenant with them at Hebron before the Lord, and they anointed David King over Israel ». Répété par I Chron. 11, 3 : le texte anglais est identique. II Rois 11, 17 : « And Jehoiada made a Covenant between the Lord and the king and people that they should be the Lord's people ; and also between the king and the people. »

4. CPW, III, p. 202. Le mot utilisé par Milton est « derivative » : « dérivé », « dont la source est ».

phlétaire d'une cynique absurdité : quant à l'argument consistant à dire que « le roi possède le droit à la couronne et à la dignité royale, aussi bien que tout homme son droit d'héritage, c'est faire des sujets du roi rien d'autre que ses esclaves, ses biens meubles et immeubles, ses possessions, lesquelles peuvent être achetées aussi bien que vendues » [1]. Comme les précédents, cet argument s'appuie sur une autorité, ici classique, celle de Sénèque, qui fut utilisée par d'autres pamphlétaires régicides, mis à part Milton, au moment de l'exécution du roi [2]. Il est plus intéressant encore de constater que cet argument (en forme de parallèle) paraît suggérer à Milton une interprétation par l'absurde du droit du peuple, laquelle est formulée de la façon suivante : si le droit punit certains crimes individuels par une confiscation de biens, *a fortiori* le roi peut se voir privé de son héritage pour des crimes qui proportionnellement sont plus grands [3]. Le raisonnement était d'une portée d'autant plus grande que nombreuses avaient été les spoliations de biens aristocratiques au profit des parlementaires à l'issue de la première guerre civile [4].

Résulte de l'argumentation qui précède que le roi doit accepter d'être contrôlé par ses sujets. Les rois d'Israël ont voulu qu'il en soit ainsi, comme le révèle la recommandation du Deutéronome, 17, 18-20 : « Et lorsqu'il sera assis sur le trône [...] il écrira dans son livre une copie de la Loi, émanation des Lévites [...] et il la lira tous les jours de sa vie, de manière à craindre son seigneur Dieu, en obéissant à ses lois et statuts et en les appliquant de manière à ce qu'il ne soit pas exalté en son cœur au-dessus de son peuple et qu'il ne se détourne pas de la loi ... ». Ici encore, les autorités classique et patristique viendront en renfort : les empereurs Trajan et Théodose dont Milton semble apprécier l'esprit « républicain » à travers les commentaires du presbytérien écossais

1. CPW, III, p. 203.

2. *De Clementia* (voir éd. F. Préchac, Paris, Les Belles Lettres, 1967). *Cf.* le pamphlet anonyme, *Satisfaction to some scruples about the putting of the late king to death :* « Commonwealths were not made for kings, but kings for commonwealths » (cité, CPW, III, p. 203).

3. CPW, III, p. 203. Je garde en anglais : « If a subject for certain crimes be to forfet by law from himself and prosperity all his inheritance to the king [la couronne], then, that a king for crimes proportionnal, should forfet all his title and inheritance to the people. »

4. Voir Christopher Hill, *The English Revolution, 1640* (1955) et *Puritanism and Revolution* (1958).

G. Buchanan [1]. L'idée selon laquelle un empereur soucieux de la loi doit accepter d'être puni par le glaive lorsqu'il a failli est évidemment très populaire au cours de toute la période de la Renaissance et du XVIIe siècle : on se souvient que Shakespeare l'avait placée dans la bouche de Brutus, dans son célèbre discours aux Plébéiens dans la scène 2 de l'acte III de *Jules César*.

La dernière conséquence que Milton tire du principe que le roi est en fait sous le contrôle de ses sujets, est que même dans le cas où il ne serait pas un tyran, le peuple, par l'effet de son droit naturel, garde la possibilité de le changer : « donc, le peuple possède le droit, aussi souvent qu'il l'estimera pour le bien général, soit de choisir son roi, soit de le rejeter, soit de le renouveler, soit de le déposer, même dans le cas où il n'est pas un tyran, simplement par l'effet de sa liberté et du droit que possèdent les hommes nés libres d'être gouvernés selon ce qui leur semble le bien » [2]. A partir de ce point, on peut dire que les bases du syllogisme sont fermement établies. Il ne reste plus à Milton qu'à accumuler les références aux autorités en nombre suffisant pour imposer à ses lecteurs ses propositions successives.

Le texte miltonien présentant un certain désordre comme nous l'avons dit, nous nous proposons pour examiner cette partie [3] d'essayer de classer ces autorités, par rapport à la partie du syllogisme à laquelle elles se rapportent.

Par rapport à la prémisse : après une brève allusion à la déposition de Tarquin (le texte anglais dit simplement « retrouver leur liberté »), Milton aligne de nouveau une longue série de références scripturaires qui, cette fois-ci, paraissent centrés sur des « actes » des fortes personnalités que sont Pierre, Paul et Jean. Ce qui est intéressant ici, et qui indique sans doute un désir de rendre parfaitement acceptable la prémisse, est que la source du pouvoir civil est nettement affirmée comme étant Dieu lui-même, que c'est Dieu en personne qui parle à travers la faculté possédée par le peuple de dire la loi, ce qui est une position éminemment paulinienne : Rom. 13, 1 : « Il n'est de pouvoir que venant de Dieu, et celui qui a été institué vient de lui ». Ceci est important, car on voit ici Milton reprendre et retourner au profit de ceux qu'il appellera le « peuple » l'argument royaliste qui prétendait que le

1. *Rerum Scoticarum Historia*, 1582.
2. CPW, III, p. 206.
3. CPW, III, approximativement p. 206 à 216.

pouvoir royal était de droit divin. Etant donné que pour démontrer la justesse de la prémisse, Milton a déjà longuement insisté sur le fait que ce sont les sujets qui détiennent le droit, donc sont à l'origine de la loi, il n'y a aucune difficulté logique à affirmer que ce droit « divin » est en fait le leur : *Vox Populi, vox Dei*. En utilisant, et en précisant le sens de ces autorités supplémentaires, Milton a évidemment renforcé la justesse de sa prémisse, ce qu'il constate en affirmant, une fois de plus, que le droit de déposer un tyran est maintenant suffisamment établi [1].

On se souvient que la seconde proposition était ainsi formulée : « or Charles est un tyran » ; ce qui pourrait surprendre. Mais c'est souvent le cas dans le syllogisme, qui est ici de type « déontique » : la seconde proposition ne fait pas l'objet d'une démonstration particulière [2]. On a vu que Milton, au début de son pamphlet, avait refusé de s'identifier à l'accusation, et avait refusé d'utiliser des arguments qui avaient pu être ceux des juges du roi. Pour donner quelque consistance à cette seconde proposition, il lui faut donc la faire dévier vers les accusations les plus couramment adressées à Charles ; on serait même tenté de dire les plus rebattues, les plus « propagandistes » dans le sens étroit du terme.

S'il est juste que le peuple puisse exécuter un tyran (à propos des Grecs et des Romains, Milton va ajouter le verbe « to kill » au verbe « to depose » [3]), Milton ne s'est en fait guère risqué à démontrer que Charles était un criminel. Il a beau ajouter autorité à autorité, la seconde proposition apparaît comme pratiquement insubstantielle, même s'il utilise de nouveau le raisonnement par l'absurde qui prend la forme d'un chiasme pour démontrer que, s'il est admis que le peuple anglais puisse légitimement tuer (au combat ou d'une autre façon) un ennemi extérieur comme le roi d'Espagne, il est d'autant plus légitime qu'il puisse se débarrasser d'un ennemi intérieur qui n'a pas respecté la loi fondamentale du Royaume [4]. Donc, plus grand est le péché aux yeux du peuple, plus justifiée est la punition. Et, ajoute Milton, que l'on n'aille

1. CPW, III, p. 211 : « So that we see the title and joint right of reigning or deposing, in reference to God, is found in Scripture to be all one ».

2. Cette précision est due à mon collègue philosophe Gérard Sondag (Université Blaise Pascal).

3. CPW, III, p. 212.

4. CPW, III, p. 214-215. Le chiasme en question est : « Nor is it distance of place that makes enmity, but enmity that makes distance ». Ce qui, hors contexte, est facilement recevable.

point se référer à l'enseignement du Christ pour prêcher la clémence, car les Évangiles, contrairement à ce qu'on en pourrait penser, ne recommandent pas plus l'indulgence que l'Ancien Testament. Mais sur ce point, en fait, l'argumentation miltonienne reste sans aucun support textuel et ne parvient pas à nous convaincre de la présence d'une quelconque pensée politique dans l'enseignement du Christ.

Comme nous l'avons indiqué au début, la seconde moitié du pamphlet, laquelle est supposée elle-même se diviser en trois parties, comporte tout d'abord [1] un abrégé du droit coutumier touchant à la royauté (« Nous pouvons maintenant passer aux temps historiques ... ») ainsi que certains exemples de déposition ou d'exécution fondés sur celui-ci. En cette suite chronologique, Milton va d'abord interpréter la loi dans les anciens royaumes anglo-saxons au moment de leur christianisation [2]. Ce qui me semble le plus intéressant, c'est qu'à partir de là, Milton s'oriente, bien évidemment en s'adressant à ceux qui paraissent les avoir oubliés, vers l'utilisation d'arguments en faveur (au moins) de la déposition, qu'il tire d'autorités choisies dans le camp presbytérien. Notamment, il met en valeur la position de John Knox, ou de ses épigones qu'il paraît avoir connue à travers sa lecture de Buchanan : « Les sujets peuvent et doivent exécuter les jugements de Dieu sur leur roi [...] comme le montrent le cas de Jehu et autres princes félons ; qui ayant l'autorité du commandement ordinaire pour mettre à mort tel ou tel contrevenant [...] préféreront l'honneur de Dieu à l'affection de leur propre chair et de princes » [3]. Les arguments pris dans la théologie presbytérienne permettent à Milton de revenir habilement sur la signification de deux actes politiques importants qui éclairent directement la signification du pouvoir royal, et qui, bien entendu, avaient été évoqués au moment du procès : l'Acte de Suprématie et l'Acte d'Allégeance du clergé (Elizabeth, 1559). Par le premier, le souverain était établi en sa double qualité de chef politique et de chef religieux, d'où Milton tire la nécessité qu'il doit obéissance à la loi divine contenue dans les Écritures ; par le second, les « magistrats » – et c'est peut-être sur ce point que l'interprétation miltonienne peut différer de l'explication qu'en donnaient habituellement les historiographes – jurent obéissance moins à

1. A partir de la p. 216.

2. Jusqu'à la p. 222.

3. CPW, III, p. 224. Voir également la liste des autorités ajoutées à la seconde éd. (CPW, III, p. 243-58).

la personne du roi qu'à la loi d'origine divine dont il est l'expression. Lorsqu'il cesse de défendre cette loi, se trouve pleinement justifiée la déposition, d'ailleurs acceptée de fait par les autorités presbytériennes : « Il en découle que lorsque le peuple, ou n'importe quelle partie de celui-ci, se dresse contre un roi [...] et applique la loi en matière d'institutions civiles ou ecclésiastiques, je prétends qu'il n'y a pas rébellion si le pouvoir royal, bien qu'établi, n'a rien de légitime » [1].

En fait, à partir du point où Milton avance cet argument, on le voit abandonner progressivement le plan général du syllogisme, pour s'attacher de plus en plus à démontrer l'incohérence de fait de la défense presbytérienne du roi. Il montre (et ceci est historiquement vérifié) que ce sont les presbytériens qui, les premiers, ont privé le roi de ses prérogatives ; l'ont en fait « déposé », moralement, sinon politiquement, lorsqu'ils n'étaient pas encore en rupture officielle de leur serment d'allégeance, mais qu'il voyaient déjà fort bien le sens légitime que l'on devait – ou pouvait accorder – à l'Acte de Suprématie. Nous verrons un peu plus loin comment se présente la fin du texte de la *Tenure* [2], et l'effet que Milton pouvait attendre de la liste d'autorités supplémentaires ajoutée à la seconde édition [3]. Il convient à présent de dominer le foisonnement argumentaire et rhétorique du texte et de le considérer d'un point de vue critique général en abordant la question des faiblesses de son argumentation.

La critique de l'argumentation générale de la *Tenure* peut être conduite tout d'abord par rapport à des éléments externes, que nous nous efforcerons de saisir objectivement, et d'autre part, par rapport à son fonctionnement interne en tant que raisonnement.

La *Tenure* est à la fois une argumentation moralement rationnelle et un pamphlet avec tout ce que ce terme peut impliquer en matière de subjectivité passionnelle. C'est un mélange quelque peu déroutant de logique et de procédés purement persuasifs qui ne font pas toujours bon ménage lorsqu'on les met ensemble. Tout l'élan du texte résulte d'abord des six pages initiales qui adoptent pour postulat la dépravation essentielle de l'homme transposée sur le plan social (« la double tyrannie de la coutume et des passions ») et qui ont pu laisser penser à certains commentateurs que Milton avait l'intention, dans une perspective tout à

1. CPW, III, p. 228.
2. CPW, III, p. 228-243.
3. CPW, III, p. 243-58.

fait baconienne, d'ouvrir son discours par la présentation d'une allégorie de la coutume. Quoique le procédé soit rhétoriquement efficace, dans la mesure où il captive l'attention du lecteur, il n'est en fait guère justifié car les anti-régicides qu'il s'agissait de confondre pouvaient tout aussi bien penser que c'étaient ses juges eux-mêmes qui avaient cédé à leurs passions. En trois jours de procès, rien n'indique en effet que les choses se soient passées selon la froide raison [1]. De plus, cette attaque contre la coutume apparaîtra d'autant plus maladroite que dans la partie du texte qui retrace le droit coutumier [2] Milton précisément tirera argument de son existence pour interpréter l'un des symboles du pouvoir royal, l'épée de Saint Edouard, qui, portée devant le roi lors de son couronnement, signifie qu'il accepte d'être châtié s'il n'obéit pas à la loi constitutive de son office. La position de Milton est partisane puisqu'il dit que la coutume est bonne lorsqu'elle va dans le sens qui est le sien, mauvaise dans le cas contraire.

A partir de la p. 235, les arguments miltoniens abandonnent totalement le niveau théorique annoncé au début, pour n'être plus qu'une série *ad hominem*, plus ou moins juste, et présentée essentiellement sous forme d'invectives contre les presbytériens ou d'exhortation aux Anglais afin qu'ils se conduisent comme une nation libérée de ses préjugés. Pour habile que soit cet appel ou sentiment national, pour éloquente que soit cette exhortation finale au peuple d'imposer silence aux prédications presbytériennes qui troublent l'ordre difficilement établi par Cromwell et les indépendants, le sentiment qui l'anime est trop proche du mépris pour être tenu pour le résultat d'un examen impartial de la situation.

Enfin, le texte de la *Tenure*, dans son ensemble apparaît comme agité en tous points d'une rhétorique partisane qui toujours revient à présenter le roi exécuté comme un personnage éminemment dangereux, et ce, malgré la transposition de l'actualité de la situation anglaise au niveau de principes généraux. En fait, le fantôme du roi Charles (inquiétant pour Milton et les indépendants) apparaît entre les lignes, à travers la naïveté même de certains traits du discours, comme par exemple, lorsque Milton commence une phrase par « un roi de notre pays »,

1. Cromwell se fit insulter du haut de la galerie publique par l'épouse (masquée) du Colonel Fairfax. Voir l'excellente étude de C. V. Wedgwood, « The Trial of Charles I », in *The English Civil War and after, 1642-1652* ; éd. R. H. Parry, Londres, The Macmillan Press, 1970. Voir aussi CPW, III, p. 190, note 2.

2. L'ancienne « Common Law », qui deviendra chère à Sir Matthew Hale.

puis la continue en répétant le pronom « il » et la termine par quelque élément particularisant que personne ne pouvait lire autrement que « Charles ». Associé, comme nous l'avons vu, à l'absence d'accusation précise, et à un accompagnement rhétorique fondé sur le pathétique, ce procédé apparaît dès le début comme une tentative de « diabolisation » de l'accusé qui se poursuit jusqu'à ce que, dans le texte, elle soit relayée par l'évocation des agissements des traîtres presbytériens. Une étude de l'éthos du texte, que bien sûr nous n'avons pas le loisir d'entreprendre dans ses détails, serait révélatrice, car elle montrerait – on ne peut en douter – un transfert des substantifs défavorables appliqués au roi (« a common pest and distroyer of mankind » [1]) à ses défenseurs presbytériens, en particulier aux parlementaires qui avaient rédigé la Représentation de 1649, et que Milton est bien près de considérer comme des papistes déguisés (il reprend à son compte le mot « prelates », désignant habituellement les évêques, qui leur avait été appliqué dans un pamphlet indépendant anonyme de 1649 – William Dell [2]).

Avec ces dernières observations, nous sommes passés insensiblement à l'examen des faiblesses internes de l'argumentation du pamphlet. Nous allons maintenant essayer de les préciser. Si nous oublions l'aspect purement logique du texte pour nous tourner vers son second aspect, polémique, « pamphlétaire » au sens habituel du terme, l'analyse de la *Tenure* que nous avons conduite tend à montrer qu'il est en fait dirigé contre les presbytériens. Le roi ayant été exécuté, c'est évidemment en vue de la neutralisation politique de ces derniers que le pamphlet paraît avoir été organisé, car, potentiellement, ils étaient les ennemis les plus dangereux du régime de dictature personnelle de Cromwell, appuyé sur l'Armée Modèle et les indépendants. Nous ne sommes donc pas surpris qu'une partie imposante du texte [3] soit consacrée à dénoncer le revirement des presbytériens, et leur responsabilité dans les événements politiques ayant conduit à l'exécution du roi. Ainsi l'argumentation miltonienne tend vers un double but : un but proleptique, en ce qu'elle cherche à créer les conditions idéologiques pour que l'exécution du roi n'entraîne pas un profond discrédit du régime cromwellien ; un but analeptique, en ce qu'elle fait mention de positions politiques qui s'étaient

1. CPW, III, p. 212.
2. Voir CPW, III, p. 237.
3. A partir de la p. 233.

manifestées dès sept ou huit ans auparavant et tendant à montrer qu'elles conduisaient nécessairement à la déposition et à l'exécution du roi. L'accusation d'incohérence que Milton lance contre les presbytériens, si elle est en partie vérifiée par les faits, ne résiste pas à un examen plus nuancé et objectif de ses motivations réelles, en ce sens que, pour une sensibilité moderne, il apparaît comme naturel que les presbytériens aient pu reculer par rapport à leurs positions initiales, à partir du moment où ils ont commencé à être sérieusement inquiétés de leur résultat. Le poids de la faiblesse humaine, dont Milton aurait pu tenir compte, joint au fait politiquement et juridiquement inacceptable qu'un parlement épuré ait pu avoir à décider du sort du roi, ne plaident guère en faveur de la position adoptée par Milton.

Il est d'autres faiblesses internes de l'argumentation. L'accumulation des références aux autorités bibliques et classiques ne cherche-t-elle pas à masquer le fait incontestable que la condamnation du roi a été obtenue à l'issue d'une pénible manipulation politique ? Les effets d'accumulation utilisés par Milton servent aussi à masquer d'autres faiblesses internes, en particulier dans la réflexion sur la nature et la raison. Après avoir tiré parti de l'argument augustinien selon lequel la nature est le contraire de la raison, on peut s'étonner que Milton attribue à quelques-uns (en fait, les parlementaires du « croupion » que Milton glorifie dans un esprit moins élitiste que mystique), la faculté de rétablir le droit selon celle-ci. En réalité, un lien très fort, mais logiquement indémontrable, entre la notion de raison selon Milton et l'élection selon Calvin, existe en tant que principe fondamental de l'argumentation de la *Tenure*. Cela tend, évidemment, à replacer celle-ci dans un contexte émotionnel et non rationnel. Il n'est pas jusqu'aux détails du texte qui ne laissent apparaître cette confusion entre le rationnel et l'irrationnel. L'utilisation de l'autorité biblique en tant que justification du tyrannicide peut elle-même apparaître au lecteur actuel comme de peu de poids, dans la mesure où les nouvelles perspectives de lecture des Écritures nous ont appris que tout argument scripturaire apparaît beaucoup plus souvent comme étant liés aux circonstances plus qu'aux principes, dans la mesure où il est toujours présenté dans une situation d'énonciation qui peut varier d'un livre à l'autre, et qui peut être interprétée différemment d'une époque à l'autre. Milton lui-même se montre comme étant peu sensible aux contraintes de l'énonciation, lorsque, par exemple, il utilise les paroles d'un personnage dramatique [1] comme autorité justifiant le régicide.

Peut-être faut-il aller jusqu'à dire qu'il existe une contradiction fondamentale dans la conception même de cette argumentation. Il est incontestable, à la lecture des textes d'Aristote retraduits récemment, que tout l'effort des classiques pour fonder l'autorité s'effectue à partir d'une conception autonome de la raison. J'en veux pour preuve la rigueur avec laquelle P. Pellegrin démontre le caractère « chaotique » et parfois les « décalages » ou la « franche contradiction » des textes qu'il a traduits sous le nouveau titre de *Les Politiques*. L'irrationnel existe dans ces textes, mais il est de nature purement technique, et il permet en fait au lecteur actuel de mieux apprécier, par comparaison, le fondement absolument rationnel et objectif de la démarche aristotélicienne. Il n'en est pas de même pour l'autre source d'autorité miltonienne – les Écritures – qui, à l'époque où vivait Milton, était regardée comme une autorité révélée, et par conséquent, en fait, non mise en perspective par les études historiques qui ont pu être faites par la suite. Au fond c'est en cela qu'apparaît l'impossibilité de l'argumentation miltonienne. Elle se fonde sur l'autorité des classiques, dont Milton n'a pas tout à fait conscience qu'elle est en train de se constituer sur de véritables critères rationnels sans toutefois les atteindre tout à fait ; et, en partie égale, sur la Révélation scripturaire, dont il n'a pas conscience qu'elle puisse être autre chose qu'une vérité absolue. En somme, l'argumentation miltonienne n'a pour base que deux formes *historiques* d'argumentation, l'une marquée par une certaine finitude, l'autre par une absence de relativisme.

L'exécution du roi provoqua une telle commotion en Angleterre et en Europe que la controverse qui en fut le résultat devait durer jusqu'à la fin du Protectorat, et être en fait la cause profonde de son échec et de la Restauration de 1660.

Quelques mois avant que ne paraisse la seconde édition de la *Tenure* (février 1650) Milton, pour répondre à l'anonyme *Eikon Basilike* (janvier 1649), publie son *Eikonoklastes* (6 octobre 1649). Il y reprend certains arguments de la *Tenure*, notamment relatifs au consentement et au suffrage du peuple – un roi ne gouverne que des hommes libres selon des lois approuvées par eux –, ainsi que l'argumentation classique

1. Hercule dans *Hercules Furens* de Sénèque (v. 922-24, citée dans le texte de CPW, III, p. 213).

justifiant le tyrannicide. Cependant, l'intérêt principal d'*Eikonoklastes* est de montrer, selon une perspective que la critique a jugée plus objective que celle de la *Tenure*, la suite des événements ayant conduit à la seconde guerre civile et au discrédit de l'image royale auprès de larges sections du peuple anglais. Sans faiblesse logique ou juridique, Milton y montre que le crime de Haute Trahison a bien été constitué, en particulier par les manœuvres de Charles pour dresser contre les Anglais d'abord les Irlandais, ensuite les Ecossais.

En février 1651, la *Défense du peuple anglais*, dite « Première Défense » fut écrite en latin, sur commande du Conseil, comme *Eikonoklastes*, afin de répondre au pamphlet du français Claude Saumaise (Salmasius), *Defensio Regia*, pamphlet d'autant plus inquiétant pour les Anglais que le sous-titre laissait entendre qu'il était essentiellement destiné à l'instruction du futur Charles II et à fournir à celui-ci des arguments pour faire valoir ses droits à la couronne. Dans la *Défense*, Milton revient, comme de manière obsessionnelle, aux autorités classiques et scripturaires, ce qui a fait dire aux critiques, notamment W. J. Grace, que « son portrait de Dieu faisant de la politique [était] quelque peu borné et anthropomorphique » [1]. Le point le plus intéressant nous semble être le fait que Milton y aborde d'une manière plus directe que dans la *Tenure*, la question de l'homme dans l'état de nature qui précède toute construction politique. Curieusement, Milton s'y démarque de la position augustinienne, laquelle, on s'en souvient, avait servi de prélude au syllogisme de la *Tenure*. Dans la *Défense*, la nature n'est plus une marâtre contraignant les hommes à se choisir un protecteur, mais « la douce mère de tous » qui leur suggère le bon usage des institutions et les inspire bénéfiquement dans leurs choix politiques. Tout se passe comme si, deux années après l'exécution de Charles, Milton voulait accréditer l'idée que celle-ci n'avait nullement été le résultat de passions accumulées ayant cherché à se justifier par le biais d'un idéal parlementaire, mais la décision réfléchie d'élus de Dieu, de magistrats inspirés, approuvée par un nombre toujours croissant de citoyens. Au fond, on peut penser que la définition miltonienne du peuple de Dieu avait été quelque peu restrictive, et, il faut le dire, partisane, mais son auteur continuait à obturer cet aspect, en arguant du fait que le jugement de quelques-uns était devenu l'opinion de tous.

1. CPW, vol. IV, p. 287.

Qu'à partir de ce moment la position de Milton soit allée en s'affaiblissant nous semble être révélé par la *Seconde Défense* – à peine quatre ans avant la fin du régime du Protectorat. Milton s'y défend lui-même contre les attaques d'un pamphlet intitulé, *Clamor* ... (le *Cri du Sang Royal*, août 1652), qu'il croyait être de la plume d'un pasteur réformé du nom d'Alexandre More, mais qui était en réalité de celle du français Pierre du Moulin, qui avait mandaté le premier afin qu'il le fasse imprimer en Hollande. La *Seconde Défense* est généralement louée par la critique, mais ce, dans une perspective purement stylistique. C'est une satire sur le modèle de Juvénal, féroce et souvent grossière, qui vise, et peut-être parvient, à écraser l'adversaire sous le ridicule d'arguments *ad hominem*, mais qui, d'un bout à l'autre, est particulièrement déficiente sur le plan de l'argumentation elle-même.

A travers des hauts et des bas, le régime cromwellien s'acheminait vers sa fin, et Milton vers la double obscurité – il avait perdu la vue au service de la Cause – d'une retraite politique, dont les premiers mois furent marqués par l'inquiétude due à la montée des représailles royalistes, mais aussi par sa nouvelle naissance, en tant que grand poète d'une nation protestante – ce qui, bien sûr, avait été dès l'origine sa véritable vocation.

Jean PIRONON
Université Blaise Pascal

Bibliographie sommaire

Complete Prose Works of John Milton, Yale UP, spécialement vol. III (éd. M. Y. Hughes) et vol. IV (éd. D. M. Wolfe), 1962 et 1966 : reste l'ouvrage de référence fondamental et est utilisable dans une perspective d'histoire des idées à partir de son appareil critique. Pour une éd. plus récente de *The Tenure of Kings and Magistrates*, voir Milton, *Political Writings*, éd. M. Dzelzainis, Cambridge UP, 1991.

Les études de Olivier LUTAUD, spécialement *Les Deux Révolutions d'Angleterre*, Paris, Aubier-Montaigne, 1978, sont la référence française la plus importante.

SPINOZA : LA QUESTION THÉOLOGICO-POLITIQUE ET LA RHÉTORIQUE DE LA PHILOSOPHIE

Notre but n'est pas de donner une présentation générale du *Traité théologico-politique*, mais de répondre à une question limitée : à quel type d'objet philosophique avons-nous affaire avec le *Traité* [1] ? Non pas seulement quel est son objet, mais quel type d'objet est le *Traité* lui-même, en son texte ? Cette question est légitimée par des considérations externes et internes. Pour les premières, le *Traité* est lui-même à l'origine d'une série de nouveaux objets philosophiques parmi lesquelles il faut compter certaines productions de la littérature clandestine du XVIIIe siècle, comme l'œuvre de John Toland [2]. Ce que nous entendons par « objet » : d'abord un genre et un style de texte singuliers qui ne se laissent pas réduire à la manière dont une philosophie, ordinairement, s'expose. Le TTP est bien un *traité*, il n'emprunte pas les voies plus rusées d'autres genres comme le dialogue, et pourtant ce traité en forme, sur le fond, n'en est pas un, parce que son propos n'est pas simplement d'exposer la philosophie de Spinoza et même, en un sens qu'il faudra préciser, ne l'est pas du tout. Le texte, ici, n'est pas un médium ou moyen de communiquer en ordre la philosophie, mais il est un *objet*, une sorte de machine que son auteur introduit sur la scène de l'espace public. On sera plus sensible à cette nature machinique du TTP si l'on note que la question que tout lecteur se pose n'est pas : *que nous dit Spinoza dans le Traité ?*, comme si le TTP était un simple moyen d'exposer une philosophie, mais plutôt : *qu'est-ce que Spinoza a voulu faire avec le*

1. Ce texte provient d'une communication donnée en 1997 dans le séminaire sur la littérature philosophique clandestine qu'anime Olivier Bloch à l'Université de Paris I.

2. Voir, *infra*, « Toland et la constitution primitive de l'Église philosophique ».

Traité ? [1] Cette deuxième question traduit le sentiment que Spinoza n'a pas simplement écrit sa philosophie dans le *Traité*, mais a voulu faire quelque chose qui ne se réduit absolument pas à une exposition de la philosophie. Ces deux questions sont très différentes : il suffit de noter que dans le premier cas, la question de la forme ou du *comment* est secondaire (on se demande ce que nous dit Spinoza, et on se demande alors comment il le dit), tandis que dans le second cas la question du *comment* n'est plus une question de forme (pour savoir ce que Spinoza a voulu dire il faut d'abord déterminer comment il s'y prend).

Ces remarques pourraient paraître arbitraire si elles n'étaient justifiées par des considérations internes : un contenu essentiel du *Traité* est un long travail de présentation de véritables objets, qui sont des objets discursifs et en général textuels : la prophétie (chap. I-III), la loi ou commandement (chap. IV), le récit scripturaire et l'intérêt qu'il y a à croire en lui (chap. V), la relation, au sens narratif, du miracle (chap. VI), l'Ancien Testament et la question de son interprétation, donc de son histoire (chap. VII-X), l'enseignement des Apôtres (chap. XI), ce que dit la parole divine (chap. XII-XIII), la distinction des deux paroles, celle de l'Écriture et celle de la raison (chap. XIV-XV). A partir du chap. XVI, une certaine rupture est introduite : ce n'est pas qu'on passe simplement à une exposition politique, c'est plutôt que le travail de déterminations des objets est terminé et qu'on en tire les conclusions théologico-politiques. Quoi qu'il en soit, le travail principal dans le *Traité* consiste à décrire, caractériser, singulariser des objets qui sont toujours des objets textuels ou qui peuvent être ramenés à de tels objets. Objets textuels : la Bible dans son ensemble, évidemment. Objets qui peuvent être ramenés à des textes : la loi, le miracle, la parole – une question sera de savoir si la parole du Christ est sur le même pied que la parole de l'Écriture avant le Christ. Il nous faut répondre maintenant à deux questions : 1. En quoi s'agit-il d'objets textuels ? que faut-il entendre exactement par là ? 2. Dans quelle mesure le fait que le TTP soit une étude d'objets de ce type justifie-t-il qu'on considère le *Traité* lui-même comme un objet de ce type ou d'un type voisin ?

L'objet, c'est ce qui est devant nous. Il nous est donné, et il est autre que nous, et nous nous donnons pour tâche d'en parler. Tel est bien le cas des Écritures. Elles sont quelque chose qui est là avant le

1. Cette question entraîne celle qui fait le titre de l'article de A. Tosel : « Que faire avec le *Traité théologico-politique ?* », *Studia Spinozana*, 11 (1995), p. 165-188.

philosophe, avec quoi il peut se débattre – sans nécessairement débattre avec elles. Surtout, elles sont devant lui comme quelque chose de radicalement autre, qui vient d'ailleurs et que le philosophe peut reprendre *comme un objet*. C'est le statut précis que Spinoza reconnaît aux Écritures dans le chap. VII : la méthode de leur interprétation

> ne diffère en rien de celle qu'on suit dans l'interprétation de la Nature mais s'accorde en tout avec elle. De même en effet que la Méthode dans l'interprétation de la nature consiste essentiellement à considérer d'abord la Nature en historien et, après avoir ainsi réuni des données certaines, à en conclure les définitions des choses naturelles, de même, pour interpréter l'Écriture, il est nécessaire d'en acquérir une exacte connaissance historique et une fois en possession de cette connaissance, c'est-à-dire de données et de principes certains, on peut en conclure par voie de légitime conséquence la pensée des auteurs de l'Écriture [1].

Comprenons bien : l'interprétation de la nature n'est pas ici connaissance qui irait droit à la causalité immanente de la nature par la simple puissance immanente des idées adéquates, mais d'abord *histoire*. L'interprétation de l'Écriture, comme l'interprétation de la nature, est caractérisée par l'extériorité entre l'interprète et les faits. *Histoire* a ici son sens ancien d'enquête empirique, de simple relevé méticuleux de faits bruts dont la nécessité n'apparaît pas encore. L'histoire réunit les *données*, qui, diverses, ne peuvent pas être déterminées à l'avance. L'interprétation de l'Écriture doit donc partir de données *certaines*, non pas du tout au sens où elle partirait de certitudes philosophiques, mais au sens où elles doit s'élaborer à partir de faits bien établis. La méthode de l'exégèse est la même que celle de l'histoire naturelle. Cela signifie que l'interprète de l'Écriture, tel un botaniste ou un géographe, commence par caractériser et décrire des objets singuliers. On comprend mieux alors la règle de méthode que Spinoza prétend suivre dans le *Traité* : tirer la connaissance de « presque tout le contenu de l'Écriture » de l'Écriture seule ; la question des miracles fait de ce point de vue exception [2]. Cette règle de méthode s'oppose à la démarche, non

1. TTP, chap. VII, trad. C. Appuhn, Paris, GF-Flammarion, 1965, p. 138-139 (*Spinoza Opera*, éd. Gebhardt, t. III, Heidelberg, 1972, p. 98).

2. L'*histoire naturelle* est mobilisée pour la connaissance de la prophétie, mais la question des miracles nécessite une méthode différente, celle d'un examen par la lumière naturelle : « J'ai suivi en ce qui concerne les miracles une méthode entièrement différente de celle que j'avais adoptée pour la prophétie. [...] Je l'ai fait à dessein parce que la

seulement, en un sens qu'il reste à préciser, de la philosophie, mais de la théologie au sens strict – qui n'est pas toujours le sens que Spinoza donne au mot « théologie » [1] –, c'est-à-dire de la pensée qui fait servir la philosophie à la religion, qui les laisse se contaminer l'une l'autre en sorte que l'Écriture est alors considérée comme un genre très spécial d'enseignement philosophique. On retrouve alors Aristote et Platon derrière l'Écriture [2] ; on donne un sens allégorique à l'Écriture, on la torture pour la plier à ce savoir qu'on suppose enfermé en elle [3].

Lire l'Écriture à partir de l'Écriture seule, c'est simplement considérer l'Écriture comme un objet et lui conserver ce statut objectif. La philosophie qui examine cet objet en reste distincte dans le mouvement même où elle l'analyse. Vient bien un moment, évidemment, où on a déterminé par cette méthode le vrai sens et où la raison peut d'elle-même donner son assentiment, mais ce moment est la fin de l'interprétation [4]. C'est pourquoi, également, Spinoza peut dire qu'il n'y a rien de commun entre la philosophie et l'enseignement de l'Écriture [5] :

prophétie par elle-même dépasse la compréhension humaine et est une question de pure théologie ; je ne pouvais donc rien affirmer ni savoir à son sujet que par les données fondamentales de la Révélation [...]. Dans la question des miracles, au contraire, l'objet de notre enquête (à savoir si l'on peut accorder que quelque chose arrive dans la nature qui contredise à ses lois ou ne puisse s'en déduire) étant purement philosophique, je n'avais besoin de rien de semblable. » TTP, chap. VI, p. 131-132 (Gebhardt, III, p. 94-95).

1. Le terme signifie en effet très souvent la Révélation.

2. Voir chap. XIII, p. 230.

8. Voir chap. II, p. 56.

4. Chap. XV, p. 251.

5. « J'ai acquis l'entière conviction que l'Écriture laisse la raison absolument libre et n'a rien de commun avec la philosophie, mais que l'une et l'autre se maintiennent par une force propre à chacune. » TTP, préface, p. 25 (Gebhardt, III, p. 10). Il faut souligner la manière dont Spinoza a acquis cette conviction : rien dans l'Écriture ne contredit l'entendement, parce que l'Écriture fait autre chose que l'entendement ; surtout, « les prophètes n'ont rien enseigné que des choses extrêmement simples pouvant être aisément perçues par tous ». Contrairement à ce qu'on pourrait attendre, c'est *parce que* l'enseignement véritable de l'Écriture est très simple, que l'Écriture n'a rien de commun avec la philosophie. En effet, ces choses extrêmement simples sont appuyées dans l'Écriture par « des raisons qui pouvaient le mieux amener la multitude à la dévotion envers Dieu », donc par des raisons adaptées à la capacité de la multitude. On voit bien que pour Spinoza un enseignement *très simple*, même s'il peut être approuvé par la philosophie, n'est pas communiqué par l'Écriture de manière philosophique. Le problème de l'ambiguïté du Christ apparaît alors nettement : s'il n'enseigne que le plus simple, la nécessité de l'amour (charité) et de l'obéissance (justice), on est tenté de dire que le Christ est un philosophe parce qu'il a débarrassé cet enseignement de ses motifs à la fois insuffisants et superflus ; mais on est contraint de reconnaître que le Nouveau Testament,

« la règle universelle à poser dans l'interprétation de l'Écriture est donc de ne lui attribuer d'autres enseignements que ceux que l'enquête historique nous aura très clairement montré qu'elle a donnés » [1]. Cela n'empêche pas du tout qu'on puisse déterminer que certains enseignements de l'Écriture, que Spinoza appelle des enseignements moraux, soient les mêmes que ceux que la philosophie peut recommander, les mêmes que ceux que chacun peut découvrir par la seule puissance de la lumière naturelle. En clair, l'Écriture n'est pas du tout faite comme la philosophie, ni pour la philosophie, ni à partir de la philosophie, ni avec la philosophie. C'est en cela qu'elle est un objet. Mais il appartient également à la singularité de cet objet de communiquer à l'occasion des enseignements que la philosophie peut, de son côté et pour d'autres raisons (c'est-à-dire avec des *raisons*) proposer. Par exemple, l'Écriture, bien lue et comprise, enseigne qu'il n'y a pas à proprement parler de miracles, mais que les choses suivent les lois et l'ordre de la nature ; mais elle l'enseigne indirectement :

> L'Écriture n'enseigne pas directement ce qui ne concerne pas sa doctrine propre, parce que son objet n'est pas [...] de faire connaître les choses par des causes naturelles, non plus que de donner un enseignement spéculatif. Il faut donc *arriver par voie de conséquence* [nous soulignons] à ce que nous voulons ici prouver ... [2]

La question des rapports entre la philosophie et l'Écriture est clarifiée quand on rappelle que l'Écriture est pour Spinoza un objet : l'Écriture ne saurait donc être supposée consister essentiellement en un vecteur de la philosophie, aussi particulier soit-il ; l'Écriture ne saurait contenir

comme l'Ancien, se maintient par une force radicalement différente de celle de la philosophie.

1. TTP, chap. VII, p. 140 (Gebhardt, III, p. 99).

2. TTP, chap. VI, p. 125-126 (Gebhardt, III, p. 89). On voit la complexité du principe exégétique de Spinoza : il faut étudier l'Écriture à partir de l'Écriture, et ne pas la torturer pour trouver de force en elle un enseignement de la raison. Mais si l'Écriture contient un enseignement véritable, c'est celui, non pas directement de la raison, mais que la raison trouve par son propre moyen. Si l'Écriture relatait un fait qui contredisait totalement les lois de la nature, ce fait devrait être considéré comme « une addition faite aux Livres sacrés par des hommes sacrilèges », parce que « tout ce qui est contraire à la nature est en effet contraire à la raison ; et ce qui est contraire à la raison est absurde et doit en conséquence être rejeté ». *Ibid.*, p. 128 (Gebhardt, III, p. 91). Spinoza ne dit pas que tout l'enseignement de l'Écriture est rationnel, mais que si l'Écriture contient un enseignement doué de sens, cet enseignement est rationnel tout en n'étant pas communiqué rationnellement.

essentiellement et intentionnellement de profonds mystères philosophiques, même si certains de ces enseignements convergent avec ceux de la philosophie ; bref l'Écriture peut *dire* à l'occasion et d'une autre manière des choses très semblables à celles que dit la philosophie, mais nous serions entraînés dans les pires contresens si nous n'ajoutions pas aussitôt que l'Écriture *fait* quelque chose de très dissemblable de ce qu'accomplit la philosophie.

Nous nous trouvons dans un certain embarras par rapport au programme initial. Nous voulions présenter le TTP en montrant qu'il est un objet textuel, une machine introduite dans l'espace public afin d'y produire certains effets spécifiques, et dont le fonctionnement singulier devait être évalué à partir de ces effets. Tout ce que nous avons rappelé, jusqu'à présent, c'est que le TTP *traite* de certains objets textuels, en gros de l'Écriture et de la Parole divines. C'est seulement par un coup de force, semble-t-il illégitime, qu'on pourrait remonter de l'objet du TTP au TTP comme objet lui-même et appliquer au TTP ce qu'il dit des modalités d'écriture de la Bible et des modalités de lecture que ces règles d'écriture justifient. Avant d'examiner le « coup de force » lui-même, qui appartient à Leo Strauss, il convient de noter certains éléments simples et manifestes qui donnent un poids considérable à ce genre d'analyse.

Pour commencer, le titre du TTP lui-même constitue une annonce explicite du genre de l'ouvrage : le TTP contient « quelques dissertations où l'on fait voir que la liberté de philosopher non seulement peut être accordée sans danger pour la piété et la paix de l'État, mais même qu'on ne peut la détruire sans détruire en même temps la paix de l'État et la piété elle-même ». Ce titre complet a ceci de particulier qu'il décrit le TTP par l'effet auquel il est destiné, et non du tout par son contenu. Certes, la défense de la liberté de philosopher et la démonstration de sa nécessité naturelle et politique correspondent bien au contenu du TTP dans ses derniers chapitres (à partir du chap. XVI pour l'essentiel). Mais cette description ne rend que très imparfaitement compte de l'ensemble du TTP. Les questions *comment interpréter l'Écriture ?* et *quel est l'enseignement du Christ ?* correspondent au moins autant à la matière de l'ouvrage. Pour remettre les choses à l'endroit, on peut dire que la défense de la liberté de philosopher n'est pas le contenu mais l'effet du texte, et que l'interprétation de l'Écriture et de la Parole divines est le contenu véritable par lequel cet effet peut être produit. Nous voulons simplement en venir au point suivant : le TTP est explicitement le moyen d'une stratégie de défense de la liberté de philosopher, il est un geste avant d'être un dit. Par lui, le philosophe attend beaucoup plus que l'occasion d'exposer sa pensée, celle d'obtenir un résultat : que la liberté de philosopher soit renforcée en Hollande et qu'on diminue l'intolérance des pasteurs. Si le contenu du TTP a son sens par rapport à une stratégie qui est d'emblée affichée, et si toute stratégie, comme on sait, justifie des tactiques, sa lecture doit tenir compte de cette nature tactique. Un objet textuel comme tel livre de la Bible ne peut être bien interprété que si l'on essaie de déterminer, outre l'histoire de sa composition, pour autant que c'est possible, l'intention de son auteur ou de ses auteurs, la particularité du public auquel ce livre s'adressait, etc. Manifestement, si par le TTP Spinoza recherche cet effet important qu'est la défense de la liberté de philosopher, le TTP lui-même pour être mieux compris doit être rapporté à l'intention de son auteur et la particularité du public auquel il s'adressait. Au moins sous cet aspect-là, le TTP est un objet textuel qui n'est pas sans rapport avec les objets textuels dont il traite.

A cette remarque sur le titre du *Traité*, il convient d'ajouter une observation beaucoup plus générale. Enoncée en termes simples, elle peut sembler brutale, voire totalement idiote : le TTP ne se présente pas lui-même comme un texte philosophique, comme un exercice de la philosophie. Bien sûr, le TTP est un livre de philosophie, et même le grand livre que Spinoza a vraiment *publié*, mais ce n'est pas un livre dans lequel Spinoza expose sa philosophie, c'est-à-dire l'*Éthique* ; bien sûr, le TTP s'adresse, comme le dit la Préface, au lecteur-philosophe, mais il faut entendre par là non le lecteur convaincu de la vérité de l'*Éthique*, plutôt le lecteur qui n'est pas dévoré par les superstitions.

En outre, lorsque Spinoza fait référence à la philosophie dans le TTP, cette référence prend plusieurs formes : 1. La philosophie peut désigner ce que découvre la lumière naturelle. Ainsi, certains textes dans l'Ancien Testament, comme les Proverbes de Salomon (qui n'était pas un prophète, mais un penseur), constituent une exception par rapport à l'orientation non philosophique des Écritures puisqu'ils sont de véritables petits exposés de philosophie [1]. Au mieux, la philosophie entendue comme ce que découvre la lumière naturelle recouvre ce qui

1. TTP, chap. II, p. 62, et surtout chap. IV, p. 95-96 : l'éthique véritable est contenue dans l'enseignement de Salomon.

sera visé dans le point suivant, *i. e.* la philosophie de l'*Éthique*, mais selon des modalités très différentes de l'exposition *more geometrico*. On doit alors envisager une interprétation plus modeste : il s'agit d'un enseignement qui se borne, et c'est bien le cas de celui de Salomon, à énoncer, mais sans en dégager la nécessité démonstrative, des conclusions que l'*Éthique* sait quant à elle dériver. L'enseignement du Christ relève-t-il de cette catégorie ? Même si le Christ a connu intellectuellement les choses révélées, s'il les a connues immédiatement « en vérité » [1], s'il n'a pas reçu cet enseignement comme une loi, mais comme une vérité éternelle [2], il reste qu'il ne nous a pas montré la manière dont il les avait connues. La philosophie ne désigne alors pas la doctrine de l'*Éthique*, mais une morale rationnelle réduite à des préceptes très simples.

2. La philosophie peut désigner la doctrine construite dans l'*Éthique*. Des démonstrations de l'*Éthique* ou liées à l'*Éthique* sont l'objet de plusieurs allusions, plus ou moins développées, dans le TTP. La fonction de ces allusions doit être précisée.

Ainsi, notamment, au chap. III, quand il est dit que les Hébreux « n'ont pas été les élus de Dieu pour la vie vraie et les hautes spéculations, mais pour tout autre chose ». Spinoza veut dire que Moïse n'était pas du tout un spinoziste [3] (alors que le Christ est présenté comme

1. TTP, chap. IV, p. 93.

2. Sur cette distinction, voir *ibid.*, p. 91-92. Il faut prendre garde que si le Christ n'a pas reçu la Révélation de Dieu comme une loi, il lui est néanmoins arrivé de la communiquer comme une loi « à cause de l'ignorance et de l'obstination du peuple ». *Ibid.*, p. 93 (Gebhardt, III, p. 65). Le Christ, s'il n'est pas un prophète, sait pourtant comme le prophète adapter son propos au destinataire ; la différence principale est dans le mode de connaissance par lequel le Christ a *reçu* cet enseignement. Spinoza dit pour la prophétie qu'il n'entre pas dans son sujet de déterminer comment les prophètes ont eu leur révélation (à travers l'imagination) ; pour la parole du Christ, Spinoza n'est guère plus loquace. Dire que Dieu a communiqué immédiatement les vérités éternelles au Christ, c'est donner à son enseignement un crédit qui était certainement refusé à la « certitude prophétique », mais ce n'est pas s'expliquer davantage sur les modalités de cette communication.

3. Des successeurs de Spinoza, comme John Toland, modifieront sur ce point la doctrine du maître, en trouvant dans Moïse un spinoziste caché. L'opposition entre Moïse et le Christ est très marquée dans le TTP : là où Moïse est un prophète à l'imagination vive, le Christ est un homme, voire un philosophe, aux idées claires ; là où Moïse est un législateur, qui énonce des commandements divins qui sont immédiatement les lois d'un État, le Christ formule son enseignement en un temps où il n'existe plus d'État d'Israël.

l'étant peut-être en un sens), mais un législateur [1], et qu'en conséquence le Pentateuque doit être lu comme un texte destiné à un peuple qui se dotait d'un État, comme un texte qui exhorte avant tout à l'obéissance, et certainement pas à la philosophie. Il s'agit alors de montrer que le peuple hébreu a bénéficié du secours externe, c'est-à-dire d'un jeu favorable de circonstances et de causalités mécaniques, et que c'est là tout le sens de son élection. Spinoza se lance alors dans une digression pour expliquer dans des termes voisins de ceux de l'*Éthique* ce qu'est le « gouvernement de Dieu », le « secours de Dieu externe et interne » [2]. Il faut donc philosopher pour déterminer les raisons pour lesquelles le peuple hébreu n'a pas philosophé dans le désert, mais écouté un prophète et accepté une législation politique :

> Il suffit à mon dessein d'avoir montré que l'élection des Juifs concernait uniquement la félicité temporelle du corps et la liberté, c'est-à-dire l'existence de l'État, ainsi que la façon dont ils l'ont constitué et les moyens par lesquels ils l'ont conservé, conséquemment aussi les lois en tant qu'elles étaient nécessaires à l'établissement de cet État particulier ; et enfin le mode suivant lequel elles furent révélées ; quant au reste et à ce qui concerne la vraie félicité de l'homme, ils n'ont pas été supérieurs aux autres [3].

La philosophie qui détaille ce qu'est « l'ordre fixe et immuable de la nature » n'a donc été convoquée que pour mieux singulariser l'objet non philosophique qu'est le système de la théocratie, de la prophétie et de la législation de Moïse.

Au chap. XIII, à l'occasion d'un résumé de ce qu'il a accompli dans les chap. II, V, VI, VII, Spinoza aborde directement et expressément la distinction entre l'Écriture et la philosophie. D'une part, « Dieu n'a nullement révélé [aux prophètes] les arcanes de la philosophie, mais des choses de la plus grande simplicité, et [...] il s'est adapté à leurs opinions préconçues » [4]. D'autre part, l'Écriture a voulu rendre son enseignement aussi facile à suivre que possible. « En conséquence elle

1. Voir TTP, chap. II, p. 61 : Moïse n'a pas enseigné en philosophe une connaissance de Dieu, mais, en législateur, une règle de vie.

2. TTP, chap. III, p. 70 *sq.* (Gebhardt, III, p. 45 *sq.*, « auxilium externum et internum »).

3. *Ibid.*, p. 74-75 (Gebhardt, III, p. 49).

4. TTP, chap. XIII, p. 229 (Gebhardt, III, p. 167 : « seseque eorum praeconceptis opinionibus accommodavisse »).

n'a point suivi la méthode déductive, partant d'axiomes et de définitions et enchaînant les vérités, mais les a simplement énoncées, et, pour les rendre croyables, les a confirmées par l'expérience seule, c'est-à-dire par des miracles et des récits historiques. » Enfin, l'Écriture utilise une langue et des tournures adaptées à son public [1], et sa difficulté ne tient pas à la matière même, mais à l'expression – notons cette conséquence, que l'étude de l'Écriture est une étude proprement *rhétorique*, et que le TTP est largement un traité de rhétorique : ainsi, en général, le point de vue qui mesure un discours par rapport à son public est un point de vue rhétorique [2]. La langue des prophètes n'est pas destinée aux habiles, puisqu'ils ont prêché « pour tous les Juifs absolument », c'est-à-dire pour le peuple. La langue des Apôtres est adressée à des assemblées (c'est le sens originel de l'*ecclesia*) en divers lieux [3]. La conclusion explicite est que « la doctrine de l'Écriture n'est pas une philosophie, ne contient pas de hautes spéculations, mais seulement des vérités très simples et qui sont aisément percevables à l'esprit le plus paresseux » [4]. Que l'Écriture ne soit pas une philosophie n'empêche pas qu'elle contienne quelques vérités philosophiques mais qui sont à la fois très rares et très simples [5]. Si nous tentons de déterminer quelles sont ces

1. Un discours adapté aux préjugés d'un public est très différent d'un discours métaphorique. L'interprétation métaphorique est celle des théologiens qui font servir l'Écriture à la philosophie et la philosophie à l'Écriture : devant une impropriété, une expression trop vulgaire, ils cherchent un sens plus relevé. L'interprétation qu'on peut dire rhétorique, au contraire, prend au sérieux l'impropriété en la rapportant aux attentes du destinataire, et, le cas échéant, du vulgaire.

2. En particulier, Spinoza insiste sur les tropes et les figures de langue qu'utilisaient les Hébreux, par exemple au chap. VI, p. 130 (Gebhardt, III, p. 93) : « pour connaître les événements miraculeux tels qu'ils sont arrivés, il importe de savoir de quels tours et de quelles figures de rhétorique usent les Hébreux ». Voir aussi les remarques sur la méthode et le style de l'allocution dans l'Écriture, qui sont déterminés par la particularité du public, *ibid.*, p. 126-127 (Gebhardt, III, p. 90).

3. Tandis que le TTP, dans son chap. XI, insiste sur le fait que les Apôtres ont écrit leurs épîtres en qualité de Docteurs et non de Prophètes, dès la préface, Spinoza affirme que c'est toute l'Écriture qui est adaptée à la capacité de ses publics : « Cette doctrine [qui enseigne la justice et la charité qui sont les deux voies de l'obéissance à Dieu] est enseignée dans l'Écriture suivant la compréhension et les opinions de ceux à qui les Prophètes *et les Apôtres* [nous soulignons] avaient accoutumé de prêcher la parole de Dieu, précaution nécessaire pour qu'elle fût adoptée par les hommes sans aucune répugnance et de toute leur âme » Préface, p. 26 (Gebhardt, III, p. 10).

4. TTP, chap. XIII, p. 230 (Gebhardt, III, p. 167).

5. Le chap. VII, p. 152 (Gebhardt, III, p. 111), indique le lien évident entre simplicité, utilité et clarté : « les enseignements de la vraie piété s'expriment en effet avec les mots les plus usités, parce qu'ils sont très communs et non moins simples et faciles à

vérités, nous constatons qu'elles se réduisent à la justice (qui consiste à rendre à chacun ce qui lui revient) et à la charité (qui consiste dans l'amour du prochain) :

> La seule science recommandée par l'Écriture est celle qui est nécessaire à tous les hommes pour obéir à Dieu suivant ce précepte [de l'amour du prochain], et dans l'ignorance de laquelle ils sont par suite nécessairement insoumis ou du moins non instruits à l'obéissance. Quant aux spéculations qui ne tendent point à ce but, qu'elles concernent la connaissance de Dieu ou celle des choses naturelles, elles n'ont point de rapport avec l'Écriture et doivent donc être séparées de la Religion révélée [1].

Certains commentateurs prennent peut-être trop au sérieux l'exception que constitue le Christ. L'exception tient au fait que le Christ n'est pas un prophète, mais a connu Dieu d'esprit à esprit, et les Apôtres ne sont pas seulement des prophètes, mais parlent en docteurs ; elle tient aussi au fait que le Christ ne parle pas seulement pour un peuple particulier, mais pour tous [2] ; elle tient enfin au fait que l'enseignement du Christ se réduit essentiellement au cœur dans l'Écriture, c'est-à-dire à la justice et à la charité. Mais l'exception n'empêche pas que le Christ énonce les vérités et ne les déduit pas ; que le Christ parle lui aussi la langue la plus simple,

entendre ». Le fait que les *documenta* de la vraie piété s'expriment par les termes les plus familiers rappelle précisément la notion stoïcienne de prolepse : l'usage des noms atteste une anticipation commune du savoir. Notons enfin que la simplicité est aussi la pérennité : ces enseignements sont si élémentaires et si fondamentaux qu'aucune corruption des textes n'a pu empêcher qu'ils nous soient transmis (voir aussi chap. IX, p. 182 et chap. XII, p. 224-225 : l'enseignement moral est si évident qu'il est infalsifiable).

1. TTP, chap. XIII, p. 230-231 (Gebhardt, III, p. 168).

2. TTP, chap. IV, p. 92 (Gebhardt, III, p. 64) : « Le Christ a été envoyé pour enseigner non seulement les Juifs, mais tout le genre humain, de sorte qu'il ne suffisait pas qu'il eût une âme adaptée aux opinions des Juifs seulement ; elle devait l'être aux opinions communes à tout le genre humain et aux enseignements universels, c'est-à-dire en rapport avec les notions communes et les idées vraies » (cette traduction de C. Appuhn comporte des ambiguïtés sur lesquelles nous revenons plus loin). De manière remarquable, Spinoza présente l'universalité de l'enseignement du Christ non comme une suspension de l'adaptation du propos à la capacité du public, mais comme une extension de cette adaptation. L'universalité de la parole du Christ n'exclut pas du tout que cette parole soit adaptée et proportionnée à son auditoire, mais, au contraire, qu'elle soit adaptée aux opinions universelles. Nous avons là l'idée d'une certaine continuité entre le préjugé au sens négatif et la notion commune rationnelle ; car il y a dans le préjugé une rationalité confuse et enveloppée – il est idée inadéquate –, et la notion commune relève encore de la catégorie du préjugé – même s'il s'agit d'un préjugé vrai –, dans la mesure où un discours peut s'accommoder à elle. Sur ce point, Spinoza paraît encore maintenir la conception stoïcienne de la prolepse.

que chacun peut comprendre, c'est-à-dire suivre, même s'il est ignorant de la philosophie ; enfin que l'enseignement du Christ, au point d'être comme superflu, se trouvait déjà dans l'Ancien Testament, même s'il était recouvert par toutes sortes d'enseignements relatifs à la conservation politique du peuple juif [1]. N'y a-t-il pas quelque humour dans cette présentation contrastée de la figure du Christ ?

Bien plus, s'il est vrai que le Christ n'est pas un législateur qui ferait un usage politique de la religion, il reste que la pratique de la justice et de la charité (qui est le vrai contenu, moral, de la religion, depuis les prophètes jusqu'à ce non-prophète) n'acquiert force de loi que sous l'autorité de l'État : « la justice et en général tous les enseignements de la Raison vraie, par suite aussi la charité envers le prochain, n'acquièrent force de droit et de commandement qu'en vertu du seul droit de régir l'État ... » [2] Les commandements de Moïse sont des commandements moraux, mais ces commandements moraux sont des commandements politiques [3]. Un interdit n'a d'effectivité et de sens que sous la condition de l'existence politique, parce que tout interdit est par définition *commun*. La singularité du Christ est qu'il n'est pas un prophète, puisqu'il puise à la source de la raison, et qu'il ne se trouve pas dans la situation d'être un législateur ou un politique et d'instituer un pouvoir temporel. Le Christ enseigne à tendre l'autre joue, parce qu'il n'est pas législateur ; or la piété la plus haute est la piété envers l'État. Je dois alors, si c'est utile à l'État, appeler en justice le voleur qui m'a pris ma tunique, au lieu de lui donner aussi, au nom de l'amour, mon manteau. Il faut régler la pratique de la piété sur l'utilité publique : le message universel du Christ, énoncé par celui qui n'était pas un législateur politique, doit par conséquent être relativisé et mis en rapport avec l'obligation politique. Il apparaît dès lors que le droit de prêcher des Apôtres est quelque chose d'*exceptionnel*, puisqu'ils ne sont pas mandatés par un souverain temporel [4] : « Personne ne peut s'autoriser de cet exemple, à moins qu'il n'ait le pouvoir de faire des miracles ». La singularité du christianisme primitif détermine toute l'histoire : le conflit théologico-politique dans la chrétienté, entre le spirituel et le temporel, est dû à la situation exceptionnelle du christianisme primitif, très dif-

1. Voir TTP, chap. XII, p. 222.
2. Chap. XIX, p. 315 (Gebhardt, III, p. 230).
3. *Ibid.*, p. 316.
4. *Ibid.*, p. 318-319.

férente de la situation de la première république des Hébreux, c'est-à-dire de la théocratie de Moïse :

> Mais il suffit d'avoir égard au caractère initial de la religion chrétienne pour que la cause cherchée apparaisse très manifestement ; la religion chrétienne n'a pas été primitivement enseignée par des rois, mais par des particuliers qui, contre la volonté du gouvernement dont ils étaient les sujets, s'accoutumèrent longtemps à se réunir en Églises privées, à instituer et administrer les offices sacrés, à ordonner et décréter toutes choses sans tenir aucun compte de l'État [1].

Dans ce cas, il convient d'examiner la véritable nature du privilège que Spinoza accorde à la figure du Christ. N'est-il pas dans un certain usage des récits historiques ? Les récits historiques de l'Ancien Testament sont l'objet de la critique spinoziste, les récits du Nouveau Testament échappent à cet examen, du moins dans le TTP – les lettres 73 et 75 esquissent ce que pourrait être une telle critique –, sous prétexte que l'auteur, s'il connaît l'hébreu, ne sait pas bien le grec. Il se pourrait que Spinoza maintienne presque intact et comme intangible le bloc de ce récit historique qu'est le récit du Christ pour « rendre croyables » des vérités qu'il ne présente pas de manière déductive dans le TTP. Dans ce cas, comme le dira Leo Strauss, de même que Paul était juif avec les Juifs et grec avec les Grecs [2], Spinoza est chrétien avec les chrétiens de son temps. Quoi qu'il en soit, le lecteur familier de l'*Éthique* trouvera que le TTP, comme l'Écriture, « n'a point suivi la méthode déductive, partant d'axiomes et de définitions et enchaînant les vérités, mais les a simplement énoncées ».

Un autre passage nous apporte une confirmation. Spinoza s'y livre à une digression sur l'enseignement de l'*Éthique* qui lui permet de situer la spécificité des objets dont s'occupe le TTP, et, mieux, la spécificité du TTP lui-même. Il s'agit de la détermination de ce qu'est une loi divine dans le chap. IV, qui commence par fixer philosophiquement les divers sens du mot « loi ». Spinoza en vient à la distinction entre la « loi divine » et la « loi humaine » : « Par loi humaine j'entends une règle de vie servant seulement à la sécurité de la vie et de l'État ; par loi divine une règle ayant pour objet seulement le souverain bien, c'est-

1. *Ibid.*, p. 322 (Gebhardt, III, p. 237).
2. Voir TTP, chap. III, p. 80.

à-dire la vraie connaissance et l'amour de Dieu »[1]. La « loi humaine » est ainsi, par une certaine inversion de l'usage des termes, celle qu'enseigne le Pentateuque ; la « loi divine » est celle qu'enseigne l'auteur des Proverbes, et surtout celle que recommande le Christ, mais elle est bien une loi que tout homme peut découvrir sans le secours de la Révélation, et elle se tire « de la seule considération de la nature humaine »[2], c'est-à-dire de l'inscription de l'homme dans la nature universelle. Spinoza atténue l'inversion en disant que si la loi de Moïse vise un autre but que l'amour de Dieu comme connaissance de Dieu, puisqu'elle vise l'obéissance politique et la conservation du peuple d'Israël, si la loi de Moïse est donc bien une loi humaine en ce sens, il reste qu'elle peut néanmoins être appelée loi divine, puisque « nous la croyons établie par la lumière prophétique »[3]. Mais la manière dont Spinoza a défini la loi divine montre bien que l'usage de cette appellation pour la loi de Moïse, que le superstitieux pourrait croire approprié, est forcé. Cette distinction a contraint Spinoza à résumer l'*Éthique* : toute connaissance enveloppe une idée de Dieu, « plus nous connaissons de choses dans la nature, plus grande et parfaite est la connaissance de Dieu que nous acquérons, autrement dit [...] plus nous connaissons de choses dans la nature, plus parfaitement nous connaissons l'essence de Dieu »[4]. Une règle de vie qui vise à produire la béatitude qui consiste en l'amour et la connaissance de Dieu peut être dite loi divine. La conclusion à laquelle en vient Spinoza est capitale pour notre propos. « La foi dans les récits historiques, alors même qu'elle envelopperait une certitude, ne peut nous donner la connaissance de Dieu ni, conséquemment, l'amour de Dieu. » En effet, la connaissance de Dieu n'est donnée que par l'exercice de la connaissance, tandis que les récits historiques de l'Écriture n'appellent pas la connaissance, mais l'obéissance, et un type d'obéissance qui suppose une ignorance[5]. « La connaissance de Dieu

1. TTP, chap. IV, p. 87 (Gebhardt, III, p. 59).

2. *Ibid.*, p. 89 (Gebhardt, III, p. 61).

3. *Ibid.*

4. *Ibid.*, p. 88 (Gebhardt, III, p. 60).

5. Voir TTP, chap. XIII, p. 230 (Gebhardt, III, p. 168) : L'Écriture « exige des hommes seulement de l'obéissance, et condamne seulement l'insoumission, non l'ignorance ». Soulignons que seule la Révélation, et non du tout la raison, enseigne que l'obéissance sauve (voir chap. XV, p. 258, et note XXXI). Quant aux enseignements moraux (justice et charité), ils peuvent être découverts à partir des notions communes, mais non le fait que l'Écriture les donne. Justice et charité ne sont donc pas sur le même pied que l'obéissance ; l'enseignement moral et l'obéissance diffèrent comme le contenu

doit se puiser dans des notions communes, certaines et connues par elles-mêmes. »[1] Ce n'est pas en lisant les Écritures qu'on parviendra au souverain bien (ce serait en rester à la connaissance du premier genre), mais en développant la connaissance des causes des choses de la nature. Cependant, la lecture des récits historiques, donc des Écritures, est

> très utile en ce qui concerne la vie civile ; plus nous aurons observé, en effet, et mieux nous connaîtrons les mœurs et les conditions des hommes, qu'on ne peut mieux connaître que par leurs actions, plus nous acquerrons de prudence pour vivre parmi eux et mieux nous saurons adapter nos actions et notre vie à leur complexion dans la mesure où cela est raisonnable[2].

Il est clairement dit que : 1. La lecture des Écritures et de toute sorte de récits historiques est autre que l'exercice de la connaissance qui enveloppe l'idée de Dieu. 2. Cette lecture, néanmoins, parce qu'elle est lecture de textes dont le sens ne peut être compris que si l'on tient compte de leur adaptation aux attentes de leurs publics propres, est utile dans la mesure où elle fournit un modèle de la manière dont nous pouvons nous adresser aux hommes et vivre parmi eux. L'intérêt que manifeste le TTP pour les récits historiques n'a dès lors de sens que par rapport à la prudence du philosophe qui vit parmi les hommes. Les objets textuels qu'examine le TTP doivent être évalués du point de vue de l'effet qu'ils produisent sur un public auquel ils sont adaptés ; si leur lecture est très utile, le TTP lui-même peut être compris, dans une

de l'enseignement et sa modalité de communication. La modalité de communication qu'est l'obéissance est propre à l'Écriture ; si son contenu peut être découvert par la raison, il reste que le fait que ce mode de communication soit une voie de salut ne peut pas être découvert par la raison seule. Spinoza consacre dans son chap. XV, p. 255 *sq.*, un développement essentiel pour réponde à l'objection qui demande *pourquoi nous croyons dans ce dogme selon lequel l'obéissance sauve*, étant donné que ce dogme ne peut pas être découvert par la raison ; ce dogme, répond-il, est seulement l'objet d'une « certitude morale », c'est-à-dire d'une très forte probabilité. Ajoutons que « la divinité de l'Écriture doit donc se conclure de cela seul qu'elle enseigne la vertu véritable », mais seule l'Écriture nous apprend que la manière dont elle l'enseigne procure le salut (voir chap. VII, p. 139). Enfin, il ne faut pas se contenter de dire que seule l'Écriture enseigne que l'obéissance sauve, il faut dire inversement que quand l'Écriture n'est pas suivie par cette obéissance et ne suscite plus la dévotion, comme elle n'est pas sacrée en elle-même mais seulement par l'effet qu'elle produit, elle n'est alors rien qu'un « papier noirci » (chap. XII, p. 220 ; Gebhardt, III, p. 161).

1. TTP, chap. IV, p. 89 (Gebhardt, III, p. 61 : « cognitio ex communibus notionibus per se certis »).

2. *Ibid.*, p. 89-90 (Gebhardt, III, p. 61-62).

mesure qu'il reste à déterminer, comme une lecture de ce type. Le TTP, dans ce cas, peut bien être considéré comme un exercice de la philosophie, mais au sens d'un exercice de la connaissance sur des objets singuliers. La meilleure caractérisation de sa méthode consiste alors, on l'a vu, à le déterminer sur le modèle de l'interprétation de la nature dans la mesure où celle-ci doit toujours *commencer* par une histoire.

Un passage particulièrement clair du chap. I doit être convoqué : Spinoza vient de se livrer à l'histoire de la prophétie – c'est en ce sens qu'il a pu commencer par dire que la prophétie est « une connaissance certaine, révélée aux hommes par Dieu, d'une chose quelconque », et il est certain que l'Écriture tend à la présenter ainsi –, et marque que son propos, sur ce point, se limite à l'histoire :

> Point n'est besoin que nous sachions la cause de la connaissance prophétique. [...] Nous nous appliquons ici à la recherche des enseignements qui se trouvent dans l'Écriture pour en tirer notre conclusion, comme nous le ferions de données naturelles ; quant aux causes de ces enseignements, nous ne nous en occupons pas [1].

Expliquer l'Écriture par l'Écriture, c'est reconnaître que de l'Écriture nous n'avons pas « une science vraie, c'est-à-dire que nous ne pouvons pas l'expliquer par ses premières causes » [2]. Dire que l'exégèse suit le modèle de l'histoire de la nature, c'est par conséquent affirmer que la scientificité de l'histoire critique des Écritures, si elle est bien la scientificité qui, partant de données bien établies, sait produire les conséquences par la lumière naturelle [3], n'est cependant pas celle de l'*Éthique*.

S'il est évidemment lié à l'*Éthique* (et en particulier à sa quatrième partie), d'une manière plus ou moins explicite, le TTP en est tout aussi bien relativement coupé, en sorte qu'il constitue une machine à lui tout seul, au fonctionnement distinct. C'est en cela qu'il constitue un objet textuel spécifique. La spécificité de ce fonctionnement tient non seulement au fait que le TTP commence par une histoire au sens d'une

1. TTP, chap. I, p. 44 (Gebhardt, III, p. 28).

2. *Ibid.*, p. 45 (Gebhardt, III, p. 29).

3. Voir TTP, chap. VII, p. 153 (Gebhardt, III, p. 112) : « Cette méthode n'exige d'autre lumière que la naturelle ». La méthode d'interprétation doit déduire les conséquences en partant des faits établis par l'histoire, et non remonter aux causes de ces faits. Cette lumière naturelle n'est donc pas la raison de l'*Éthique*, qui constamment part de la causalité immanente et remonte à elle.

enquête qui détermine les données, et qu'il développe une histoire critique de l'Écriture, mais aussi et surtout au fait qu'il maintient une fonction positive du récit historique qu'est le Nouveau Testament comme enseignement de la justice et de la charité, et que de cette manière il se livre lui aussi à ce type de récit. Bref, le TTP n'est pas seulement une interprétation critique d'un récit historique, mais il demeure en grande partie lui-même un récit historique [1]. Nous devons alors garder à l'esprit ce que Spinoza affirme au chap. XI : « Bien que la religion telle qu'elle était prêchée par les Apôtres, c'est-à-dire en faisant simplement connaître le Christ par un récit [nempe simplicem Christi historiam narrando], ne soit pas de l'ordre de la raison [sub ratione non cadat], il est au pouvoir de chacun d'en atteindre par la lumière naturelle le fond essentiel ... » [2]

Il convient d'en venir à ce que nous avons appelé un apparent coup de force, dont nous voyons bien qu'il n'est pas arbitraire. Ce que le TTP dit des objets textuels dont il s'occupe doit être appliqué à lui-même. C'est la thèse que Leo Strauss a défendue en 1948 dans son « How to study Spinoza's *Theologico-Political Treatise* ? » [3]. Leo Strauss partait des contradictions manifestes dans le TTP. Parmi celles-ci, certaines touchent particulièrement le sort que Spinoza réserve au christianisme, si on entend par là le Nouveau Testament et l'enseignement du Christ. Ainsi, s'il n'existe pas de connaissance supra-rationnelle, et si le Christ a compris adéquatement ce qui lui a été révélé, par opposition aux prophètes de l'Ancien Testament [4], alors le Christ a

1. Nous pouvons faire nôtre la formule que propose E. Balibar, dans son *Spinoza et la politique*, Paris, PUF, 1985, p. 49 : le TTP est un « récit au second degré », c'est-à-dire un récit sur un récit. Mais cela signifie aussi que ce récit doit être, comme on dit, pris au second degré, *cum grano salis*.

2. TTP, chap. XI, p. 210 (Gebhardt, III, p. 156).

3. Repris dans *Persecution and the Art of Writing* (1952) ; trad. française dans *La Persécution et l'art d'écrire*, trad. O. Seyden, Paris, Presses Pocket, 1989, et dans *Le Testament de Spinoza*, trad. G. Almaleh, A. Baraquin, M. Depadt-Ejchenbaum, Paris, Le Cerf, 1991. Nous citons cette dernière traduction.

4. « Sauf le Christ, personne n'a reçu de révélation de Dieu sans le secours de l'imagination, c'est-à-dire sans le secours de paroles et d'images, en conséquence [...] pour prophétiser, point n'est besoin d'une pensée plus parfaite, mais d'une imagination plus vive. » TTP, chap. I, p. 38 (Gebhardt, III, p. 21). Voir chap. II, p. 51, sur la définition de la « certitude prophétique » ; ses « trois fondements » sont l'imagination vive, le signe, l'inclination du cœur pour le juste et le bon. La « certitude prophétique » n'est une certitude que pour l'Écriture qui la présente ainsi, car la prophétie est « inférieure [...] à la connaissance naturelle qui n'a besoin d'aucun signe, mais enveloppe de sa nature la certitude » (*ibid.*, p. 50 ; Gebhardt, III, p. 30). Au chap. III, p. 77, Spinoza précise que la

été le plus grand philosophe et la doctrine de la causalité immanente est l'enseignement ésotérique du Nouveau Testament. Mais, dans ce cas, on bute sur une contradiction : « La séparation radicale de la philosophie d'avec la Bible constituerait une exigence absurde si l'enseignement ésotérique du Nouveau Testament représentait le sommet de la sagesse philosophique » [1]. De plus, d'autres que Jésus, avant lui, comme Salomon, ont formulé des principes analogues. Il faut en conclure que l'enseignement de Jésus n'est rien de plus qu'une « morale rationnelle » et plus précisément la « combinaison [de la morale rationnelle] avec une *histoire* permettant de la prêcher aux gens simples de toutes les nations ». La différence entre l'Ancien et le Nouveau Testament n'est pas dans le contenu de l'enseignement, qui tend toujours à demander l'obéissance, et non la connaissance, et promeut la simple pratique de la justice et de la charité ; c'est seulement une différence d'orientation due à la différence de destinataires : le prophètes de l'Ancien Testament s'adressaient aux Juifs, le Christ s'adressait à tous les hommes [2]. Cette différence des destinataires, des circonstances politiques – entre une situation où le peuple d'Israël se dote d'un État [3] et une situation où il est soumis à l'Empire de Rome –, explique la différence entre le commandement de Moïse « aime ton voisin et hais ton ennemi » et le

certitude de la prophétie tient au troisième fondement, ce qui laisse entendre que la prophétie est certaine dans la mesure où elle est utile pratiquement. Sur la définition de l'imagination et l'usage des signes, voir *Éthique*, II, prop. 40, scolie II : « Nous avons nombre de perceptions et formons des notions générales tirant leur origine : 1. des objets singuliers qui nous sont représentés par les sens d'une manière tronquée, confuse et sans ordre pour l'entendement ; pour cette raison j'ai coutume d'appeler de telles perceptions connaissance par expérience vague ; 2. des signes, par exemple de ce que, entendant ou lisant certains mots, nous nous rappelons des choses et en formons des idées semblables à celles par lesquelles nous imaginons les choses. J'appellerai par la suite l'un et l'autre mode de considérer *connaissance du premier genre*, opinion *ou Imagination.* » *Éthique*, trad. C. Appuhn, Paris, GF-Flammarion, 1965, p. 115.

1. *Le Testament de Spinoza*, *op. cit.*, p. 225.

2. *Ibid.*, p. 226.

3. Voir chap. V, p. 108 : la loi de Moïse et les anciennes cérémonies « se rapportent uniquement à l'État des Hébreux et à des commodités corporelles ». Les rites, comme l'avaient montré aussi Hobbes et Harrington (voir, *infra,* « Toland et la constitution primitive de l'Église philosophique »), ont une fonction politique. Quant aux rites chrétiens, on ne sait pas s'ils ont été institués par le Christ et les Apôtres ; s'ils n'ont pas primitivement de destination politique, il reste que leur signification est civile (institution en vue de la société). De plus, ils ne contribuent pas plus que les rites de Moïse à la béatitude et ils n'ont en eux-mêmes aucun caractère sacré.

mot du Christ lors du Sermon sur la Montagne « aime ton ennemi ». Il faut lire en ce sens avec la plus grande attention le chap. V :

> Si donc l'on veut enseigner une doctrine à toute une nation, *pour ne pas dire à tout le genre humain* [nous soulignons], et la faire entendre de tous dans toutes ses parties, on est obligé de l'établir en faisant appel à l'expérience, et d'adapter très exactement ses raisons et les définitions des choses à enseigner à la compréhension de la foule, qui constitue la majeure partie du genre humain, renonçant à enchaîner ses raisons et à donner des définitions comme il faudrait pour pouvoir les mieux enchaîner ; autrement on n'écrit que pour les doctes, c'est-à-dire qu'on ne pourra être compris que d'un nombre d'hommes relativement très petit. Puis donc que *toute l'Écriture* [*tota scriptura*, nous soulignons] a été révélée à l'usage d'une nation entière au début, *et ensuite de tout le genre humain* [nous soulignons], nécessairement son contenu a dû être adapté à la compréhension de la foule et prouvé par l'expérience seule. [...] Ces enseignements, l'Écriture les établit par l'expérience seule, je veux dire par les récits qu'elle rapporte ; et elle ne donne point de définitions de ces choses, mais adapte toutes ses pensées et toutes ses raisons à la compréhension du vulgaire [1].

Même ce qui est enseigné à tout le genre humain est « adapté ». Spinoza ne saurait réserver un sort radicalement différent à l'Ancien et au Nouveau Testament ; et s'il leur réserve pourtant en apparence un sort différent, il faut faire l'hypothèse de l'orientation de son discours en fonction de son destinataire : Spinoza s'adresse aux chrétiens de son temps, « non parce que Spinoza croyait en la vérité du christianisme ou même en la supériorité du christianisme sur le judaïsme » [2], mais parce qu'il adaptait son propos à la capacité du vulgaire, c'est-à-dire du vulgaire parmi les philosophes – le lecteur-philosophe, que la préface oppose au superstitieux, est un chrétien sympathisant qui subit les préjugés dominants de l'époque. Ce « philosophe potentiel », qui est encore pris par les préjugés mais tend une oreille attentive et bienveillante, est un de ces chrétiens « qui étaient *libéraux* au sens où la religion se réduisait pour eux à un minimum de dogmes, et pour lesquels toutes les cérémonies et tous les sacrements étaient sans importance, pour ne pas dire pernicieux ». Il est donc non seulement « moins dangereux », mais aussi complaisant, d'attaquer le judaïsme plutôt que le

1. *Ibid*, p. 110 (Gebhardt, III, p. 77).
2. *Le Testament de Spinoza, op. cit.*, p. 245.

christianisme. Leo Strauss estime que la manière dont Spinoza traite des contradictions, qui abondent dans la Bible, nous aide à traiter les contradictions du TTP. La règle que Spinoza trouve dans l'Écriture et qu'il faut appliquer au TTP lui-même est la suivante :

> si un auteur admet, fût-ce occasionnellement, qu'il parle *selon la coutume des hommes*, énonce des jugements contradictoires sur un sujet, le jugement qui est en contradiction avec la manière de voir du vulgaire doit être considéré comme sa véritable manière de voir ; qui plus est, chaque jugement d'un tel auteur qui s'accorde avec des manières de voir considérées par le vulgaire comme sacrées ou faisant autorité doit être rejeté comme non recevable, ou du moins il doit être tenu en suspicion même s'il n'est jamais contredit par son auteur [1].

Spinoza parle lui aussi *ad captum vulgi* ; selon Strauss, c'est cette méthode que le *Traité de la réforme de l'entendement* résume avec la première des trois règles de vie :

> Parler en nous conformant à la capacité de la foule et faire tout ce qui ne nous empêche en rien d'atteindre notre but (c'est-à-dire le souverain bien). Car ce faisant, nous pouvons en retirer de grands avantages, pourvu que nous nous mettions, autant que faire se peut, à sa portée. De plus, si nous procédons de cette façon, nous trouverons, pour entendre la vérité, des oreilles bienveillantes [2].

La thèse de Leo Strauss a pu paraître outrée, sous prétexte qu'elle ouvrirait la voie au procès d'intention et au soupçon général et systématique. Il reste qu'en l'espèce elle s'appuie sur des déclarations explicites du *Traité*. Nous pouvons cependant accorder qu'une telle interprétation, dans ses modalités, comporte une difficulté particulière qu'elle ne parvient pas complètement à clarifier. Le souci de contester le caractère exceptionnel de l'enseignement du Christ a conduit Strauss à insister sur la profonde continuité entre un discours adapté à une nation et à ses préjugés, et le discours du Christ, adapté aux « gens les plus simples de toutes les nations ». Tandis qu'il accorde et souligne – afin d'atténuer la rupture entre l'Ancien et le Nouveau Testament – cette continuité entre le préjugé particulier et ce que nous pouvons appeler, de manière ambiguë, la notion la plus commune, Strauss est contraint de nier en quelque façon – afin d'affirmer l'hétérogénéité radicale entre

1. *Ibid.*, p. 230-231.
2. Cité par L. Strauss, *ibid.*

l'enseignement du Christ et la vraie philosophie – la continuité entre cette « notion la plus commune », entendue comme la conception la plus répandue, et la notion commune de ce que l'*Éthique* appelle le deuxième genre de connaissance [1], comme si le concept n'était, pour parler comme Aristote, qu'un homonyme accidentel, toujours menacé d'éclatement, ou comme si Spinoza mentait quand il en affirme la profonde unité. Et c'est pourquoi Leo Strauss parle d'un discours adapté aux « gens les plus simples de toutes les nations », alors qu'un discours véritablement adressé à « tous les hommes » ne saurait seulement valoir pour « les plus simples ». Il est vrai que l'ambiguïté est dans le concept de « notion commune » ; mais elle n'en est pas un défaut, elle en est la signification même. La continuité qu'on marque entre le préjugé le plus particulier et la conception la plus universelle, ne faut-il pas l'accorder *a fortiori* entre cette conception la plus universelle et la notion commune par laquelle se développe la connaissance du deuxième genre ... puisqu'elles sont tout bonnement identiques ?

Leo Strauss a raison de refuser d'exagérer, selon un mouvement qui a souvent eu la faveur des commentateurs, l'opposition qu'affiche le TTP entre les notions communes auxquelles s'adresse l'enseignement du Christ et les préjugés d'un peuple auxquels la parole des prophètes est adaptée. Mais il est amené, pour les besoins de la cause, à introduire, entre ces notions communes et les notions communes du deuxième genre de connaissance, une opposition que Spinoza – pour ne pas dire plus – n'autorise pas [2] ; ou, si l'on préfère, à suggérer que l'usage de l'expression « notion commune » est quasiment décoratif dans le *Traité* [3]. Il conviendrait alors de revenir aux sources stoïciennes, qui

1. Voir *Éthique*, II, 40, scolies I et II.

2. Il est manifeste que l'usage de la notion commune, dans l'*Éthique*, excède le sens traditionnel, puisque Spinoza la définit par « ce qui est commun à tous les corps ». Mais Spinoza n'annule pas le sens traditionnel de « notions qui sont communes à tous les hommes », il le conserve et l'articule très précisément avec ce sens, proprement spinoziste, de ce en quoi les corps conviennent. Voir *Éthique*, II, 38, *op. cit.*, p. 111.

3. Le texte du TTP, IV (Gebhardt, III, p. 64), est l'objet d'une traduction de C. Appuhn qui tend à occulter l'affirmation d'une profonde identité entre les divers moments de la notion, depuis le préjugé jusqu'à l'idée vraie. L'esprit du Christ, nous dit littéralement Spinoza, a dû s'accommoder « non seulement aux opinions des Juifs, mais aux opinions et aux enseignements universels dans le genre humain, c'est-à-dire aux notions communes et vraies » [« non satis erat, ut mentem opinionibus Judaeorum tantum accommodatam haberet, sed opinionibus et documentis humano generi universalibus, hoc est, notionibus communibus, et veris »]. C. Appuhn d'une part distingue inutilement dans sa traduction (p. 92, citée ci-dessus p. 101, note 2) les « opinions communes à tout le

proposent avec le concept de *prolêpsis*, ou prénotion, le moyen de penser une progressivité du vrai, auquel la « notion commune » spinoziste doit beaucoup. Cette continuité entre la préconception confuse et la conception clarifiée n'empêchait déjà pas le stoïcisme impérial de maintenir que celui qui n'est pas sage est fou – même s'il est un fou qui progresse !

La tradition stoïcienne des prolepses a en outre l'avantage d'éclairer l'orientation rhétorique de l'interprétation des Écritures et de l'écriture spinoziste elle-même dans le TTP. Les Écritures sont conçues par Spinoza comme un ensemble hétérogène de discours adaptés à des auditoires particuliers, *hic et nunc*, c'est-à-dire adaptés aux préconceptions de ces auditoires. Le Christ, s'il n'est pas un philosophe, est du moins le rhéteur de l'universel, tandis que les prophètes restaient des allocuteurs du particulier. Car le Christ a inventé l'espace public de l'humanité et s'est adressé à des préconceptions véritablement universelles. Il reste que l'adresse du Christ est comprise par Spinoza, comme l'adresse prophétique, dans un cadre rhétorique. Il en va de même pour l'écriture spinoziste du TTP : elle est adaptée à un public de « chrétiens libéraux » ou de « lecteurs philosophes », si on entend par là des lecteurs qui ne sont plus totalement superstitieux et déjà préparés à la vie philosophique, mais qui, tout aussi bien, sont encore chrétiens, et pas encore philosophes – puisqu'il reste nécessaire de leur proposer un *récit* qui puise au récit vétéro et néo-testamentaire, puisqu'il faut toujours leur raconter des histoires. Là encore, l'adresse spinoziste est adaptée aux préconceptions du cercle qui constitue son public. Or, il se trouve que la notion stoïcienne de prolepse était elle aussi inséparable de la perspective rhétorique. Le concept de prolepse n'a pas seulement l'avantage d'introduire une continuité du préjugé à la notion commune, et de présenter le sens commun comme une anticipation confuse, et même folle, de la philosophie, mais il permet également de concevoir une accommodation du discours à un auditoire. Telle est du moins l'interprétation rhétorique du concept stoïcien que propose Shaftesbury dans ses *Notes sur Epictète* de 1705-1707 [1] :

genre humain » et les « enseignements universels », d'autre part rend la fin par un « c'est-à-dire *en rapport avec* [nous soulignons] les notions communes et les idées vraies », là où le « hoc est » paraît marquer une franche synonymie.

1. Manuscrit autographe conservé au Public Record Office de Londres sous la cote PRO 30/24/27/16. Pour une présentation sommaire de ces notes, voir notre article, « Les *Exercices* de Shaftesbury : un stoïcisme crépusculaire », *Le Stoïcisme aux XVI**e et XVII*e

> Chaque fois qu'Epictète le prend sur le même ton qu'ici [1] – qui est celui de l'apologie, en faisant appel aux *prolêpseis* et aux anticipations reconnues, et en montrant l'accord de tous les hommes sur ces anticipations elles-mêmes, et leur désaccord seulement dans leur application aux objets –, c'est qu'il a ordinairement affaire à une personne considérable, à un étranger qui se trouve bien plus éloigné de la philosophie que ses disciples ordinaires, et dont la condition est telle qu'il ne pense pas convenable de le traiter avec la même familiarité [2].

Les prénotions sont toujours des prénotions d'un *public* ; elles sont invoquées chaque fois qu'il est nécessaire, devant un public qui ne saurait l'entendre directement, de faire l'apologie de la philosophie. Cette apologie, selon Shaftesbury, est une tentative de réconcilier l'auditeur avec ce que le propos du philosophe pourrait avoir de rebutant pour un faible estomac. Elle est aussi une justification de la philosophie – qui doit se faire modeste et prudente – devant le sens commun : l'invocation des prolepses lui permet d'excuser à peu de frais la divergence des opinions. Les préconceptions, avant d'être des semences universelles du savoir, correspondent d'abord aux préventions d'un public particulier, éloigné de la philosophie, avec lesquelles le philosophe-rhéteur sympathise habilement. Bien plus, dans la mesure où les préconceptions ne sont jamais fausses en elles-mêmes, mais seulement mal appliquées, le philosophe-rhéteur peut persuader son public de la facilité avec laquelle il est possible de les retourner et de les mettre en conformité avec le véritable savoir, sans avoir à s'expliquer davantage sur les modalités précises de ce retournement. Bref, c'est dans la théorie stoïcienne des prénotions que nous trouvons le moyen de penser le rapport du philosophe et de l'espace public, le modèle d'une communication réservée de la philosophie devant le sens commun. Cette conception rhétorique de la prolepse justifie pleinement la manière dont Spinoza parle d'une adaptation, d'une accommodation de la parole ou du

siècles, *Cahiers de philosophie politique et juridique*, 25, éd. J. Lagrée, PU de Caen, 1994, p. 205-217.

1. Référence aux *Entretiens*, II, 11.

2. PRO 30/24/27/16, f 12 d. « Whenever Epictetus takes it upon the same tone as here, in an apologizing way, appealing to the prolêpseis and known anticipations, and shewing the agreement of all men in these themselves but disagreement in the application to the subjects, that then commonly he has some considerable person to deal with, some stranger at a greater distance from philosophy then [*sic*] his common disciples, and such a one whome he thinks not fitt [*sic*] to treat with the same familiarity. »

récit à des notions particulières ou communes, dans le cadre d'une stratégie générale d'apologie de la liberté de philosopher.

Nous devons admettre qu'un discours adapté à la capacité d'un auditoire, à ses mots et à ses conceptions, n'est pas un mensonge ni une imposture, mais d'abord une communication dont la rhétorique nous a appris les règles. Il en va ainsi, à plus forte raison, quand ce discours est conçu pour être entendu par tous les hommes. Il en va également ainsi quand il s'agit du discours de Spinoza lui-même. Ce qu'il importe alors de reconnaître est que la rupture véritable n'est évidemment pas dans la nature des prénotions auxquelles s'adresse le discours, mais dans les modalités mêmes de la communication : un récit, y compris le récit qui nous dit que le Christ aurait raisonné, n'est pas la même chose qu'un raisonnement. C'est d'abord en ce sens qu'il n'y a rien de commun entre la philosophie et l'Écriture. C'est aussi en ce sens que le TTP est un objet exceptionnel, puisqu'il emprunte son mode de communication à l'Écriture et qu'en ce sens, bien qu'il puisse passer pour une préparation à la philosophie, il ne peut pas être davantage qu'un « récit au second degré ». C'est assurément sur ce point que nous pouvons retrouver l'enseignement de Leo Strauss : la question théologico-politique est, pour Spinoza, celle de la politique de la communication de la philosophie.

Certes, comprendre en quoi l'enseignement du Christ a pour éléments les notions communes, et pour public l'humanité entière, ne requiert pas du tout qu'on prenne au sérieux la suggestion selon laquelle le Christ aurait été un philosophe et n'implique pas qu'il y ait rien de commun entre la philosophie et la Révélation ; mais, à l'inverse, la déclaration de Spinoza selon laquelle l'enseignement du Christ roule sur les notions communes ne peut être considérée comme un simple mensonge. Cette déclaration, s'adressant elle-même au sens commun, révèle que toute adresse est *ad hoc*. Le philosophe-rhéteur ne ment pas à son public quand il flatte ses préconceptions ; il se met à sa portée pour promouvoir une vérité supérieure. La meilleure technique est alors de présenter les préconceptions des auditeurs comme des anticipations confuses de cette vérité. C'est précisément le sens de la théorie stoïcienne de la prolepse. Le préjugé ne contiendra jamais la philosophie ni ne vaudra la philosophie ; mais la philosophie ne se tient pas dans un rapport de simple contradiction avec le préjugé. La nécessaire cohabitation de la philosophie et du préjugé justifie la tentative, peut-être vaine, de faire passer le préjugé pour l'anticipation de la philosophie ; cette apologie de la philosophie n'est pas la philosophie elle-même, mais un récit philosophique, construit à partir des récits les plus reçus, qui entend, sinon faire servir le préjugé aux fins de la philosophie, du moins montrer qu'il ne leur est pas complètement hostile.

Laurent JAFFRO
Université de Paris I Panthéon-Sorbonne

Bibliographie sommaire

1. Éditions du *Traité théologico-politique*
Spinoza Opera, éd. C. Gebhardt, t. III, Heidelberg, 1972 ; *Traité théologico-politique*, trad. C. Appuhn, Paris, GF-Flammarion, 1965 ; *Tractatus theologico-politicus*, trad. S. Shirley, Leyde, Brill, 1989.

2. Études
BALIBAR Étienne, *Spinoza et la politique*, Paris, PUF, 1985.
LAUX Henri, *Imagination et religion chez Spinoza*, Paris, Vrin, 1993.
MATHERON Alexandre, *Le Christ et le salut des ignorants*, Paris, Aubier, 1971.
PINÈS Shlomo, *La Liberté de philosopher. De Maïmonide à Spinoza*, trad. R. Brague, Paris, Desclée de Brouwer, 1997.
STRAUSS Leo, *Le Testament de Spinoza*, trad. G. Almaleh, A. Baraquin, M. Depadt-Ejchenbaum, Paris, Le Cerf, 1991.
TOSEL André, *Spinoza ou le crépuscule de la servitude*, Paris, Aubier, 1984.
ZAC Sylvain, *Spinoza et l'interprétation de l'écriture*, Paris, PUF, 1965.

BAYLE : PENSÉES DIVERSES SUR L'ATHÉISME OU LE PARADOXE DE L'ATHÉE CITOYEN

La société civile et politique peut-elle exister sans une religion et sans référence à une transcendance ? A quelle question s'agit-il de répondre lorsque l'on demande ainsi si une religion est nécessaire à la vie politique ? Veut-on dire que les hommes ou que les sociétés politiques ne pourraient subsister sans religion ? Qu'une religion est nécessaire ou seulement utile à l'institution et à la conservation des sociétés ? Autrement dit, la religion est-elle un attribut essentiel de l'homme en tant qu'être politique ?

Toutefois, dans une telle formulation de la question (la société civile et politique peut-elle exister sans *une* religion), le singulier est-il innocent ? L'article indéfini pourrait masquer ici des intentions qui ne le seraient guère. Dire qu'une société ne peut vivre sans religion serait une manière de dire qu'une société ne peut vivre qu'avec *une seule* religion. Comme le dit Pierre Bayle, « il serait aisé de montrer que la plupart des politiques en soutenant d'un côté que l'État ne peut se passer de religion soutiennent de l'autre qu'il ne doit avoir qu'une religion » [1]. C'est à ce dogme de l'unicité et de l'unité religieuse que Bayle s'attaque. Il n'est pas vrai qu'une religion soit nécessaire à la politique, ni au sens d'au plus une, ni au sens d'au moins une. Refuser qu'au plus une religion soit compatible avec la vie sociale, c'est défendre la tolérance civile et la pluralité religieuse que politiques et ecclésiastiques présentent comme la cause des désordres civils. Refuser qu'au moins une religion soit nécessaire à la vie politique, c'est défendre la possibilité d'une société

1. *Réponses aux questions d'un provincial* (RQP), III, § 20, *Œuvres diverses* (OD) III, p. 953a.

d'athées. Dans les deux cas, c'est une indépendance du politique et du religieux qu'il faut soutenir. Mais peut-être avec des conséquences divergentes et surprenantes.

Si la tolérance civile d'une pluralité confessionnelle est possible pour Bayle, c'est grâce à l'unité du pouvoir politique qui ne doit être limité par aucun pouvoir clérical. Bayle est ainsi, à l'instar de ses coreligionnaires, un fervent défenseur de l'absolutisme de droit divin, d'un pouvoir sans partage et illimité auquel les protestants devaient l'Edit de Nantes. La pluralité confessionnelle ne menace pas l'unité de l'État pour autant que l'absolutisme garantit l'indivisibilité du pouvoir politique, condition de l'ordre public selon Bayle. Il y a donc, concernant la tolérance, continuité de ses prises de position en matière religieuse dans le *Commentaire philosophique* et en matière politique dans *L'Avis aux Réfugiés*.

Le célèbre paradoxe d'une société d'athées ou de l'athée vertueux sur lequel débouche la critique de l'idolâtrie dans *Les Pensées diverses sur la comète* ne serait encore qu'une expression de cette souhaitable indépendance du pouvoir politique et du pouvoir religieux. A une société idolâtre qui incarnerait l'essence du théologico-politique comme confusion des genres répondrait une société d'athées où la sphère politique serait libérée de l'empiétement temporel du religieux. En ce lieu où la politique pourrait se manifester à l'état pur, un paradoxe semble cependant en cacher un autre : que serait, pour un partisan de l'absolutisme, la politique d'une société d'athées ? Que serait la légitimité d'un pouvoir débarrassé de la confusion avec une religion instituée, mais également privé du recours au droit divin ? C'est donc ce « une religion au moins » qui sera ici analysé à travers les réflexions de Bayle : si celui-ci parvient à faire de l'athéisme une position morale et une position philosophique [1], sa réponse au problème de l'athéisme politique peut laisser perplexe. Le paradoxe volontaire de l'athée vertueux déboucherait sur celui, peut-être involontaire, de l'athée citoyen. Si la sphère politique se montre à nu lorsque l'on en a ôté la religion et la référence à un principe transcendant, le dévoilement pourrait se révéler décevant.

1. Voir sur ce point Gianluca Mori, « L'athée spéculatif selon Bayle : permanence et développement d'une idée », in *De l'humanisme aux Lumières, Bayle et le protestantisme*, éd. M. Magdelaine, M. -C. Pitassi, R. Whelan et A. McKenna, Oxford, Voltaire Foundation, 1996.

I. *Le parallèle entre idolâtrie et athéisme*

Parties d'une critique de la superstition à propos du passage d'une comète, les analyses de Bayle procèdent, dans *Les Pensées diverses*, de détours en détours jusqu'au paradoxe d'une société athée. Acculés dans leurs retranchements, les superstitieux et les bonnes âmes qui défendent la valeur de signe divin des comètes, s'en remettent à un argument théologique et moral : Dieu aurait formé les comètes par miracle, au risque de renforcer l'idolâtrie, pour faire obstacle à l'athéisme. Il préférerait l'idolâtrie qui l'offense à l'athéisme qui le nie, athéisme qui, libérant l'homme de la crainte des châtiments divins, rime avec anarchie. A supposer même que l'athéisme ne soit pas plus odieux qu'une idolâtrie blasphématoire, Dieu, préférant les intérêts du genre humain à sa gloire, aurait envoyé des comètes pour prévenir la ruine des sociétés.

A cette défense de la valeur de présage des comètes, Bayle répond, entre autres arguments, par une défense d'une possible société d'athées : il n'est pas vrai que Dieu ait dû envoyer des comètes pour sauver le genre humain de la destruction que produirait l'athéisme car celui-ci n'implique pas l'anarchie. La réponse de Bayle à la nature politique d'une société athée est donc avant tout négative : ce ne serait pas un état de désordre et d'anarchie. Or, comme pour la plupart de ses contemporains, le but de la politique selon Bayle est d'instituer et de conserver le repos public par des lois, c'est-à-dire un code distributeur de peines et de récompenses. Une société d'athées, gouvernée par des lois purement humaines, par le jeu des passions et des intérêts, serait aussi viable, sinon davantage, qu'une société de chrétiens authentiques qui deviendrait rapidement la proie de ses voisins moins scrupuleux.

L'hypothèse d'une société d'athées prend donc place dans un jeu à trois termes : la description des sociétés idolâtres incluant la réalité historique des sociétés païennes ou dominées par le catholicisme (identifié à l'idolâtrie d'un point de vue protestant) qui reposent sur la confusion du pouvoir politique et du pouvoir religieux ; une double fiction, celle d'une société de parfaits chrétiens dont le lien social serait assuré par la seule moralité due à la véritable religion, celle d'une société d'athées, où le lien social ne devrait rien à la religion. Autant de variations sur la nature du lien social, sur les relations de la moralité, de la religion et de la politique, où société chrétienne et société athée représentent deux manières de découpler le politique et le religieux, dans un cas par la réduction du lien social à la moralité qui peut ainsi faire l'économie du politique, dans l'autre par la réduction de la moralité et de la politique aux passions et aux intérêts sans référence religieuse. L'hypothèse d'une société d'athées est donc à la fois celle d'une société non idolâtre, donc dépourvue d'institutions religieuses et d'un clergé, et non chrétienne au sens où ses membres ne peuvent tirer de la Révélation ou de la grâce les principes moraux ou la force de les suivre.

Qu'entend en effet Bayle par société d'athées ? En premier lieu, les athées dont traite le paradoxe de Bayle sont des athées spéculatifs, qui n'ont pas de notion de Dieu et non des athées de pratique, qui, connaissant Dieu le nient pour se livrer à l'immoralité. Le trait déterminant qui distingue athée et déiste n'est pas toutefois la croyance en l'existence de Dieu, mais la croyance en la providence d'un principe transcendant :

> Reconnaître *un premier principe et créateur de toutes choses* n'est pas une preuve de non athéisme ... Il faut reconnaître formellement que ce premier être n'agit pas par voie d'émanation, que l'action par laquelle il produit le monde n'est pas immanente, qu'il n'est point déterminé par une nécessité naturelle, qu'il dispose de la nature selon son bon plaisir, qu'il entend nos prières et qu'elles le peuvent induire à changer le cours naturel des choses [1].

1. *Continuation des pensées diverses* (CPD), § 85, OD III, p. 312b. *Cf.* dans le même sens *Réponses aux questions d'un provincial* II, § 112, p. 728a : « La différence spécifique entre le déisme et l'athéisme n'est pas que ceux qui suivent le déisme admettent une première cause éternelle et universelle qui soit niée par ceux qui suivent l'athéisme : les uns s'accordent parfaitement bien avec les autres jusque-là ; mais ils se divisent en tant que les premiers veulent que cette cause première dispose de tout avec une pleine liberté et qu'elle distribue les biens et les maux selon son bon plaisir et qu'elle exauce et rebute nos prières comme elle le juge à propos, doctrine qui est ignorée ou rejetée par ces derniers. » Bayle, par extension, entend par athées spéculatifs ceux qui ayant examiné la notion de Dieu tranchent en faveur de sa non-existence ou d'une absence de providence. Les Hottentots, qui reconnaissent une cause de l'ordre du monde, mais ne lui rendent pas de culte (CPD, § 104, p. 329b) seraient ainsi des athées négatifs et Spinoza, dont Bayle les rapproche, un athée positif. Parmi ceux qui ne sont pas persuadés de l'existence de Dieu, il faut distinguer ceux qui n'ont pas examiné la question (athée négatif), et ceux qui l'ont examinée (athée positif), parmi eux, il y a ceux qui décident pour l'athéisme (dont Spinoza) et les agnostiques et, parmi les agnostiques, il y a les sceptiques qui continuent d'examiner, et les acataleptiques qui se fixent dans le doute. Tous ceux-là sont, selon Bayle, des athées spéculatifs (RQP, III, § 13, p. 932a).

L'athée spéculatif se définit donc au sens strict comme non religieux, même s'il peut croire à l'existence d'un principe transcendant [1]. Il s'incarne dans les athées de l'Antiquité, privés de la Révélation pour des raisons historiques et qui refusent les dieux païens et leur providence ou dans les peuples du Nouveau Monde chez lesquels les voyageurs n'ont constaté aucun sens de la divinité, aucun culte et qui sont privés de la Révélation pour des raisons géographiques.

En second lieu, cet intérêt pour les récits de voyages marque une évolution de la pensée de Bayle. Si dans les *Pensées diverses*, le paradoxe relève de l'expérience de pensée, d'une fiction métaphysique ou d'une simple possibilité logique dans l'ensemble complexe de disjonctions qui structurent l'argumentation générale, dans des ouvrages ultérieurs, l'appel à l'expérience et aux récits de voyage donne corps à cette conjecture. Dans *La Continuation des pensées diverses* et *Les Réponses aux questions d'un provincial*, l'athéisme social passe d'un monde logiquement possible à un monde anthropologiquement possible, d'une possibilité psychologique au niveau individuel à une possibilité sociale au niveau d'une communauté. *Les Pensées diverses* et le *Dictionnaire* donnaient au paradoxe de l'athée vertueux mais isolé les noms de Vanini ou Spinoza, l'athéisme s'y manifestait comme une utopie morale à défaut d'être politique à travers les extravagances de Knuzen, fondateur de la secte des conscientaires, n'ayant d'autre Dieu ni d'autre maître que leur conscience ; il présentait avec Diagoras le cas d'un athée législateur juste et avisé, et avec la société des amis d'Epicure, un cas de société où règne la concorde et l'amitié sans religion. Mais il revient à *La Continuation des pensées diverses* et également aux *Réponses aux questions d'un provincial* de reprendre systématiquement le parallèle entre idolâtrie et athéisme en présentant des sociétés entièrement athées aussi bien par leur législateur que par leurs membres. C'est donc sur ces ouvrages que se concentrera l'analyse de la société d'athées d'un point de vue politique.

1. « Qu'on reconnaisse tant qu'on voudra… un premier principe, ce n'est pas assez pour le fondement d'une religion… il faut de plus établir que ce premier être par un acte unique de son entendement connaît toutes choses et que par un acte unique de sa volonté, il maintient un certain ordre dans l'univers ou le change selon son bon plaisir. De là, l'espérance d'être exaucé quand on le prie, la crainte d'être puni quand on se gouverne mal, la confiance d'être récompensé quand on vit bien ; toute la religion en un mot et sans cela point de religion », CPD, § 104, p. 329b.

En troisième lieu, on peut en effet s'interroger sur le sens de cette hypothèse : le paradoxe d'une société d'athées n'est-il que la mise en scène du paradoxe de l'athée vertueux ? Est-il moral [1] ou également politique ?

1. Une fiction morale : la visée première du paradoxe est assurément morale. Il s'agit d'affirmer l'indépendance des principes pratiques et des principes religieux qui, à terme, concourt à défendre la tolérance : la multiplicité des croyances religieuses n'est pas un obstacle à l'uniformité des mœurs, les hommes n'agissant qu'en fonction de leurs passions et de leurs intérêts et non de leurs principes. L'uniformité de foi n'est pas la condition du lien social. Les grands ressorts de la vie humaine étant l'espoir des récompenses et la crainte des châtiments, nous faisons par intérêt bien compris, ce que nous devrions faire par respect pour la morale. Bayle, dans la tradition augustinienne, reprend les thèmes jansénistes et pascaliens de la contribution des vices privés au bien public où la concupiscence forme un ordre qui imite la charité [2]. Ainsi, si « les athées peuvent être aussi réglés dans leurs cœurs que les païens, c'est en supposant la doctrine… selon laquelle l'homme naît tellement corrompu que sans la grâce du Saint Esprit, il ne peut sortir de l'esclavage du péché » [3]. Athées ou non, les hommes ne suivent que leurs inclinations qui se limitent elles-mêmes. Le souci de l'honneur fera contrepoids à la concupiscence ; l'ambition qui peut ruiner les sociétés les conserve en fait, car les tyrans qui veulent augmenter leur puissance n'ont pas intérêt à l'anarchie et à la rupture du lien social. Le prince le plus tyrannique doit conserver ses sujets pour conserver son pouvoir [4]. Ce pessimisme naturaliste sur l'inconséquence entre les principes et la pratique, qui prévaut dans les *Pensées diverses* se complète dans la *Continuation* d'un rationalisme moral : l'athée est comme tout homme soumis à un ordre de vérité logique et morale. Empruntant à Malebranche l'idée d'Ordre et à Grotius celle de droit naturel, Bayle crédite l'athée vertueux d'une idée rationnelle de l'honnête et du bien en soi, antérieur et indépendant d'une décision divine. Cette morale

1. Voir les chap. 4 (« Athéisme et sociabilité ») et 9 (« La morale naturelle ») de l'ouvrage de E. Labrousse, Pierre Bayle, *Hétérodoxie et rigorisme*, Paris, Albin Michel, 1996.

2. Pascal, *Pensées*, Brunschvicg 451 *sq.* ; Lafuma 210 et 211.

3. *Addition aux Pensées diverses*, chap. 6, p. 181b.

4. CPD, § 121, p. 358a.

rationnelle marque l'indépendance à la fois du comportement et du jugement moral par rapport aux principes religieux.

2. Une fiction politique : le paradoxe de l'athée vertueux ne se limite pas toutefois à une thèse sur les ressorts du jugement et de l'action morale. Dans la comparaison entre société d'athées et société de chrétiens, le critère de viabilité éliminerait une société de chrétiens, incapables, par leurs principes évangéliques, de faire la guerre à leurs ennemis extérieurs, à la différence d'une société d'athées. Viable en elle-même, elle ne pourrait jouer le jeu des relations internationales. Cette comparaison ne débouche pas seulement sur l'idée d'indépendance de la morale et de la religion, mais aussi sur la thèse de l'indépendance de la morale et de la religion chrétienne d'une part et de la politique d'autre part. A la suite de Machiavel [1], Bayle admet que « les maximes d'États sont fort différentes de celles de l'Évangile » [2]. Mieux valent les passions d'argent et d'ambition que l'Évangile pour conserver les sociétés, surtout en temps de guerre.

Ce découplage explicite entre politique et morale est implicitement renforcé par la nature de cette société de chrétiens véritables. Viable par elle-même, elle n'est pas pour autant une société politique. Mus par la charité et non par l'intérêt, ses membres ne connaissent pas les conflits et l'abus de pouvoir. La morale évangélique leur tenant lieu de règle et de loi, législation, institution judiciaire et pouvoir répressif s'avèrent inutiles [3]. Société où le rapport direct au prochain prime les médiations institutionnelles, elle constitue la véritable utopie en regard d'une société

1. Voir l'art. Machiavel du *Dictionnaire*, remarque E : « Il est surprenant qu'il y ait si peu de personnes qui ne croient que Machiavel apprend aux Princes une dangereuse politique, car au contraire ce sont les Princes qui ont appris à Machiavel ce qu'il a écrit... il faut par une malheureuse et funeste nécessité que la politique s'élève au-dessus de la morale ».

2. CPD, § 124, p. 361a, *cf.* PD, § 141.

3. Cette nature apolitique de la société de vrais chrétiens n'est pas explicitement soulignée par Bayle, sauf en ce qui concerne l'État de guerre : « Une nation toute composée de pareilles gens serait bientôt subjuguée... car elle ne fournirait ni de bons soldats, ni assez d'argent pour tous les frais de la guerre... Il ne faudrait pas s'attendre au courage infus. Les grâces extraordinaires et les miracles ne doivent pas être le fondement de la politique » (CPD, § 124, p. 360b). Mais ce caractère apolitique d'une société purement morale, « règne de la vertu » (CPD, § 123, p. 359b), est également implicite dans la description de l'état de paix : sans conflit, sans luxe, c'est une société sans usurier, qui n'aurait besoin ni d'une police, ni d'un système judiciaire, d'avocats, de juges. Bref sans institution, elle n'aurait de politique qu'un gouvernement « qui n'abuserait jamais de l'autorité souveraine » (CPD, § 124, p. 360) et qui, dans le tableau de la société proposé, semble n'avoir qu'une fonction ornementale.

d'athées, étrangement semblable à celle formée par des chrétiens ordinaires sans la grâce [1]. Autant dire que la sociétés d'athées, ainsi privée de la grâce et du message évangélique, mais viable *per se* et dans le jeu des relations internationales, doit être une société politique au sens où l'ordre public y dépend d'un législateur, d'un code distributeur de récompenses et de peines, d'institutions de justice et de police, *etc.* [2]

La conjecture d'une société d'athées viable signifie aussi que l'ordre politique n'est pas l'ordre religieux, au sens de la religion authentique qu'est le christianisme non idolâtre pour Bayle. Il existe un ordre politique autonome et proprement humain distinct de l'anarchie. La sphère politique est, en tant que telle, doublement indépendante de la Révélation chrétienne et de la connaissance du vrai Dieu, et de la référence à un principe transcendant. Cette lecture de la société d'athées comme un principe d'indépendance entre la politique et la religion est confirmée par la critique de l'idolâtrie qui caractérise les religions instituées. La superstition apparaît, dans les *Pensées diverses*, comme l'essence même du théologico-politique, comme la confusion d'une pensée qui ne distingue pas entre différents ordres. La critique des pratiques idolâtres de divinisation des princes dans l'Empire romain, des cérémonies et des institutions païennes est celle d'une politique qui emprunte sa légitimité à un ordre religieux. C'est la crainte infondée des signes du ciel qui fait bâtir des temples, instituer des fêtes, offrir des sacrifices aux faux dieux du paganisme [3].

C'est dans le cadre d'une analyse de la superstition, des fausses religions idolâtres, que Bayle concède la thèse selon laquelle la religion serait une invention des politiques pour mieux asservir les peuples [4] ; la

1. Mandeville se situe ainsi dans la stricte continuation de Bayle : les abeilles devenues honnêtes, la société, débarrassée d'institutions judiciaires, du commerce, du luxe, des multiples médiations, il y a dilution complète de la société chrétienne. Mandeville étend donc à l'état de paix l'analyse que Bayle appliquait à l'état de guerre où face à la disparition de la société chrétienne, Bayle mettait en évidence l'utilité sociale de la ruse, de l'ambition et des vices.

2. Précisons que dans le vocabulaire de Bayle, « société » signifie société politique. Voir dans la *Continuation des pensées diverses*, § 118, p. 353, à propos de la description des îles Mariannes avec leur hiérarchie sociale, leurs assemblées et leurs coutumes, Bayle précise qu'« il ne leur manque aucun caractère de la vie sociale que celui qui consiste dans la soumission à un chef et à des lois ». De même, au § 124 de la *Continuation des pensées diverses*, Bayle, décrivant le passage à la société des athées du Nouveau Monde, entend par là la mise en place d'un État.

3. Voir entre autres PD, § 61, p. 163.

4. RQP, II, § 100, p. 703.

ramenant à un processus historique, il évite d'en faire l'être même du politique. Il y a peu de chance qu'un État religieux puisse passer dans l'athéisme parce que les conquérants et les gouvernants ne cherchent pas de sujets athées. S'ils tâchent quelquefois de leur enlever une religion, ce n'est que pour leur en faire prendre une autre.

> On ne peut concevoir qu'un fondateur de société établisse une forme de gouvernement sans y prescrire un culte divin, dont il donne la direction à des personnes qui dès là deviennent comme sacrées et par conséquent fort respectables ; d'où il résulte qu'elles se trouvent engagées par un intérêt essentiel à maintenir la religion et à la recommander au peuple sous de terribles menaces de la part de Dieu en cas de mépris [1].

La sacralisation du pouvoir est un gage de durée et sanctifie un conservatisme qui s'oppose aux changements considérés comme des innovations dangereuses et impies. Elle empêche la critique des rites, toute critique étant une profanation. Au phénomène de la sacralisation du pouvoir, s'ajoute celui de la tradition, de la durée considérée comme une preuve de vérité. Donc, si les politiques se trouvent contraints de renoncer à la religion, ce ne sera pas pour passer à l'athéisme, mais pour changer d'objet ou de rites.

A travers la critique de l'idolâtrie, de la superstition et de la tradition, c'est une confusion entre religieux et politique qui est dénoncée. Expliquer des événements tels que les guerres par l'apparition des comètes comme signe de la colère divine, c'est ignorer ce qu'il y a de proprement humain dans l'histoire et les relations internationales. Considérons des événements politiques tels que les guerres de Louis XIV ou les régicides [2]. Les principes de la critique de la superstition sont aussi l'affirmation d'un ordre indépendant de la vie sociale et politique. Il n'y a pas de vertu cachée dans la nature des choses, de propriétés occultes des jours [3], des lieux [4], des noms [5] qui expliqueraient que Henri IV ait été assassiné parce qu'il s'appelait Henri, comme Henri II et Henri III, morts de mort violente [6]. Les événements politiques ne sont pas les effets d'un ordre naturel de

1. RQP, II, § 100, p. 703a.
2. PD, § 39 *sq.*
3. PD, § 25 *sq.*
4. Voir PD, § 17.
5. PD, § 30 *sq.*
6. PD, § 30, p. 92.

qualités occultes ou de phénomènes célestes, tel le passage d'une comète, ni l'effet de la causalité transcendante et verticale d'un « Dieu l'a voulu ». En replaçant les événements dans l'explication historique d'une série de causes politiques, économiques, Bayle dénonce la confusion des ordres sur laquelle repose la superstition : confusion entre un ordre naturel, un ordre religieux et un ordre politique. La superstition transforme un enchaînement historique né d'une décision humaine (comme la décision de livrer bataille un certain jour [1]) en fatalité naturelle appartenant à l'ordre des choses (c'est un jour qui porte chance ou malchance) et exprimant une volonté surnaturelle (c'est un jour de bon augure, béni des Dieux). La superstition est la projection de nos passions, de nos intérêts et de nos craintes dans la nature des choses. Cette projection transforme l'ordre de la vie sociale en fatalité indépassable. Tout l'art des politiques est de savoir s'insérer dans cet ordre sacralisé : en livrant bataille un jour béni, en ne se montrant pas en public un jour maudit [2], en tirant profit de l'« ethnocentrisme » de la superstition qui fait croire que le cours de la nature ou de l'histoire converge vers tel peuple, tel roi comme centre du monde [3].

Critiquer la superstition, c'est donc affirmer l'indépendance d'un ordre historique et politique des décisions humaines par rapport à un ordre naturel et sacralisé des choses et par rapport à un ordre transcendant. C'est aussi ramener à des motifs purement psychologiques de crainte, de crédulité et d'intérêt, à des mécanismes de transmission de l'erreur et de formation de l'opinion les fondements des institutions politiques païennes en tant que fondées sur la religion : elles ne sont toutes que d'origine humaine, la divinisation des empereurs est l'effet de la flatterie des poètes qui veulent s'attirer les faveurs du pouvoir [4], c'est un transfert abusif d'autorité de la fonction à la personne qui fait percevoir les personnes comme sacrées [5], ce sont la crainte, la crédulité et l'ignorance du peuple mais aussi des princes qui confèrent leur pouvoir aux prêtres du paganisme [6]. Le mécanisme quasi épidémique de transmission et d'expansion de l'erreur explique la formation de la

1. PD, § 28.
2. PD, § 26, p. 87.
3. Voir PD, § 83, p. 217 *sq*.
4. PD, § 82, p. 209 *sq*.
5. Sur ce transfert d'autorité, voir PD, § 47.
6. Voir PD, § 63 à 69, sur les rapports entre les démons et les prêtres du paganisme.

tradition [1]. Au total, ramené à des déterminations psychologiques, à travers la critique de l'argument d'autorité et de la tradition, c'est l'ensemble des institutions politiques païennes qui perd une légitimité fondée sur un ordre religieux.

II. *La séparation du politique et du religieux et la défense de la société d'athées*

La séparation des ordres politiques et religieux est un des centres autour duquel gravitent les pensées de Bayle, aussi diverses soient-elles : la critique de la superstition et de l'idolâtrie, le paradoxe de la société d'athées, le plaidoyer pour la tolérance civile d'une pluralité confessionnelle, la défense de l'absolutisme. Si le but de la politique est de garantir l'ordre public, tolérer la diversité religieuse est un impératif à la fois moral et politique, moral car il faut respecter les droits de la conscience errante ; politique parce que la religion tend à la ruine des sociétés si elle n'est pas couplée avec un principe de tolérance. Puisque l'on n'est pas maître de ses croyances, que toute religion encourt le risque de divisions internes, fonder le pouvoir sur la religion c'est ouvrir la voie aux guerres civiles. Si la tolérance permet la pluralité confessionnelle, en revanche le pouvoir politique doit être indivisible, sans limite et sans partage. C'est l'indivisibilité politique d'un pouvoir qui n'est pas soumis au clergé qui autorise la diversité religieuse. Bayle, partisan farouche de l'absolutisme de droit divin et du gallicanisme, a pour modèle, en la matière, l'imposition de l'Edit de Nantes par un pouvoir fort et indépendant du pouvoir papal. Il est ainsi, comme le souligne Elisabeth Labrousse, aussi opposé à l'ultramontanisme qu'à l'érastianisme [2].

Le respect de la liberté de conscience par l'État a pour contrepartie la soumission inconditionnelle des sujets au souverain. Si les sujets peuvent réclamer la liberté de conscience, Bayle critique l'idée d'une souveraineté du peuple, synonyme d'une atomisation de la souveraineté, la souveraineté devant être indivisible pour être légitime, et d'un droit de résistance, *a fortiori* toute guerre ou révolte civile menée pour des motifs

1. PD, § 7.

2. Pierre Bayle, *Hétérodoxie et rigorisme*, *op. cit.*, p. 517. Sur les positions politiques de Bayle, et notamment son rapport à l'absolutisme, voir les chap. 16 (« La théorie absolutiste ») et 17 (« La raison d'État »).

religieux [1]. Il dénonce à la fois la révolution contre Charles Ier qui n'a servi qu'à établir une autorité plus tyrannique, les alliances orangistes de Jurieu et la révolte des Vaudois. Ces révoltes contre le prince représentent un principe d'anarchie auquel il oppose le principe paulinien de soumission aux autorités. La défense d'une société d'athées, dans la logique de la réflexion politique de Bayle, est une variation paradoxale et scandaleuse en son temps sur des prises de position politiques qui le sont beaucoup moins.

Mais défendre l'idée d'une société d'athées, c'est s'exposer au paradoxe de contrer l'interprétation que les athées donnent eux-mêmes de la religion. Cette dernière serait une création des politiques pour mieux manipuler le peuple et le tenir sous le joug de l'obéissance. Sur cette thèse s'accordent les athées qui nient l'origine divine de la religion et les politiques [2] qui veulent l'utiliser, ainsi alliés des dévots, selon lesquels la religion est nécessaire au lien social, et du clergé qui tend à persuader les Princes que tout changement de religion entraînerait un changement de gouvernement. Le calcul des politiques pour s'opposer à l'introduction de nouvelles sectes et s'appuyer sur la religion dominante rejoint celui des religions instituées pour garder leur pouvoir et les faveurs du souverain. Les athées se trouvent eux-mêmes dans la situation paradoxale de mettre en doute l'existence de peuples athées et de légitimer indirectement la confusion entre le politique et le religieux. Défendre la possibilité d'une société d'athées implique donc la réfutation de la nécessité, voire de l'utilité politique des religions. Réfutation qui se déploie selon quatre arguments principaux : toute religion n'est pas un principe réprimant ; la religion n'est pas la condition du lien social car il existe une pluralité d'appuis des sociétés ; la religion est cause de maux propres et de troubles politiques. Une telle thèse n'a qu'une valeur relative dont il s'agit de souligner le caractère particulier par le recours à des expériences anthropologiques.

1. A la thèse de la nécessité des religions, Bayle répond d'abord de manière négative que *toute religion, notamment le paganisme, n'est pas un principe réprimant* [3] des passions humaines. A tout prendre, les dieux

1. Voir *L'Avis aux Réfugiés*.

2. PD, §108, CPD, §71, p. 292, RQP, III, § 17, p. 945. Bayle fait remonter cette thèse à Polybe (CPD, § 71) et cite également Strabon, Plutarque. Voir *Dictionnaire*, art. Critias, remarque H.

3. La notion de principe réprimant est ainsi définie par les théologiens : « Le but qu'on [lui] donne, c'est d'empêcher que les hommes ne vivent comme des bêtes, sans lois,

grecs et romains constituaient, par leur conduite et leurs querelles incessantes, une excuse ou une incitation à l'immoralité. Le paganisme aurait favorisé le dérèglement des mœurs si les hommes agissaient en accord avec leurs croyances, ce que les païens faisaient d'autant moins qu'ils ne craignaient pas leurs dieux et n'hésitaient pas à insulter la fortune quand elle leur était défavorable. En outre, comme dans toute société, la religion n'était pas le seul principe réprimant, les hommes pouvant agir par souci de leur réputation, par crainte des lois humaines [1] plus justement inspirées par la philosophie que par la religion dans le cas de la législation de Diagoras à Mantinée [2]. Si, négativement, la religion païenne n'était pas la condition du maintien de la société comme le prétend Bayle, quels sont alors les fondements de la politique ?

2. Bayle défend le principe d'une *pluralité d'appuis des sociétés*. Pour l'institution et la conservation des sociétés, il est

> nécessaire d'établir une puissance législatrice qui eût le droit du glaive contre tous ceux qui offenseraient leur concitoyens. Voilà donc outre la religion, deux appuis des Républiques : l'intérêt que chaque particulier a de demeurer uni au corps et la crainte d'être châtié s'il trouble le repos public. Une société d'athées pourrait donc avoir deux appuis [3].

Il convient donc de distinguer ce qui est strictement nécessaire [4] ou seulement utile aux sociétés politiques. Si les athées pensent que la religion est une invention des politiques

sans sociétés et qu'ils n'exercent partout un brigandage continuel ; vous voyez que les bornes que l'on prétend que la providence a ménagées pour arrêter la malice humaine tendent à entretenir parmi les hommes quelques formes de gouvernement ou de confédération qui soient à l'épreuve des guerres civiles et des guerres étrangères et des incommodités que les particuliers ont à souffrir les uns des autres ». Mais il ne va pas au-delà, il n'empêche pas toutes les guerres, toutes les révoltes, toutes les violences. Il permet seulement qu'en dépit des querelles privées, des complots, « il se conserve toujours des sociétés où l'on réprime les attentats des particuliers, en sorte que les liens primitifs de la confédération de certains peuples ne se rompent pas entièrement », mais on ne peut pas dire que le principe réprimant empêche davantage, CPD §121, p. 356b.

1. PD, §161, 162, CPD, § 130, p. 370 *sq.*

2. *Dictionnaire*, art. Diagoras, remarque H.

3. *Addition aux Pensées diverses*, p. 174a, réponse à la 10e objection. Bayle répond ici à Jurieu que la religion n'est pas l'unique base des sociétés et reprend les vues politiques de Hobbes sur le rôle politique de la crainte.

4. Concernant la thèse de la nécessité politique des religions, Bayle critique notamment Bodin pour lequel toute religion ou superstition est préférable à l'athéisme. « Ceux qui sont frustrés de l'exercice de leur religion et dégoûtés des autres, deviendront du tout athéistes comme nous voyons et après avoir perdu la crainte divine fouleront aux pieds et

> ce n'est pas une preuve qu'ils croient qu'un État ne pouvait absolument pas se passer de religion. La bonne politique ne se contente pas de ce qui est absolument nécessaire à maintenir les sociétés, elle y ajoute autant qu'elle peut ce qui lui semble le plus propre à rendre plus aisé le gouvernement, par exemple, la charrue, l'écriture qui améliore la vie, mais les hommes et les sociétés ont pu vivre avant la charrue et avant l'écriture... Il ne faut donc pas croire que ceux qui donnent la religion comme un art des politiques prétendent que le genre humain n'avait pas pu subsister avant cette nouvelle invention ; ils prétendent seulement que les politiques s'aperçurent qu'il manquait beaucoup de choses à leur système, qu'il fallait les y ajouter, afin de le rendre plus sûr et plus profitable [1].

Toutefois, cet argument selon lequel la religion serait une amélioration, au mieux une composante et non une condition, de l'art politique, n'est qu'en apparence la description d'un progrès où les sociétés affermiraient, grâce à la religion, l'ordre et le repos public. Si les sociétés peuvent se conserver sans religion, *a fortiori* elles se conserveront encore mieux grâce à la religion, pourraient objecter les défenseurs de l'usage politique des religions. S'il n'est pas possible que des hommes se soient joints ensemble pour former une République sans établir des peines et des récompenses, plus ces dernières augmentent, plus est renforcé l'ordre social par la création d'une justice invisible. Si la crainte des hommes sert de frein, alors *a fortiori* celle des Dieux qui vient renforcer le pouvoir des magistrats [2]. Cet argument *a fortiori* ne trouve pas davantage grâce aux yeux de Bayle. On obéit mieux à la justice humaine, plus proche, qu'à la justice divine jugée lointaine [3]. La religion s'avère inutile, mais également souvent nuisible. Elle n'est pas seulement une strate supplémentaire qui viendrait recouvrir, sanctionner et cimenter un ordre légal déjà existant. Elle est source de maux propres.

3. Il est fort douteux qu'une religion instituée soit toujours un principe d'ordre en raison des *maux causés par les religions* elles-mêmes.

Lois et Magistrats et se déborderont en toutes sortes d'impiétés et de méchanceté : auxquelles il est impossible de remédier par des lois humaines. Et tout ainsi que la plus forte tyrannie n'est pas si misérable que l'anarchie, quand il n'y a ni Prince, ni Magistrats : aussi la plus forte superstition du monde n'est pas à beaucoup près si détestable que l'athéisme » (*République*, livre IV, chap. 7).

1. RQP, III, § 17, p. 945.
2. CPD, §138, p. 386a.
3. CPD, §138, p. 386b.

Leur bénéfice global peut être nul si elles détruisent d'un côté ce qu'elles établissent de l'autre et l'histoire laisse penser que la religion excite autant ou davantage de séditions qu'elle n'en calme. Il est illusoire de chercher dans la religion une force centrifuge, un renforcement du lien social et du pouvoir des magistrats ; et ce pour trois raisons principales : l'affaiblissement du pouvoir politique par le clergé, l'affaiblissement de la loyauté des sujets et l'affaiblissement économique du pays.

En premier lieu, une confusion entre le politique et le religieux risque de transformer les schismes et les divisions entre sectes en facteurs de troubles politiques et de guerres civiles. On ne peut jamais garantir qu'une religion ne se divisera jamais en sectes ni qu'elle enseignera toujours que l'on doit se conformer à la confession de foi établie par les lois de l'État. A fonder son pouvoir sur la religion, un prince se rend tributaire du clergé.

> On ne saurait s'empêcher de plaindre la destinée des souverains et leur dépendance inévitable du Clergé. Dévots ou non, ils sont toujours obligés de le ménager et de le craindre, c'est un véritable *imperium in imperio*. Il est vrai le règne de Jésus-Christ n'est point de ce monde… mais tous ceux qui le représentent ne laissent pas souvent d'être les maîtres des rois de la terre [1].

Or, ce clergé dont toute réforme ou pluralité religieuse affaiblirait le pouvoir, pousse à l'intolérance par corporatisme et accentue ainsi les risques de division.

Le cynisme des politiques qui veulent s'appuyer sur la religion dominante est donc un calcul à court terme et souvent naïf. Tributaire du clergé, le Prince l'est aussi de la religion du peuple.

> Si ce que les impies débitent très faussement était véritable, savoir que la religion n'est qu'une invention humaine, que les souverains ont établie afin de tenir les peuples sous le joug de l'obéissance, ne faudrait-il pas

1. *Dictionnaire*, art. Brossier, remarque D. Cet anticléricalisme vise avant tout le clergé catholique et les attaques de Bayle relèvent assurément d'un point de vue protestant. La critique par Bayle de l'utilité politique de la religion se limite-t-elle aux arguments classiques de la controverse réformée contre l'Église catholique ? On peut à tout le moins souligner que certaines expressions de Bayle ne semblent pas viser le seul catholicisme (« Pourriez vous dire… que ce soit mettre le repos des sociétés sur un ferme fondement que de l'établir sur une chose qui… dès que les sentiments sont partagés, sème la division dans les familles, arme le frère contre le frère, le mari contre la femme » (RQP, III, §18, p. 950b), mais semblent un écho des paroles évangéliques (*cf.* Mathieu 10, 34, 36, Luc 12, 51, 53).

> avouer que les Princes auraient été pris tous les premiers dans le piège qu'ils auraient tendu ? Car bien loin que la religion les rende maîtres de leurs sujets, qu'au contraire elle les soumet à leurs peuples en ce sens qu'ils sont obligés non d'être de la religion qui leur paraît la meilleure, mais de celle de leur peuple et s'ils en veulent avoir une différente de celle-là, leur couronne ne tient qu'à un filet [1].

Inversement, la religion tend à détourner les sujets de l'État en posant un bien qui lui est supérieur. Les superstitions païennes ont pu encourager les complots, les révoltes de ceux qui se croyaient favorisés par les dieux ou qui, voulant renverser le gouvernement, usait de la crédulité du peuple envers les augures et les miracles. Même à supposer que le sentiment religieux puisse être utilisé en faveur du pouvoir en place, la croyance en un bien supérieur incite au fanatisme [2], car celui qui

> se persuade qu'en exterminant les hérésies, il avance le règne de Dieu et qu'il gagnera un plus haut degré de gloire dans le Paradis, après avoir été admiré sur la terre… un tel homme foulera au pied toutes les règles de la morale et bien loin d'être réfréné par des remords, il se sentira poussé par sa conscience à se servir de toutes sortes de moyens pour empêcher qu'on ne continue de blasphémer le saint nom de Dieu [3].

Au total, la haine produite par la religion est incomparable en cruauté à toute autre.

Enfin, Bayle avance un argument économique. Le clergé et les différents prêtres du paganisme sont des parasites sociaux et constituent une charge préjudiciable à l'État et aux particuliers. Plus utiles comme marchands ou laboureurs, ils essaient de justifier leur existence en accablant le peuple de superstitions pour se rendre nécessaires [4].

1. *Dictionnaire*, art. Abdas, remarque B.

2. Concernant le fanatisme et la confusion entre politique et religieux au niveau psychologique, voir E. Labrousse, *op. cit.*, p. 97 *sq.* et p. 111. Concernant le danger que constitue pour l'État cette position d'un bien supérieur à lui, Bayle reprend les vues de Hobbes telles qu'il les expose dans le *Dictionnaire*, art. Hobbes, remarque E : « Le précis de cet ouvrage est que sans la paix, il ne peut y avoir de sûreté dans un État, et que la paix ne peut subsister sans le commandement, ni le commandement sans les armes… et que la crainte des armes ne peut point porter à la paix, ceux qui sont poussés à se battre par un mal plus terrible que la mort, c'est-à-dire par les dissensions sur des choses nécessaires au salut ».

3. RQP, III, § 20, p. 955b. Nous laissons de côté ici le problème posé par la conciliation entre ces vues et celles sur les droits de la conscience errante dans le *Commentaire*.

4. RQP, III, § 19, p. 951b.

Au total, lorsque l'on compare les troubles religieux de l'Europe avec la description que les voyageurs donnent des îles Mariannes et des terres du Nouveau Monde, les sociétés athées semblent plus pacifiées que les sociétés religieuses. Aussi Bayle ironise-t-il sur l'argument *a fortiori* qui prêterait aux peuples religieux des principes particuliers et très forts que les athées ne peuvent avoir pour vivre en société.

> Si les païens qui exercent tant d'injustice contre les chrétiens n'avaient consulté que les lumières naturelles que Spinoza constitué en juge d'un procès aurait suivies, ils n'auraient pas mis à mort… une infinité d'innocents. La religion leur fournissait ce que la raison leur eût refusé ; je veux dire ces puissants ressorts qui les rendaient perturbateurs du repos public. Il n'est donc pas vrai que les païens eussent les mêmes secours que les athées pour conserver le repos de la République et il est très vrai que ceux qui ont une *religion ont des principes particuliers et très forts* pour troubler le repos public *que les athées ne peuvent avoir* [1].

Bref, pour peupler de nouvelles terres, Bayle juge préférable des colonies de spinozistes à des colonies de papistes [2] !

4. Cette peinture des maux d'une société où règne la confusion du politique et du religieux nous place loin du tableau initial brandi par les politiques, les dévots ou les bonnes âmes des *Pensées diverses* : celui d'une société policée par la religion et d'un état d'anarchie et de désordre que produirait l'athéisme. Bayle, à travers ces divers arguments poursuit une *stratégie de relativisation* de la coupure entre état d'anarchie sans religion et état policé avec religion. C'est dans cette perspective que doivent être lus les récits de voyages et les expériences « ethnologiques » qui donnent corps à l'idée d'une société d'athées dans *La Continuation des pensées diverses*.

III. *La société athée comme possibilité anthropologique : questions de méthode*

La méthode de Bayle consiste à introduire des différences de degrés là où l'on plaçait une différence de nature. Il n'y a pas de coupure

1. RQP, III, § 19, p. 952b. L'objection à laquelle Bayle répond émane de Bernard selon lequel, si les athées peuvent vivre en société, ils n'ont rien que ce qui leur est commun avec les peuples religieux alors que ces derniers ont en sus des ressorts inconnus des athées.

2. RQP, III, § 20, p. 954.

entre d'une part anarchie de la bestialité et d'autre part société politique et religieuse. La vie sans religion n'est pas une vie sans culture.

> Je suis persuadé qu'entre les peuples barbares, il y a eu du plus et du moins et que les uns ont été moins abrutis et plus industrieux que les autres, mais si quelqu'un s'imaginait que pour connaître certainement quels ont été les plus sots, les plus vicieux et les plus sauvages, il suffit de savoir le nom de ceux qui ne connaissaient aucune divinité, je croirais que cet homme là se livrerait à l'illusion pieds et poings liés [1].

La religion s'inscrit dans une différence de degré et non de nature entre état de nature et société. Mais ces degrés, ces variations du plus au moins, ne relèvent pas d'une croyance au progrès. La pensée de Bayle est plus complexe qu'un certain évolutionnisme où la religion marquerait une étape dans un processus de civilisation.

La religion apparaît d'abord comme un facteur accidentel de l'humanité, puisque des hommes peuvent vivre sans culture et sans religion, puis comme un facteur accidentel de la culture et de la vie sociale. Ainsi, les Américains découverts dans le Nouveau Monde sont pour la plupart athées, sans aucune forme de culte religieux, mais il connaissent des formes d'art. Citant les récits de voyages de Lescarbot chez les Souriquois et les Armouchiquois, Bayle note qu'ils maîtrisent l'industrie de la peinture et de la sculpture, créant des images d'hommes et de bêtes, images qui ne s'inscrivent pas dans un culte mais « qui ne servent que pour le contentement de la vue » [2]. Or, étant donné la critique opérée par Bayle de toute forme d'idolâtrie, cet usage désintéressé des images manifeste une supériorité du sentiment esthétique sur le sentiment religieux idolâtre. La religion peut également accompagner l'absence de civilisation, chez des peuples vivants dispersés, sans lois, sans gouvernement, seuls des cultes superstitieux les distinguant des bêtes [3].

Bayle, plutôt qu'un schéma évolutif, propose à travers les récits de voyages, un quadrillage, une taxinomie de possibilités. Pour découpler la religion du politique, puis de la culture au sens des arts et des techniques, il essaie d'envisager toutes les combinaisons logiques qui surmontent l'opposition simpliste entre anarchie sans religion et état

1. CPD, § 88, p. 316a.
2. CPD, § 77, p. 302a.
3. CPD, § 77, p. 301b-302a.

policé avec religion. La combinaison de la culture, d'un gouvernement politique, de la religion et de la superstition se trouve dans les sociétés païennes et les sociétés chrétiennes idolâtres. Otons l'idolâtrie, il reste une société protestante, réduisons la politique à la morale, il reste encore une société de chrétiens parfaits. A l'extrême opposé se situent les « sauvages d'Amérique » vivant sans société, sous forme de familles dispersées, qui se subdivisent en athées et religieuses, la religion pouvant donc aller de pair avec l'absence de société. Les récits de voyages indiquent également l'existence de peuples vivant en sociétés organisées et athées comme dans les îles Mariannes et les îles Moluques [1]. S'il faut distinguer parmi les peuples athées ceux qui vivent ou non en société, il convient également de distinguer parmi eux entre purement athées et superstitieux. Au total, l'athéisme, de même que la religion, se trouve compatible avec l'absence de société, l'état social, l'absence ou la présence de formes d'art.

Cet exercice d'anthropologie rationnelle vise, dans l'intention tout au moins, à éviter les deux écueils que seraient la crédulité envers les faits relatés et la construction d'une anthropologie *a priori* et déductive qui ne serait que la projection de nos préjugés [2]. Concernant le premier point, Bayle exprime une distance critique envers les récits de voyage, dont il n'hésite pas à souligner les contradictions à l'occasion, précisant qu'il n'y recourt pas comme à des faits indiscutables [3] mais seulement pour introduire le doute sur le lien intrinsèque entre religion et société. « Le conflit des écrivains sur les peuples athées forme un problème qu'il faut résoudre avant de se déterminer » [4]. Mais les expériences anthropologiques ne doivent pas pour autant servir de simples illustrations empiriques à une combinatoire logique de prédicats accidentels de l'homme (athée, religieux, social...). Car elles sont l'occasion de reformuler le problème initial. A quelle condition la question « la

1. S'il faut distinguer parmi les peuples athées ceux qui vivent ou non en société, il convient également de distinguer parmi eux entre purement athées et superstitieux. Ainsi, à l'instar de Ruggeri (*Dictionnaire*, Ruggeri, D) athée et astrologue à la cour de Catherine de Médicis, les Huns et les Chichimecs du Brésil croient à la sorcellerie.

2. Tentation que précisément Bayle stigmatise par l'appel à l'expérience historique et géographique au début de *la Continuation des pensées diverses*, voir notamment § 6, 13 *sq*.

3. Voir RQP, § 97, p. 695 : « Si M. Bernard peut tirer quelques avantages de l'incertitude des relations des voyageurs ».

4. RQP, II, § 97.

religion est-elle utile aux sociétés ? » est-elle pourvue de sens ? Elle ne l'est que dans la mesure où elle est l'objet d'une particularisation.

Il n'y a pas de réponse globale à la question de la nécessité ou de l'utilité des religions pour les États. La religion, en tant que genre, n'est ni bonne ni mauvaise et le terme religion est trop vague et équivoque [1] pour en décider. Il ne faut pas juger des religions « en gros et sur des idées vagues » [2], mais les considérer telles qu'elles existent et non selon une idée abstraite. L'athéisme doit donc être comparé à telle ou telle religion particulière et non à la religion en général [3]. Il faut considérer les qualités des religions établies et comparer leurs effets avec l'état des nations qui ont vécu sans aucun culte divin. Conclure de l'utilité de certaines religions à celle de la religion, ce serait conclure du particulier au général par une induction abusive [4]. L'existence de peuples athées ou religieux est un problème d'induction et non de déduction. D'où l'appel à l'expérience qui plaide en faveur de peuples athées [5]. Cette méthode inductive manifeste que la société d'athées n'est pas une simple expérience de pensée, une hypothèse purement logique et déductive, mais qu'elle est aussi une possibilité anthropologique et empirique qui requiert de prêter attention aux récits de voyages et à l'incarnation de cette conjecture.

IV. *De la politique d'une société d'athées*

Que serait une société d'athées d'un point de vue politique si l'on confronte les arguments négatifs de Bayle contre la confusion entre le politique et le religieux à l'expérience anthropologique censée apporter un éclairage positif sur la nature de cette société ? Négativement, une société d'athées n'est pas une guerre de tous contre tous, n'est pas l'anarchie. Positivement, elle serait régie par les passions, la crainte et l'intérêt, la raison et la loi positive, mais elle se différencierait d'une

1. RQP, III, p. 948.
2. CPD, § 122, p. 358b.
3. RQP, III, p. 949.
4. Elle se heurte donc au problème classique de l'induction : même si tous les peuples observés avaient été religieux cela n'implique pas que les peuples à venir seront religieux. « On ne peut exclure des révolutions en matière de religion à la fin du XVIIIe siècle, même s'il est vrai qu'il n'y en a pas eu jusqu'à la fin du XVIIe siècle. Une preuve qui n'irait pas au-delà de cent ans n'aurait pas de poids », note Bayle (RQP I, §107, p. 715b) !
5. RQP, §96.

société ordinaire par l'absence d'intolérance, de fanatisme, d'un clergé parasite, autrement dit ce serait une société naturellement plus productive et plus pacifiée que les sociétés religieuses. L'athéisme cause moins de troubles dans un État que deux religions opposées dont chacune croit que l'autre est ennemie de Dieu. La conscience d'un athée ne serait pas obscurcie par le fanatisme et serait empêchée par « la raison, le respect pour le public, l'honneur humain, la laideur de l'injustice de faire du tort à son prochain » [1]. Libérée des magiciens et des sorciers [2], une telle société serait moins obscurantiste qu'une société idolâtre. Ce serait donc au pire une société semblable à la société païenne ou chrétienne, avec ses vices et turpitudes, ses conflits de pouvoir et ses calculs d'intérêts, au mieux une société guidée par la raison, une société de philosophes que n'aveuglerait pas le fanatisme.

L'athée vertueux apparaît ainsi comme un citoyen modèle. L'argument donné dans le *Commentaire* pour justifier la persécution des athées, car ils ne peuvent faire appel à « l'asile inviolable de la conscience » [3], plaide en faveur de leur loyalisme politique : n'ayant pas de bien supérieur au bien public, ils ne peuvent être un danger pour les États. Aussi, écrit Bayle,

> je ne saurais m'imaginer qu'il y ait des politiques bien éclairés, bien intentionnés qui en ne considérant que la sûreté et la tranquillité de l'État ne jugeassent que l'on ne saurait souhaiter de meilleurs sujets que ceux qui ressembleraient à quelques peuples d'Afrique qui étant interrogés « quelle était leur religion » répondaient qu'elle consistait à bien obéir au roi et à leurs gouverneurs et qu'ils ne se mettaient en peine de rien autre chose [4].

A tout prendre, les protestants de France auraient préféré vivre dans un État de spinozistes que dans un pays catholique [5]. L'athéisme apparaît en définitive, par un retournement de l'objection initiale, comme le meilleur garant des États et de la tolérance civile.

Mais cette apparente évidence de la société athée est peut-être trompeuse. Car, si la description de la superstition montrait l'intrication du religieux et du politique dans les institutions et traditions d'une

1. RQP, III, § 20, p. 955.
2. RQP, III, § 18, p. 949.
3. *Commentaire philosophique*, II, § 9 (*De la tolérance*, Paris, Presses Pocket, Agora, 1992, p. 312).
4. RQP, III, § 20, p. 956b.
5. RQP, III, § 20, p. 954b.

société paienne ou catholique, quel serait alors le ciment d'une société d'athées ? L'idolâtrie sous-tend l'ensemble du tissu social et institutionel des sociétés, elle fonde la légitimité du pouvoir. Supprimer l'idolâtrie, c'est supprimer non seulement un ensemble de croyances, mais aussi un ensemble de pratiques sociales. Peut-on suivre Bayle lorsqu'il écrit qu'une société d'athées « à l'égard des mœurs et des actions civiles, serait toute semblable à une société de païens » [1] ? L'athéisme n'est-il pas exclusif de l'idolâtrie ? Si Dieu, selon l'objection des bonnes âmes, a envoyé les comètes au risque de renforcer l'idolâtrie plutôt que de voir les païens tomber dans l'athéisme, c'est que l'athéisme se définit comme non religieux, mais aussi comme non idolâtre. Or, si l'on ôte l'idolâtrie des sociétés, c'est-à-dire la confusion du politique et du religieux, que reste-t-il ? Les athées seraient-ils victimes de la divinisation des princes, de l'autorité de la tradition ? Si le mécanisme de formation d'un consensus social n'est plus fondé sur un leurre religieux de sacralisation du pouvoir, sur la croyance en un ordre nécessaire des affaires humaines, quel peut être leur consensus politique ? Comment peuvent-ils fonder et conserver des institutions sans recours à l'argument d'autorité et à la tradition ?

Si le tissu social et institutionnel de ces sociétés repose sur la crédulité et l'idolâtrie [2], la disparition de la religion pourrait aussi être celle de la sphère politique. L'athée serait guidé par les passions et la raison, mais le serait-il par la crédulité et les pratiques qu'elle engendre ? Les seuls ressorts des passions d'une part et de la raison d'autre part suffisent-ils à assurer un consensus politique ? Les mécanismes psychologiques de l'athée, non idolâtre et non superstitieux, différeraient de ceux d'un idolâtre au point où précisément la psychologie est le fondement de l'ordre social dans l'analyse de Bayle. Serait-ce donc à une dilution du politique dans le théologico-politique que ferait paradoxalement conclure l'analyse de Bayle ? C'est ici que le paradoxe de l'athée vertueux devient un paradoxe de l'athée citoyen. Si l'ensemble de la démarche de Bayle tend à affirmer une indépendance de l'ordre politique et de l'ordre religieux, lorsque l'ordre politique pourrait apparaître dans son autonomie dans une société d'athées, il semble alors

1. PD, § 161.

2. Ce lien entre croyances et pratiques sociales, entre idolâtrie et institutions (ou plus largement « formes de vie ») devrait être étudié pour lui même à travers *Les Pensées diverses sur la comète*.

s'effacer. L'athée apparaît comme le citoyen modèle d'un État introuvable.

1. En premier lieu, une société d'athées n'est possible que dans des conditions très restrictives, le passage d'une société de la religion à l'athéisme étant impossible pour Bayle. Une fois la religion instituée, elle ne cessera pas mais se perpétuera sous une autre forme. Etant donnée l'utilité que les politiques peuvent, ou croient pouvoir tirer des religions, une telle société n'est possible que si elle est athée dès l'origine. Il faudrait supposer « qu'un homme sans religion se trouve seul sur quelque île et que de lui ont descendu tous les habitants des îles Antilles ou des îles Mariannes » [1]. Si le mode de *conservation* des sociétés religieuses en exclut l'athéisme, une société d'athées n'est pensable que si son *institution* est pensable.

2. Or, exceptés les exemples tirés des récits de voyages, les sociétés d'athées décrites par Bayle sont des sociétés internes à des sociétés politiques. Sociétés des amis d'Epicure, de spinozistes, elles ressemblent davantage à des sociétés de gens de lettres, au Lycée, à l'Académie, ou à des clubs de bridge, s'inscrivant dans des sociétés politiques déjà existantes. Elles n'ont pas à nommer de magistrats, lever des impôts, choisir des gouvernants, organiser leur défense, à créer leurs structures de pouvoirs. Dans les *Pensées diverses* notamment, Bayle s'attache à montrer la plausibilité psychologique de l'athéisme qui permet par les ressorts de l'honneur, de la crainte, de s'inscrire dans une société, d'en suivre les mœurs, de jouer le jeu de la moralité publique, étant admis que les règles sociales et les institutions politiques existent déjà. Mais l'analyse, essentiellement morale, se situe au niveau de l'inscription individuelle dans le jeu social dont les règles sont supposées.

3. Ce passage de l'individuel au collectif s'opère-t-il dans les sociétés d'athées autonomes du Nouveau Monde ? La description qui est en donnée est pour le moins étrangement « apolitique ». A propos de la découverte récente de quatre-vingt-sept îles entre les Moluques, les Mariannes et les anciennes Philiphines, Bayle cite ainsi le Père Le Gobien :

> Une vivacité d'esprit, un naturel doux, facile, complaisant et porté à la vertu rend ces pauvres insulaires tout à fait aimables. Ils ne se font jamais de violence les uns aux autres ; et le meurtre et l'homicide leur sont incon-

1. RQP, § 100, p. 703a.

> nus et c'est un proverbe parmi eux qu'un homme n'en tue jamais un autre. Ainsi, ils ne savent pas ce que c'est que les guerres sanglantes et si dans un premier mouvement, ils ont quelques querelles entre eux, ce qui arrive de temps en temps, ils se donnent quelques coups de poing sur la tête et se réconcilient presque aussitôt [1].

Est ainsi éliminé de ce tableau lénifiant, envers lequel Bayle n'exprime pas de critique [2], tout conflit de pouvoir, toute institution permettant la résolution des conflits.

4. On pourrait objecter que Bayle traite directement de la société d'athées en tant que société civile et politique dans les réponses aux troisième et quatrième objections de *La Continuation des pensées diverses*. L'argumentation à la fois générale [3] et particulière pour contrer l'équivalence entre athéisme et anarchie peut toutefois laisser perplexe le lecteur en quête de la société d'athées. A l'objection selon laquelle le paganisme était un principe réprimant, que l'idolâtrie contribuait au lien social, Bayle répond en premier lieu que les hommes peuvent vivre sans société, en second lieu que les sociétés peuvent vivre sans religion [4].

En premier lieu, donc, les hommes peuvent vivre sans sociétés et la société n'est pas un moyen absolument nécessaire à la conservation des hommes. Bayle en appelle à l'histoire de Salluste sur les aborigènes et aux récits de voyages en Amérique pour avancer que les hommes ont existé sans vie sociale avec comme élément de base des familles qui s'abstenaient de se nuire les unes aux autres [5]. Elles se contentaient de

1. RQP III, § 12, p. 929.

2. Faut-il taxer Bayle de crédulité envers les récits de voyages ? Il est au moins notable qu'il n'hésite pas par ailleurs à les critiquer et à en souligner les contradictions lorsqu'il le juge nécessaire (voir CPD, § 85).

3. A l'idée que l'athéisme mènerait à l'anarchie, Bayle apporte d'abord une réponse cosmologique sur l'ordre du monde. Les athées n'excluent pas tout principe d'ordre et de régularité puisqu'ils admettent une nature nécessaire et continue. Mais savoir que l'athée admet des lois de la nature suffit d'autant moins à établir que l'athéisme n'est pas un facteur d'anarchie que la confusion entre ordre politique et ordre de la nature relève d'une pensée superstitieuse, que Bayle critique à travers l'idolâtrie.

4. CPD, § 118, p. 352.

5. « L'histoire nous apprend que des familles dont aucune n'était liée par les mêmes lois avec les autres se sont abstenues réciproquement de s'insulter et de se nuire. Chacune se contentait de son bien et laissait le leur aux autres, soit que par stupidité, elle bornât ses désirs à peu de choses, soit qu'il lui restât assez de bon sens pour voir qu'en volant le bien d'autrui, elle introduirait un exemple dont elle porterait la peine bientôt après. Quoi qu'il en soit, voilà des peuples qui se sont multipliés et conservés sans vivre en sociétés. Il est donc faux que la vie sociale soit absolument nécessaire à la conservation du genre humain », CPD, § 118, p. 352.

leur bien soit par stupidité, soit par calcul d'intérêt. Ces familles dispersées sont présentées soit comme n'ayant d'autres règles que la nature, soit comme faisant chacune ses lois à son gré. Dans cet état, souvent nomade, il n'y a pas de lois communes, de gouvernement, les cultes religieux sont le plus souvent absents [1]. Il ne faut pas s'imaginer que les sauvages d'Amérique aient vécu sans lois et sans magistrats parce qu'ils étaient athées, car « il y a aussi des peuples idolâtres qui vivaient ainsi ». Tout lien intrinsèque entre religion et société, ou entre athéisme et absence de lois et magistrats est ainsi exclu.

En second lieu, les sociétés peuvent vivre sans religion :

> Parmi ces peuples qui n'avaient aucune forme de gouvernement, ni aucune loi, il y en avait d'athées. Après cela, voici comment je raisonne : puisque des familles qui ne dépendaient d'aucune puissance, ni d'aucune loi commune, ont évité de se faire du tort les unes aux autres, elles auraient *à plus forte raison* [2] tenu la même conduite si elles avaient été confédérées sous certaines lois dont l'infraction aurait été châtiée par l'autorité de l'État.

Cette confédération aurait été le moyen le plus efficace de repousser l'ennemi commun et de réprimer les perturbateurs du repos public.

> Si donc un grand nombre de familles athées se sont maintenues plusieurs siècles sous l'état d'indépendance sans aucunes lois, il est clair qu'elles se seraient *encore mieux* [3] maintenues sous une forme de gouvernement où l'injure faite à son prochain eut été soumise à des lois pénales... On nierait les notions les plus évidentes si l'on niait que les hommes n'observent pas mieux la justice lorsqu'ils sont soumis à des magistrats qui punissent l'injustice que lorsqu'ils sont soumis à nul maître, ni à nulle loi... Des peuples athées divisés en familles indépendantes se sont maintenus de temps immémorial dans l'Amérique sans aucune loi ; donc *à plus forte raison*, ils se seraient maintenus s'ils se fussent réunis sous un commun maître et sous un code distributeur de peines et de récompenses.

La confédération des familles peut être due selon Bayle à des dangers extérieurs, si bien que la recherche de la sécurité et le maintien du repos public, et non la religion, sont la cause et la base des sociétés humaines.

1. RQP, p. 621. Bayle se réfère ici aux Missions de Californie à la fin du XVIIe siècle.
2. Souligné par nous.
3. *Idem.*

Cet argument *a fortiori*, les « sauvages » peuvent vivre sans société, donc *a fortiori* ils vivraient encore mieux en société serait donc la solution au problème de la société d'athées. Mais que vaut un tel argument *a fortiori* ; ne doit-il pas être critiqué comme Bayle l'a fait a propos de la religion ? On obéit aux hommes, donc *a fortiori* à Dieu [1] ? L'argument en matière de religion ne vaudrait que si la religion n'était qu'une strate supplémentaire venant cimenter un lien social préexistant, si la religion n'était pas source de maux propres. De même, l'argument vaudrait en matière de politique si l'institution d'un gouvernement commun venait garantir et sanctionner un état naturel pacifique et si la politique n'était pas source de maux propres. Or ces deux points sont également problématiques du point de vue de Bayle.

Soit il faut considérer que la politique n'est qu'une strate qui cimenterait un droit naturel déjà existant. Mais cette conception utilitaire du pouvoir qui ne voit dans la société qu'un pouvoir plus efficace pour garantir une cohabitation pacifique et réprimer les infractions au droit se rapprocherait davantage de la conception libérale de Locke que de celle d'un défenseur de l'absolutisme pour qui les sujets doivent abandonner tout droit en faveur du souverain, l'alternative étant celle d'un pouvoir absolu ou de l'anarchie [2]. Pour que ce système de familles dispersées fonctionne et puisse être amélioré par le passage à l'état social, il faudrait croire à un naturalisme où l'on passe par degrés de la possession matérielle au droit de propriété, du concubinage au mariage, les institutions de la propriété ou de la famille s'inscrivant dans la continuité de la possession ou de la cohabitation de l'état de nature. L'état social et politique ne ferait que prolonger et sanctionner un état de nature. Or, c'est à une discontinuité, sinon à une opposition, entre nature et institution que semblent conclure de nombreux textes de Bayle dont le pessimisme – ou le réalisme – ne voit pas dans l'union monogamique un état de nature mais le produit de la contrainte de l'ordre social et de la loi par l'institution du mariage. Bayle doute fort qu'en matière familiale les hommes appliquent le droit naturel, l'institution de la famille et de

1. CPD, § 138, p. 386.

2. Voir E. Labrousse, *op. cit.*, p. 477 *sq.*, pour la conception du pacte social selon Bayle inspirée des vues de Hobbes.

l'héritage ne vont pas de soi, mais procèdent de principes réprimants qui signifient la discontinuité entre l'état de nature et l'état social pacifié [1].

Soit l'institution de l'ordre social n'est pas un simple renforcement de l'ordre naturel, un épiphénomène ou une simple strate supplémentaire, analogue au renforcement de l'ordre politique par l'ordre religieux. Mais, de même que la religion peut s'opposer, selon Bayle, à l'ordre politique et créer des désordres spécifiques, la politique ne peut-elle s'opposer à l'ordre naturel ? La politique n'a-t-elle pas, comme la religion, ses maux propres, rivalités pour le pouvoir, conflits de pouvoir, difficulté de définition d'une légitimité ? Mais si tel est le cas, un argument *a fortiori* ne suffit pas plus que pour la religion à justifier que des familles dispersées puissent passer à l'état social sans que ce passage ne produise plus de maux qu'il n'apporte de bienfaits. En outre, les maux spécifiques de l'ordre social requièrent aussi des solutions spécifiques comme la définition d'une légitimité qui ne serait pas donnée par l'état de nature, ou la mise en place d'institutions délimitant les pouvoirs ou tranchant les conflits de pouvoirs. Que serait alors la légitimité des institutions et du pouvoir politique dans une société d'athées ? Serait-elle fondée sur le seul droit naturel ? Sur la seule raison ? Sur les intérêts humains ? Il faudrait dans un tel cas de figure définir d'autres légitimités politiques que celles dérivées de la confusion entre le religieux et le politique et dénoncées à travers la critique de la superstition, mais aussi de l'absolutisme de droit divin où le souverain ne doit rendre compte qu'à Dieu de la légitimité et de l'usage de son pouvoir ? En l'absence de pratiques religieuses, mais aussi de la référence à Dieu, à qui reviendrait-il d'instituer et de conserver le pouvoir et, à supposer que les principes du choix d'un gouvernant soient définis, à qui le ou les gouvernants devraient-ils rendre compte de leur usage du pouvoir ? Or, Bayle refuse le principe d'une souveraineté du peuple qu'il présente comme un principe d'anarchie et d'atomisation de la légitimité dans l'*Avis aux Réfugiés*. Dans la mesure où il n'explicite pas les principes d'institution du pouvoir ou de résolution des conflits de pouvoirs dans une société d'athées, la question de la légitimité politique reste entière. Dans l'état d'indépendance qui caractérise les membres des

1. Sur la répression des penchants naturels par la pression de la réputation sociale, voir PD, § 162 *sq.* ; sur l'institution de la famille et le devoir des enfants d'honorer les parents, voir RQP, § 104, p. 709 *sq.*

sociétés décrites par Bayle [1], c'est la notion même de respect d'une autorité commune et légitime qui semble aussi absente que celle de bien public.

On pourrait spéculer sur l'absence de thématisation des fondements de la société d'athées en tant que société politique. Il serait aisé de déplorer que Bayle soit encore loin de formuler une théorie du contrat social qui ne dérive plus d'une anthropologie pessimiste où l'état de nature serait un état de guerre et d'anarchie, alors même que les textes consacrés aux sociétés d'athées du Nouveau Monde relèvent davantage de la vision optimiste du bon sauvage que d'un pessimisme augustinien. Il serait également loisible de souligner que Bayle ne parvient pas à définir le passage de la recherche de l'intérêt individuel à celle du bien général par le jeu des intérêts privés, comme le fera Mandeville qui s'inspirera des analyses de Bayle mais dans une perspective économique. Entre Hobbes et Rousseau, entre Pascal et Mandeville, Bayle audacieux précurseur en matière de critique de la religion, mais héritier plus prudent en matière politique, hésiterait à tirer les conséquences politiques de ses critiques de la religion et de la superstition ; et il serait bien hâtif de voir dans la fiction d'une société d'athées une formulation avant-courrière d'une société laïque avec un pouvoir désacralisé. La mise en évidence des tensions internes de réflexions aussi diverses que celle de Bayle serait cependant un exercice aussi tentant que peu risqué et gratuit qui ne jugerait de sa pensée qu'à l'aune de ce qu'elle n'est pas.

On soulignerait également à juste titre que le propos de Bayle dans la fiction d'une sociétés d'athées est plus polémique que systématique, plus moral que politique, que c'est méconnaître son intention que d'y chercher le principes d'un modèle politique athée. De fait, les sociétés athées du nouveau monde où règne un état d'indépendance pacifique, où les conflits de pouvoirs semblent aussi absents que les médiations institutionnelles ressemblent davantage à une société de chrétiens parfaits [2], où l'oubli de l'offense tiendrait lieu de pardon et l'indépendance d'absence de concupiscence envers son prochain, qu'à une société « toute semblable à une société de païens » [3]. Le gouvernement et l'institution d'une législation, dont la présence distinguerait

1. Voir CPD, § 118.

2. Voir CPD § 124. *Cf.* ci-dessus p. 123, note 3.

3. « Il me semble qu'à l'égard des mœurs et des actions civiles [une société d'athées] serait toute semblable à une société de païens », PD, § 161.

selon Bayle ces sociétés de l'état présocial, semblent n'être qu'un épiphénomène avec un rôle aussi superfétatoire et ornemental que l'est le gouvernement dans une société de vrais chrétiens où le lien social est réduit à la morale authentique [1].

La difficulté à interpréter cet argument *a fortiori* dans la pensée de Bayle tient en effet à l'étrangeté de l'état présocial tel qu'il est présenté par Bayle. Celui-ci ne consiste pas seulement en familles dispersées. Ainsi, l'organisation sociale dans les îles Mariannes, comme dans l'île de Gahan qui compte plus de trente mille habitants, comporte trois états, la noblesse, le peuple et les gens de conditions médiocres. Selon le récit du Père Le Gobien,

> les principaux de la noblesse président dans les assemblées ; on les respecte, on les écoute, mais on ne défère à leur sentiment qu'autant qu'on le juge à propos. Il est libre à chacun de prendre le parti qui lui plaît, sans qu'on le trouve mauvais, parce que ces peuples ne sont soumis à aucun chef, ni assujettis à aucunes lois… jamais peuple n'a vécu dans une plus grande liberté, ni dans une indépendance plus absolue. Chacun est maître de ses actions, dès qu'il a assez de raison pour se connaître. Chacun se fait justice des démêlés qu'il a avec les particuliers [2].

Bayle commente ainsi leur mode de vie : « Il ne leur manque aucun caractère de la vie sociale que celui qui consiste dans la soumission à un chef et à des lois » [3]. De même, chez les Cafres, modèles pour Bayle des athées africains, l'état présocial où n'existe pas le droit de propriété n'est pas un état sans légitimité : les Cafres n'ont rien en propre et partagent tout ce qu'ils ont. Ils ont néanmoins un sens de la possession légitime qui leur permet de dénoncer l'annexion de leur terre par les Hollandais [4]. L'état présocial n'est pas un état sans organisation sociale. Mais une telle description de l'état de nature avec des règles, où il y a de la légitimité sans lois, des assemblées sans gouvernement tend à introduire une différence de degré et non une différence de nature entre la vie sans société et la société. Mais c'est alors l'idée que la seule légitimité

1. CPD, § 123 et 124.
2. CPD, § 118, p. 353.
3. CPD, § 118, p. 353b.
4. CPD, p. 398.

politique est celle d'une souveraineté indivisible « à pur et à plein » [1] qui semble mise à mal par ce processus de relativisation.

En définitive, en critiquant la confusion entre le théologique et le politique, en épurant la politique de la religion, la fiction de la société d'athées semble donner lieu à une disparition de la politique. L'athéisme est social au sens où l'athée individuel ou une société restreinte d'athées, société de philosophes par exemple, peuvent s'inscrire dans un jeu social et institutionnel déjà existant, par le biais des passions, des intérêts ou de la raison. Mais une société entière formée d'athées semble une utopie aussi peu politique que la société de vrais chrétiens : société dont les conflits d'intérêts, de pouvoirs, les dissensions sont absents, où la définition d'une légitimité pour l'institution et la conservation du gouvernement commun n'est pas posée car les relations individuelles, par charité dans un cas, par indépendance ou insouciance dans l'autre, priment les relations institutionnelles. Le fondement et la légitimité des institutions politiques athées ne sont pas explicités. Faut-il en conclure que le politique ne se distingue pas du religieux, que même une société d'athées aurait besoin de créer des idoles et des cultes laïques pour garantir l'ordre public et que la disparition du théologico-politique sous la double forme de l'abandon de cultes religieux, mais aussi de l'absolutisme de droit divin entraîne aussi celle du politique ? Si quant au contenu, l'explicitation d'une politique athée comme tentative de séparation du religieux et du politique peut apparaître décevante, c'est peut-être par la méthode employée que l'argumentation de Bayle est fructueuse. Des sociétés qui vivent sans religion vivent aussi sans politique au sens où il n'existe pas de gouvernement commun avec des lois. Il existe donc des familles dispersées sans société avec ou sans religion, des sociétés sans religion, mais aussi des sociétés régies par des coutumes sans lois avec des assemblées sans gouvernement, des sociétés pacifiées sans État. La stratégie explicite de Bayle était de relativiser la coupure entre état d'anarchie sans religion et société policée avec religion ; le résultat indirect en est de relativiser la coupure entre anarchie sans gouvernement commun et société politique garantissant

1. « Je me contente donc de vous dire que soit que la souveraineté émane des peuples, soit qu'elle émane de Dieu, il est absolument nécessaire pour l'établissement des sociétés qu'elle soit à pur et à plein, ou entre les mains d'un seul comme dans les monarchies ou entre les mains de plusieurs, comme dans les Républiques », *Avis aux Réfugiés*, p. 574a.

l'ordre public par une souveraineté absolue et indivisible. Par l'introduction de différences de degrés dans l'état social, Bayle fait entrer la politique dans un processus de relativisation comparable à celui qu'il impose à la religion, où comme la religion elle n'est plus qu'une possibilité parmi d'autres de la vie sociale.

Isabelle DELPLA
Université de Montpellier III Paul Valéry

Bibliographie sommaire

1. Œuvres de BAYLE
– *Œuvres diverses,* La Haye, Compagnie des libraires, 1737.
– *Pensées diverses sur la comète,* Paris, Nizet, 1984.
– *Commentaire philosophique*, éd. J. M. Gros, sous le titre *De la tolérance,* Paris, Presses Pocket, Agora, 1992.
– *Dictionnaire historique et critique*, 3e éd., Rotterdam, 1715.

2. Études
LABROUSSE Elisabeth, *Pierre Bayle. Hétérodoxie et rigorisme*, Paris, Albin Michel, 1996.
MORI Gianluca, « L'athée spéculatif selon Bayle : permanence et développements d'une idée », dans *De l'humanisme aux Lumières, Bayle et le protestantisme. Mélanges en l'honneur d'Elisabeth Labrousse*, éd. M. Magdelaine, M. -C. Pitassi, R. Whelan et A. McKenna, Oxford, Voltaire Foundation, 1996.

TOLAND : LA CONSTITUTION PRIMITIVE DE L'ÉGLISE PHILOSOPHIQUE

Un aspect de la position classique du problème théologico-politique est la question de ce que les Anglais dénomment le *Church-Government* [1]. Cette question du gouvernement de l'Église ou de la « police ecclésiastique » est étroitement liée à ce que l'histoire des idées religieuses appelle l'érastianisme, c'est-à-dire la conception qui exige une soumission du prêtre au magistrat et développe le thème de la religion civile [2]. L'unité de l'érastianisme n'est qu'apparente. S'agit-il d'un usage politique des superstitions, comme dans Machiavel ? Ou d'une religion civile et morale, non superstitieuse, comme dans le *Contrat Social* ? S'agit-il d'un contrôle simplement extérieur du religieux, ou d'un monopole d'État sur l'interprétation des Écritures ? L'accord minimal réside néanmoins en ceci : la question ecclésiastique est une question purement *politique*. Diverses interprétations restent cependant possibles : l'Église est-elle l'organisation extérieure des cultes, ou la doctrine, les articles de foi ? est-ce une institution formelle, ou la communauté religieuse elle-même ? L'interprétation érastienne du problème théologico-politique ne revient pas du tout à épurer le politique du religieux, mais à le libérer du pouvoir des prêtres ; encore moins à séparer deux sphères, l'une temporelle, l'autre spirituelle, celle-

1. Ce texte, d'abord présenté lors du colloque de l'Université Blaise Pascal, a été augmenté en 1998 pour le séminaire de O. Bloch sur la littérature philosophique clandestine à l'Université de Paris I.

2. Thomas Liebler, dit Eraste (1524-1583), contesta la prétention des calvinistes à excommunier, et estima que ce pouvoir devait être réservé au prince.

ci ayant son autonomie ; encore moins à séparer l'Église et l'État [1]. Il reste toutefois que l'étiquette d'érastianisme regroupe des problématiques diverses, voire opposées. Nous voudrions distinguer au moins deux types d'érastianisme, le premier représenté par Hobbes, et qu'on pourra appeler un érastianisme conformiste ; le second par Harrington (1611-1677), qu'on pourra appeler un érastianisme tolérant, et qui, repris un demi-siècle plus tard par John Toland (1670-1722), donnera lieu à un érastianisme non-conformiste. Outre l'établissement de cette distinction, notre but est de déterminer quel est l'intérêt, pour le philosophe, de cette question du gouvernement de l'Église. Devant la difficulté d'un traitement global de la question de l'érastianisme aux XVIIe et XVIIIe siècles, il est indispensable de partir d'un échantillon.

Le texte de *The Primitive Constitution of the Christian Church, with an account of the principal Controversies about Church-government, which at present divide the Christian World* fut publié, à titre posthume, en 1726 à Londres, dans le recueil édité par Pierre Des Maizeaux, *A Collection of Several Pieces of Mr John Toland* [2]. Une allusion dans le corps du texte [3] et des références à l'actualité politique, c'est-à-dire aux débats sur la conformité occasionnelle, permettent de le situer. Selon R. R. Evans, Toland aurait fait circuler la *Primitive Constitution* sous une forme imprimée, en 1705, sous le titre de *Priesthood without Priestcraft* [4], que nous connaissons par le catalogue de la bibliothèque d'Anthony Collins [5]. Assurément, comme le rappelle G. Carabelli [6], le sous-titre de *Priesthood without Priestcraft, the most principal controversies about Church-government, which at present divide and deform Christianity*, est très proche de celui de la *Primitive Constitution*, et on pourrait imaginer que celle-ci fut d'abord la première partie de celui-là, mais rien ne permet de l'affirmer. La mention *in-*

1. Un auteur sépare l'Église et l'État, et rompt par là avec la tradition érastienne, c'est Locke, qui a évolué sur cette question depuis ses premiers écrits sur la tolérance jusqu'à la *Lettre sur la Tolérance* de 1689.

2. *A Collection of Several Pieces of Mr John Toland*, vol. II, p. 120-200. Noté dorénavant PC.

3. PC, p. 122.

4. Le titre est presque intraduisible. On peut le rendre par « des clercs, oui, le cléricalisme, non ».

5. R. R. Evans, *Pantheisticon. The Career of John Toland*, New York, Peter Lang, 1991, p. 147.

6. *Tolandiana. Materiali bibliografici per lo studio dell'opera e della fortuna di John Toland (1670-1722)*, Florence, La Nuova Italia, 1975, p. 119.

octavo, au catalogue de Collins, n'interdit pas qu'il puisse s'agir d'un manuscrit. Il faut ajouter, enfin, que la bibliothèque municipale de Rouen possède une traduction française manuscrite, *La Constitution primitive de l'Église chrétienne* ; cette traduction a été faite sur le texte anglais publié en 1726, et lui sont jointes la traduction de la biographie de Toland par Des Maizeaux qui ouvre la *Collection of Several Pieces* et une traduction du *Nazarenus* de 1718, toutes de la même main [1]. Ce texte français n'a semble-t-il pas circulé ; en tout cas nous ne connaissons pas d'autre copie ni d'autre traduction française de la *Primitive Constitution.*

On pourrait considérer que ce texte français, parce qu'il ne paraît pas du tout avoir été diffusé, n'appartient pas véritablement à la littérature philosophique clandestine, à la différence d'autres textes traduits de Toland, comme le *Nazarenus* ou le *Pantheisticon*, et d'autres textes de Toland rédigés par leur auteur directement en français, comme le *Christianisme judaïque et mahométan* – première version du *Nazarenus* destinée au Prince Eugène de Savoie, qui se trouve dans sa bibliothèque à Vienne. Mais il est intéressant de souligner que le texte anglais a appartenu de plain-pied à la littérature philosophique clandestine, puisque c'est son mode de diffusion entre 1705 et 1726 [2]. On a ici un cas singulier : une diffusion clandestine en Angleterre qui ne prend pas sur le continent ; alors que pour le *Pantheisticon* et le *Nazarenus* la diffusion clandestine est véritablement continentale.

Par un autre biais, non plus par son mode de diffusion mais pas sa structure, le texte de Toland est un bon exemple de la littérature philosophique clandestine. Nous voulons parler de son mode de construction et d'écriture. Il s'agit formellement d'un essai d'ecclésiologie, dont les références sont pour la plupart scripturaires et, pour quelques-unes, patristiques. A aucun moment Toland ne revendique les autorités de Hobbes ou Harrington. Néanmoins, l'ouvrage condense, à partir d'une problématique qui lui est propre, des thèmes hobbesiens et harringtoniens. Le plan est repris d'un traité classique sur le gouvernement de l'Église : De la religion Chrétienne (II) ; de l'Église et de ses

1. Dans les papiers du collectionneur Coquebert de Montbret, sous la cote Montbret 367. La numérotation des pages est continue sur les trois textes. Le texte de la *Constitution primitive* se trouve p. 181-230.

2. On en retrouve des traces dans certains passages de *Mangoneutes* (dans le recueil *Tetradymus*) en 1720.

distinctions (III) ; des synodes et des conciles (IV) ; des marques de la vraie Église (V) ; de l'ordination et des différents ordres de prêtres (VI) ; des personnes commises par Christ pour prêcher la religion (VII). Le ton n'est pas toujours celui du pamphlet, et quand il l'est il reste très économique et simple ; l'essentiel du travail est dans l'interprétation des passages du Nouveau Testament (Évangiles, Epîtres et Actes des Apôtres) relatifs à l'organisation de l'Église. Toland a soigné le caractère orthodoxe de la forme de son ouvrage. Bref, c'est un pastiche. Mais tout cet appareil de références précises aux Pères et aux passages néo-testamentaires relatifs à ce qu'est l'Église est destiné à cacher, ou plutôt à montrer qu'on cache, les véritables autorités dont s'inspire l'ouvrage. Car le texte est d'abord un collage très élaboré, soit de citations, soit de paraphrases, tirées de Hobbes (troisième partie du *Léviathan*, 1651), de Harrington (deuxième partie de la *Prerogative of Popular Government*, 1658), de Locke (*Lettre sur la tolérance*, 1689), et de divers auteurs dont notamment le Niveleur Walwyn (*The Compassionate Samaritane*, 1644). Les noms de ces auteurs, ni les titres, ne sont jamais donnés. La référence à Spinoza est encore plus importante mais est d'un autre ordre, puisqu'elle n'intervient pas comme un élément du collage. C'est à un niveau plus profond de lecture qu'elle se découvre. Toland connaît bien le *Traité théologico-politique*, traduit en anglais dès 1689 [1]. La *Primitive Constitution* achève le projet du TTP, le reprend à propos du Nouveau Testament et considère la méthode du TTP, et les objets textuels qu'il avait déterminés, comme des acquis. Spinoza n'est pas un élément du puzzle, mais ce qui est à son principe. La méthode du collage ou du patchwork – développement des textes par assimilation, combinaison, greffes, selon un modèle quasi biologique – est le principe même de développement de la littérature philosophique clandestine.

La question de l'autorité est posée de manière très complexe dans la *Primitive Constitution*. Le texte est anonyme. Mais c'est une lettre, dont l'auteur dit « je ». Bien plus, l'auteur insiste sur le fait qu'il parle « en son nom propre », qu'il prend ce risque, même s'il reste couvert par l'anonymat : « Je délivrerai donc, avec toute la franchise imaginable, mes propres sentiments, que je n'ai pas adoptés par singularité, puisque je n'ai pas cherché la notoriété en les publiant sous mon nom ; ni par

1. Sur l'intérêt de Toland pour Spinoza, voir Pierre Lurbe, « Le spinozisme de John Toland », dans *Spinoza au XVIIIe siècle*, dir. O. Bloch, Paris, Klincksieck, 1990. Les *Letters to Serena* de 1704 attestent une lecture réelle, mais désinvolte, de l'*Éthique*.

intérêt, puisqu'ils ne sont pas les opinions auxquelles les récompenses et les places sont attachées ; et moins encore par éducation, puisqu'il n'y a pas de lieu ni de société où ils soient enseignés publiquement »[1]. Quant aux noms propres qui sont donnés, ceux de quelques Pères de l'Église et des premiers disciples du Christ sont les seules autorités invoquées explicitement. Ces autorités sont suivies, elles autorisent bien le propos de Toland. Mais ce propos, dans son contenu, n'est pas celui de Toland : ce sont Hobbes et Harrington qui parlent. Ces autorités-là sont pillées sans être nommées. Enfin, la grande autorité qui est au principe de l'édifice est Spinoza : le dispositif lui-même, par lequel Toland utilise le récit néo-testamentaire et apostolique, les méthodes de l'exégèse et de la confrontation aux autorités, est celui du TTP.

D'où ce schéma de l'autorisation dans la Constitution primitive :

Autorisation	*Nom de l'autorité*	*Déclaration*
Auteur	Toland	Non
Locuteur	Je	Oui
Références	Évangélistes, Apôtres, Pères	Oui
Sources	Hobbes, Harrington, *et alii*	Non
Modèle	Spinoza	Non

John Toland trouve dans le *Traité* les objets textuels que nous avons décrits précédemment[2]. Nous devons en donner une revue sommaire : 1. L'analyse lexicale. 2. La réduction morale du Christ. 3. Le primitivisme tactique. 4. L'utilisation double du récit biblique.

1. L'analyse lexicale : elle tire de l'Écriture elle-même de quoi comprendre l'Écriture, contre les corruptions introduites par les traditions cléricales. Un bon exemple est donné au chap. I du TTP par l'analyse de l'expression « esprit de Dieu » dans le texte hébreu de

1. PC, p. 128. Cette question du nom, de l'anonymat et du surnom, obsède Toland. Quel nom lui convient ? Non-conformiste, ou socinien, ou même athée ? Aucun, car Toland n'est d'aucun parti, n'est nulle part, même s'il emprunte aux uns et aux autres. Qu'est-il, s'il n'a pas de nom ? Une bête : « Si un homme se trouve n'être d'aucune des sectes courantes, ils le regardent comme une bête indomptable, qu'il est permis à chacun de tuer » (p. 129).

2. Voir, *supra*, « Spinoza : la question théologico-politique et la rhétorique de la philosophie ».

l'Écriture [1]. Toland, lui, s'occupe plutôt du grec du Nouveau Testament et analyse, par exemple, le sens du terme *ecclesia.* L'analyse consiste en une réduction du sens assigné par les théologiens orthodoxes au sens, toujours concret et particulier, qui peut être établi par l'Écriture. C'est bien le nominalisme qui justifie le principe de l'exégèse de l'Écriture par l'Écriture : il faut revenir des fictions, que sont les idées générales des théologiens, aux réalités concrètes qu'exprimait la langue des Écritures. Le philosophie irlandais reprend la tâche que Spinoza a abandonnée sous de mauvais prétextes : « ce serait le moment maintenant d'examiner de même les livres du Nouveau Testament. Je sais toutefois que ce travail a été fait par des hommes très versés dans les sciences et surtout dans les langues ; je n'ai d'ailleurs pas moi-même une connaissance assez complète de la langue grecque pour me risquer dans cette entreprise. Enfin nous n'avons pas les textes originaux des livres écrits en hébreu ; j'aime donc mieux y renoncer » [2].

2. La réduction morale du Christ : l'enseignement du Christ, accessible aux humbles et aux ignorants, peut être découvert par la raison seule. Par conséquent celui qui ignore les histoires sacrées et qui par la lumière naturelle croit qu'il y a un Dieu et suit la vraie règle de vie, « celui-là possède entièrement la béatitude ... » [3] La *Constitution primitive* dit la même chose des philosophes païens, qui étaient les vrais chrétiens. Le TTP affirmait expressément que celui qui ignore ces récits et qui suit la vraie vie « a vraiment en soi l'Esprit du Christ » [4]. C'est que « le Christ [...] a été envoyé non pour conserver l'État et instituer des lois, mais pour enseigner la seule loi universelle. Par là nous connaissons aisément que le Christ n'a nullement abrogé la loi de Moïse, puisqu'il n'a voulu introduire dans la société aucunes lois nouvelles, et n'a eu d'autre souci que de donner des enseignements moraux et de les distinguer des lois de l'État » [5]. Il y a ici la possibilité, pour Toland, de présenter le christianisme primitif comme une secte du judaïsme, avec les nazaréens – ce sera l'objet du *Nazarenus* en 1718. La loi de Moïse n'est pas supprimée par le Christ, elle reste valable pour les chrétiens-

1. TTP, trad. C. Appuhn, Paris, GF-Flammarion, 1965, p. 38 *sq.* Voir aussi sur l'Esprit Saint des Apôtres qui est la pensée droite, chap. XI, p. 210.
2. TTP, chap. X, p. 201.
3. TTP, chap. V, p. 111.
4. *Ibid.*, p. 113.
5. *Ibid.*, p. 103.

juifs que sont les nazaréens, avant que la bonne nouvelle ne soit aussi annoncée aux Gentils. L'intuition centrale du *Nazarenus* se trouve dans Spinoza : les cérémonies « furent abandonnées par les Apôtres après qu'on eut commencé de prêcher l'Évangile aux nations soumises aux lois d'un autre État » [1]. L'œuvre du TTP peut ainsi être poursuivie par une étude du christianisme primitif, si on entend par là non plus seulement l'enseignement primitif du Christ, mais les premiers développements de la religion nouvelle.

3. Le primitivisme tactique : une opposition, qui n'est pas naïve, aux traditions présentées comme des corruptions de la simplicité originelle de l'Écriture. La philosophie a intérêt à retourner contre les théologiens ce dont ils prétendent s'autoriser. L'Écriture est alors une source d'autorisation à laquelle on revient, mais seulement parce que les théologiens s'autorisent d'elle. C'est donc une autorité que la philosophie n'a pas choisi, mais avec laquelle, bon gré mal gré, elle doit se débattre. Car la violence faite à l'Écriture par les théologiens et la violence qu'ils font aux hommes sont corrélatives ; « si les hommes étaient sincères dans le témoignage qu'ils rendent à l'Écriture, ils auraient une tout autre règle de vie [...] et ils ne se combattraient pas avec tant de haine » [2]. Tout le programme de Toland est enveloppé dans le souhait que Spinoza présente comme un vœu pieux : on attend encore « le jour où la religion sera enfin séparée des spéculations philosophiques et ramenée à un très petit nombre de dogmes très simples que le Christ a enseigné comme étant les siens » [3]. Dans la *Constitution primitive*, le primitivisme tactique est formulé ainsi : « Il y a une étrange différence entre la doctrine du Christ, et les méthodes prescrites pour la répandre et la conserver » [4]. Ce primitivisme est très ambigu, puisqu'il est dit par ailleurs, à propos de la succession apostolique qu'invoquent les prêtres de tous bords, que « les commencements étaient manifestement fabuleux » [5]. La conformité de la doctrine des uns ou des autres au christianisme primitif, qui était lui-même pluraliste, est problématique ; aucune secte ne peut s'en autoriser sans pétition de principe. Le christianisme primitif est donc au mieux ce que la lumière naturelle

1. *Ibid.*, p. 104.
2. TTP, chap. VII, p. 137.
3. TTP, chap. XI, p. 212.
4. PC, p. 123.
5. PC, p. 173.

découvre seule, au pire un mythe que le philosophe construit afin de se protéger du prêtre.

4. L'utilisation double du grand récit qu'est la Bible : utilisation comme objet, qui est examiné par une histoire critique ; utilisation comme modèle au sens où, avec l'enseignement du Christ, le TTP s'efforce de maintenir une partie du récit. La philosophie, avec Toland, continue à raconter une histoire : elle traite l'Écriture comme un récit qui a ses intérêts, son public, sa rhétorique ; elle cautionne partiellement ce récit, quand il se ramène à un enseignement de la justice et de la charité. Les différences entre le traitement spinoziste des figures de Moïse et du Christ et leur présentation par Toland ne sont pas rédhibitoires. Dans d'autres œuvres, comme *Origines Judaicae* (1709), Toland suggère que Moïse était spinoziste, ce qui est exactement la contraire de ce que le TTP affirmait. Des commentateurs ont pu accorder le plus grand prix à l'hypothèse selon laquelle le Christ, pour Spinoza, était spinoziste, mais cela doit-il être pris plus au sérieux que les déclarations de Toland sur le panthéisme de Moïse ? L'essentiel, en tout cas, n'est pas là. Si un récit, comme nous l'enseigne le TTP, est toujours adapté aux « prénotions » de son public, d'importantes variations dans le traitement des figures peuvent survenir selon les nécessités rhétoriques de l'adresse au public. L'essentiel est plutôt dans la manière dont la philosophie peut subvertir le récit sacré, non en le démolissant, mais en se retenant de le mener jusqu'à la démolition complète, en sorte que le philosophe paraît maintenir et cautionner la partie du récit qu'il a délibérément épargnée. La bonne imposture du philosophe ne consiste pas du tout à dénoncer l'imposture de Moïse, du Christ ou de Mahomet, mais, au contraire, à présenter certaines des parties de leurs enseignements comme étant dignes d'être écoutées, voire obéies. Freud, dans *Le Mot d'esprit et ses rapports avec l'insconscient*, caractérise l'humour comme la douceur du surmoi. Ce jeu avec l'Écriture relève manifestement de cette catégorie.

Nous devons maintenant examiner l'usage des autorités scripturaires et patristiques et les sources directes de la *Primitive Constitution*. Son propos est de défendre la liberté de croyance et d'expression contre l'hégémonie cléricale ; l'attaque ne vise pas seulement les prétentions de la Haute Église, comme il est d'usage dans les pamphlets *whig* de Toland, mais est beaucoup plus large. Toland, conformément à sa stratégie usuelle, défend le droit des non-conformistes pour mieux protéger toute hétérodoxie. La *Primitive*

Constitution réactualise de vieux conflits : les presbytériens et indépendants avaient eu leur heure de gloire, pour les premiers, au début des années 1640, pour les seconds, au début des années 1650, mais, après la restauration des Stuarts en 1660, ils avaient subi, avec le Code Clarendon, la revanche des épiscopaliens ; les baptistes et les quakers, tous les séparatistes, avaient fait les frais des prétentions hégémoniques des uns et des autres. Le but de John Toland est de réinterpréter, à la manière *whig*, le sens de l'institution de l'Église anglicane, comme un simple cadre formel, entièrement sous le contrôle du magistrat, compatible avec la liberté de croyance la plus complète, attentive au sort des dissidents. L'actualité de 1704-1706 est marquée par le débat sur la conformité occasionnelle. Autorisera-t-on les non-conformistes à communier pour la forme dans le rite anglican et selon un calendrier très lâche, afin, que, sans rien céder sur leurs convictions, ils puissent accéder aux emplois publics [1] ? D'où la nécessité, en s'appuyant sur une exégèse et une ecclésiologie hétérodoxes, de réévaluer le sens du mot *ecclesia* afin de dénoncer la confiscation cléricale du religieux. Corrélativement, il s'agit de redonner un sens purement civil à l'ordination, pour mieux saper les bases de ce que l'époque appelle le *priestcraft*. Le texte de la *Constitution primitive de l'Église chrétienne*, qui condense des positions et des arguments élaborés par Hobbes et Harrington, nous permettra de reconstituer, par diffraction, quelles sont les problématiques dont Toland s'autorise.

Toland commence, dans les deux premiers chapitres, par déterminer le sens de ce qu'il entend par christianisme. Dans son intention primitive, la vraie religion a pour fin principale la paix et l'union entre les hommes [2]. Ce n'est pas la religion qui est source de désordres, mais l'usage qu'en font les prêtres. De même, les schismes, les réformes et les persécutions ne sont pas occasionnées par la religion, entendue comme la doctrine du Christ, mais par la discipline, c'est-à-dire par le contrôle exercé par les prêtres sur le religieux, la constitution de hiérarchies autonomes et intolérantes. Toland vise ici non seulement la tradition épiscopalienne et la partie « High Church » de l'Église anglicane, mais les effets cléricaux chez les presbytériens eux-mêmes ; les puritains, dès le XVIe siècle, ont en effet insisté sur la *discipline* de

1. PC, p. 124.
2. PC, p. 121.

l'Église, c'est-à-dire sur l'autorité des anciens et des consistoires. Ce n'est pas seulement l'anglocatholicisme, mais le calvinisme lui-même, qui peut être vu comme un cléricalisme.

Quant à la doctrine du Christ, Toland la caractérise par la simplicité et l'universalité de son contenu moral et civil. Le Christ « établit la moralité sur son fondement juste et naturel »[1]. La vérité de la doctrine peut être découverte indépendamment par la raison seule ; et cette vérité désigne seulement « toutes les vertus pratiques et morales ». Un travail patient et de longue haleine – de simple compilation puisque la vérité est répandue un peu partout dans les notions communes[2] – peut dispenser de la Révélation. Le but du Christ est de « cimenter, maintenir et supporter la société civile [*civil society*] », et de « corriger les mœurs »[3]. Dans la mesure où il est « le soleil le plus resplendissant de sainteté, de justice, de connaissance », ce Christ est à la fois minimal et hyperbolique, comme celui de Spinoza : minimal parce qu'il se réduit à un maître de morale, hyperbolique parce que son importance est délibérément exagérée. Conformément à l'esprit du TTP, Toland oppose la simplicité de l'enseignement du Christ aux spéculations artificielles qui touchent sa personne[4] – rien n'est dit de sa résurrection, mais sa mort est signalée. De même, Toland oppose la vraie question des circonstances et de l'histoire du Christ aux fausses questions de son essence. Enfin, le Christ est l'anti-prêtre par excellence : « il n'est aucune satire contre l'entreprise des prêtres (*priestcraft*) qui égale la bonne nouvelle du Christ »[5]. Ecrire une satire du christianisme, c'est simplement recopier l'Évangile.

L'enseignement du Christ est *reasonable*. Toland s'appuie sur Justin Martyr, et là où nos traducteurs contemporains écrivent *Verbe*, il dit *raison* : « Ceux qui vivent selon la raison sont des chrétiens,

1. PC, p. 130.

2. Toland parle des « natural notions of God », PC, p. 178.

3. PC, p. 132. Soutenir la société civile particulière, telle était également la fonction inattendue de l'enseignement universel du Christ dans le TTP. Comme le note Shlomo Pinès à propos de Spinoza, « selon cette interprétation, même l'enseignement du Christ s'occupe avant tout des intérêts de la communauté plutôt que de la personne humaine ». *La Liberté de philosopher. De Maïmonide à Spinoza*, trad. R. Brague, Paris, Desclée de Brouwer, 1997, p. 384.

4. Voir TTP, chap. I, p. 37 : « En ce qui concerne la manière de voir de certaines Églises au sujet du Christ, je m'abstiens totalement d'en parler et ne nie pas ce qu'elles affirment, car j'avoue de bonne grâce que je ne le conçois pas ».

5. PC, p. 138.

quoiqu'ils soient réputés athées » [1]. Ainsi Socrate, Héraclite, Abraham, *et al.*, sont chrétiens. Et ce sont ces chrétiens qui sont les premiers à être accusés d'athéisme, hier Socrate, aujourd'hui Toland : « L'épithète d'*athée* a été généreusement déversée, à toutes les époques, sur des hommes exempts de superstition, par les prêtres et par la canaille » [2]. Si l'autorité de Justin Martyr ne suffit pas, Toland ajoute Clément d'Alexandrie [3], Lactance [4], et Minucius Felix, parce que celui-ci affirme que « les sacrifices qui agréent le mieux à Dieu sont une bonne disposition, un esprit pur, et une conscience sincère » [5]. La religion de Minucius Felix, selon Toland, ce sont les œuvres. Le vocabulaire de la bonne disposition *raisonnable* du chrétien n'est pas nouveau et en soi n'a rien d'hérétique. Il est en effet d'usage chez les théologiens libéraux, dits latitudinaires. Toland, auteur, comme on sait, d'un *Christianity Not Mysterious* (1696), lui donne cependant un sens beaucoup plus radical.

Le Christ n'institue aucun pouvoir temporel. Comme le montre le *Nazarenus, or Jewish, Gentile and Mahometan Christianity*, en 1718, le Christ n'entend pas substituer à l'obéissance au magistrat une obéissance au prêtre qu'il n'a jamais été. Les premiers chrétiens sont des Juifs non-conformistes, qui ne demandent qu'à être abrités au sein d'un judaïsme que Toland présente comme une religion nationale formelle, et dont les principes les plus essentiels, c'est-à-dire pratiques, ne sont pas contredits par la doctrine du Christ. Les premiers chrétiens sont des dissidents anticléricaux du judaïsme, en qui les non-conformistes d'aujourd'hui, protestants radicaux ou libres penseurs, peuvent se reconnaître.

Certes, « on prétend que les chrétiens sont les membres d'une société constituée, dans laquelle ils sont admis par des rites particuliers, qui doivent être seulement accomplis par des ministres munis à cette fin d'un mandat divin et au gouvernement desquels tous les membres doivent être constamment soumis » [6]. Les prêtres, et ce ne sont pas seulement les catholiques romains qui sont ici visés, mais les épiscopaliens

1. PC, p. 138. Voir Justin Martyr, *Œuvres complètes*, Paris, Migne, 1994, p. 65.

2. PC, p. 141. Notons que *adeisidaemon*, « exempt de superstition », est un des pseudonymes qu'affectionne Toland.

3. Selon qui le même Dieu était connu des Grecs, des Juifs et des chrétiens. PC, p. 141-142.

4. *Institutions divines*, livre VI. La vérité est dispersée entre les sectes philosophiques. PC, p. 142.

5. *Octavius*, XXXII, 2. PC, p. 145.

6. PC, p. 136.

tout comme les presbytériens, définissent le christianisme par l'adhésion à leurs dogmes, c'est-à-dire par l'obéissance à leur autorité. Mais c'est la plus grande imposture, et une trahison de l'Évangile [1]. Car, tout simplement *le clergé n'est pas l'Église* [2]. D'où le propos des chapitres III à VII de la *Constitution primitive de l'Église chrétienne* : déterminer à partir des Écritures ce qu'est véritablement une *ecclesia.*

A partir de cette réinterprétation, Toland entend garantir le principe d'un pluralisme religieux radical. Toute église est particulière, et n'est rien d'autre qu'une communauté, restreinte ou étendue. Aucune conformité de doctrine ou de discipline n'est exigible des croyants. Ces communautés peuvent coexister sans menace pour le pouvoir civil, qui ne peut exiger d'elles qu'elles se conforment réellement à la *national manner of worship*, qui n'est qu'une commodité politique destinée à empêcher la formation d'un pouvoir clérical autonome. Le magistrat, pas plus que le prêtre, ne peut excommunier quiconque, pourvu qu'on ne professe ou ne pratique rien qui entre en conflit avec la société humaine ou le gouvernement civil.

Qu'est-ce qu'une *ecclesia* selon le Nouveau Testament ? Le Nouveau Testament parle grec. L'*ecclesia* est une assemblée publique, civile ou religieuse, qui n'est pas nécessairement dotée de règles [3]. Toland récuse la distinction, si importante dans le *Léviathan*, entre *ecclesia* confuse ou tumultueuse et *ecclesia* légitime. L'*ecclesia* est une communauté qui peut être complètement anomique. C'est toujours ici et maintenant qu'on est appelé pour écouter tel ou tel discours. Toland refuse toute définition institutionnelle de l'Église. Elle n'est rien d'autre qu'une collectivité particulière, elle est donc plurielle, relative aux temps et aux lieux. Il reprend des arguments utilisés par des groupes comme les niveleurs et les baptistes dans leur combat pour la tolérance. En 1644, le baptiste Roger Williams avait comparé les églises à des collèges de médecins et des compagnies comme la compagnie des Indes : elles ne sont que des associations, contingentes, éphémères, multiples [4]. Williams était opposé à toute intervention du magistrat dans le religieux. Toland essaie de concilier cette ecclésiologie radicale avec un érastianisme

1. PC, p. 123.
2. PC, p. 122.
3. PC, p. 147.
4. Cité par Jean-Fabien Spitz, dans Locke, *Lettre sur la tolérance et autres textes*, Paris, GF-Flammarion, 1992, Introduction, p. 38.

formel. Pour Toland, ce sens du terme *ecclesia* est occulté par les prêtres. D'abord, profitant de l'usage métonymique qui fait désigner par *ecclesia* les murs, le lieu de la réunion, le clergé s'est toujours approprié la dénomination [1]. Plus gravement, alors que l'*ecclesia* est la collectivité elle-même, au gré de ses intérêts et de ses rencontres, les prêtres élaborent une construction imaginaire. Ils anéantissent la liberté et la spontanéité de l'*ecclesia* en distinguant entre l'Église des pasteurs et l'Église du troupeau. Comment anéantir la liberté et la spontanéité du regroupement ? En introduisant la représentation. Le clergé est l'Église des pasteurs qui représente l'Église du troupeau. Une autre façon de déformer le sens du mot est de surinterpréter la formule *Église universelle* (*catholick*). « Cela signifie *tous les chrétiens*, ou ne signifie rien. » [2] Cela ne peut pas signifier une doctrine universelle, puisqu'il n'existe évidemment pas d'opinions sur lesquelles tous les chrétiens soient d'accord. Toland reprend constamment un modèle nominaliste d'explication. *Église universelle* est une « idée abstraite et par conséquent imaginaire », une construction à la Quichotte [3].

En effet, comme l'explique le chapitre IV, des coutumes, encouragées par les prêtres qui prétendent régenter la lecture des textes, nous font attacher des idées imaginaires au mot *ecclesia* dont le sens est originellement l'idée particulière de telle ou telle assemblée [4]. On imagine une « institution divine et inaltérable », comme l'Église d'Angleterre, et des évêques de droit divin, là où il n'y a qu'un simple et éphémère *meeting*. C'est cette irrépressible tendance à généraliser, que Toland appelle imagination, accompagnant l'usage des signes, qui nous fait penser à une union de toutes les communautés particulières sous le gouvernement d'une Église unique et universelle [5], alors même que le réel est l'individuel. Mais il est clair que l'objection la plus sérieuse, à qui présente l'*ecclesia* comme une collectivité singulière et refuse que le clergé soit l'Église, c'est la thèse de la nécessaire représentation de l'Église.

1. PC, p. 151.
2. PC, p. 154.
3. La référence à Cervantès se trouvait déjà dans Locke, *Essai sur l'entendement humain*, III, IV, 11.
4. Comme en Corinthiens, XI, 18, où il s'agit de l'assemblée de Corinthe. PC, p. 155.
5. PC, p. 156.

Il est vrai qu'il a fallu que telle ou telle assemblée délègue à quelques-uns son pouvoir. Ce sont les synodes. Mais cela ne concernait originellement que les questions d'organisation des fêtes, jeûnes, etc. C'était de pure commodité. Toland affirme, d'une manière spinoziste [1], que le pouvoir, étant dans la multitude, ne peut être transféré que pour le culte extérieur ; le culte intérieur de chacun, lui, ne peut pas être délégué : « En ce qui concerne les questions de doctrine et de croyance (*persuasion*), la définition des articles de foi ou la résolution des controverses qui leur sont relatives [...], personne ne peut être le représentant d'un autre ou croire à sa place [...] » [2]. Et si un synode devait trancher les questions de foi et interpréter le contenu de la croyance, il faudrait qu'y siègent toutes les sectes, même les sociniens. Mais, même dans ce cas, la vérité ne se décide pas à la majorité des voix [3]. Tout concile peut errer [4]. De toute manière, un concile universel est une chimère [5]. Ces affirmations reprennent ce que les défenseurs des séparatistes avaient déjà avancé. Un niveleur comme Walwyn avait montré que l'uniformité est impossible [6].

C'est bien cette pratique de la représentation, légitime pour les questions d'organisation extérieure, qui a été détournée par les prêtres. L'histoire des conciles montre de quelle manière les synodes sont devenus des instruments de contrôle et les lieux de l'anathème [7]. Alors que, dans ses interventions politiciennes, Toland reste partisan d'un gouvernement mixte [8], cette ecclésiologie, dont la publication est posthume, est radicale dans son refus de la représentation. Elle reprend l'idée développée par les niveleurs, à la grande époque des sectes, d'une organisation démocratique et spontanée. Loin d'être embarrassé par l'objection selon laquelle une telle conception revient à anéantir tout *credo* et tout dogme, Toland en fait son maître-argument : le désaccord sur les articles de foi est universel, toute église est vouée à la

1. Voir TTP, chap. VII, p. 157-158 ; et chap. XIX, p. 313 *sq*.
2. PC, p. 157.
3. PC, p. 159.
4. PC, p. 163.
5. PC, p. 164.
6. Voir Jean-Fabien Spitz, *op. cit.*, p. 32-35.
7. PC, p. 160-161.
8. Voir Paulette Carrive, *La Pensée politique anglaise de Hooker à Hume*, Paris, PUF, Fondements de la politique, 1994, p. 269-300.

particularité [1], selon les « vicissitudes incessantes des affaires humaines » [2]. L'expression *autorité de l'Église* qui est « constamment dans la bouche des papistes, souvent prononcée par les anglicans, et parfois même par les dissidents », n'a aucune sorte de sens.

L'unité de l'Église du Christ réside uniquement dans le respect de l'Évangile. Aucune institution, aucune « politique extérieure » [3] ne peut incarner cette Église du Christ. De la même façon, la seconde lettre de *Nazarenus* affirmera que l'Église primitive d'Irlande n'était pas un « political empire », mais une « congregation of the faithful thro-out the world » [4]. Les institutions, purement politiques, qui peuvent organiser un culte extérieur compatible avec la liberté de croyance et le pluralisme des églises particulières, sont relatives aux temps et aux lieux. Et si elles organisent un culte extérieur, c'est simplement pour que ne se constituent pas un *separate body* ou un *body politick* [5] que prétend être le clergé. Il faut une *police ecclésiastique* pour que les ecclésiastiques n'imposent par leur politique. L'érastianisme de Toland est manifeste, même s'il s'y mêle des éléments de congrégationnalisme. L'ordination n'est que l'affectation d'un fonctionnaire. Quand Paul demande « comment prêcheront-ils sans être envoyés ? » [6], Toland commente : « Nous reconnaissons que personne ne peut être un enseignant public, pas plus qu'il ne peut avoir une charge ou un emploi publics, s'il n'est pas dûment appelé à sa fonction et habilité à l'exercer, conformément à ce que lois et coutumes prescrivent dans le lieu où il vit. Mais ce texte n'a aucune espèce de rapport avec la question, bien que toutes sortes d'hommes d'Église [...] l'entendent de l'ordination » [7].

La charge ultime de Toland porte ainsi sur la question de l'ordination. Tout clergé prétend être l'Église, non seulement dans la géographie, mais dans l'histoire. Il faut donc examiner ce que peut être, selon l'Évangile, la désignation et la succession des ministres. D'autant que l'Église anglicane refuse l'élection des pasteurs par l'assemblée, et prétend maintenir l'ordination comme une succession magique depuis les temps apostoliques. Le dernier chapitre de la *Constitution primitive*

1. PC, p. 164-165.
2. PC, p. 170.
3. PC p. 170.
4. *Nazarenus*, Londres, 1718, lettre II, sect. II, XV.
5. PC, p. 163 et 176.
6. Romains, X, 15. PC, p. 183.
7. PC, p. 183.

de l'Église chrétienne identifie ordination et élection par la collectivité de l'*ecclesia* : « Dès que les chrétiens devinrent assez nombreux, les anciens furent choisis par le vote du peuple ; et les Apôtres eux-mêmes n'accomplissaient rien qui soit d'intérêt public sans ce dernier. Matthias fut élu à la fonction apostolique, contre le candidat Joseph le juste par la ballotte, ou comme nous traduisons, par le tirage d'environ 120 personnes, c'est-à-dire de tous les chrétiens du lieu [1]. Timothée [2], un évangéliste, fut ordonné par Paul et, conjointement, par les anciens. Les diacres étaient désignés par le peuple [...]. Et, autre exemple, Paul nous dit que Barnabé [3], en même temps que lui, bien qu'il fût un Apôtre, fut choisi par toutes les assemblées pour voyager » [4]. Pas d'ordination magique, pas de transmission d'un caractère sacré de prédécesseur à successeur, mais une élection par l'assemblée. Le pouvoir d'ordination n'est pas réservé à celui qui a été ordonné, mais appartient à la communauté : « Dire qu'on ne peut donner que ce qu'on possède revient à démontrer aussi fortement que les citoyens de Londres ne peuvent pas élire leurs shérifs, ni la noblesse de Pologne son roi, parce que chaque électeur n'est pas lui-même un roi ou un shérif » [5]. Toland a beau témoigner publiquement de son attachement à l'Église anglicane, qu'il souhaite être en réalité comme un simple cadre contrôlé par le magistrat, ces thèses sur l'ordination contestent radicalement ses traditions et ses prétentions. Ainsi, l'élection d'un évêque, c'est-à-dire étymologiquement d'un simple superviseur (*overseer*, *episcopus*), n'est pas consécration, mais simple investiture provisoire : « C'est la relation à l'assemblée qui lui a donné cette dénomination, qui ne survit pas à sa dissolution » [6]. Et, dans une formule qui trahit ses sources harringtoniennes, Toland ajoute que tout cela « est vrai de toutes les autres fonctions (*callings*) qui importent à la république (*commonwealth*) » [7].

L'essentiel de l'ecclésiologie de Toland s'appuie sur une réinterprétation polémique des notions de *chirotonia* et de *chirothesia*. La *chirotonia* est un mode d'élection par l'assemblée qui tient sa dénomination du geste par lequel on lève la main. La *chirothesia*, c'est l'imposi-

1. Voir Actes des Apôtres, I, 23-26.
2. Voir *ibid.*, XVI, 1-5.
3. Voir *ibid.*, XIII, 1-4.
4. PC, p. 194.
5. PC, p. 195.
6. PC, p. 196.
7. PC, p. 197.

tion des mains, dont le clergé catholique ou anglican prétend qu'elle est transmission magique d'une marque sacrée. Le clergé trouve dans la *chirothesia* la marque de la succession ecclésiastique et, par conséquent, de l'existence d'une institution de l'Église à travers les temps et les lieux. Toland a donc montré que la reprise de la *chirothesia* est illégitime, puisque les ministres des églises primitives étaient désignés par *chirotonia*, c'est-à-dire élus par l'assemblée. Le pouvoir est dans la collectivité, non dans un chrême détenu par les prêtres. Mais la *chirothesia* elle-même, ajoute Toland, était chez les Juifs une cérémonie civile. L'imposition des mains servait à montrer au peuple celui qui « avait été choisi pour quelque emploi dans le gouvernement » [1], comme on montre quelqu'un du doigt. Ni la *chirotonia*, qui est le mode d'élection des pasteurs chrétiens, ni la *chirothesia*, à laquelle prétendent les prêtres, ne sont des *rites d'institution divine*.

Cette interprétation purement politique des notions de *chirotonia* et de *chirothesia* reprend les voies sur lesquelles Hobbes et Harrington (qui, répétons-le, ne sont jamais nommés dans la *Constitution primitive de l'Église chrétienne*), un demi-siècle plus tôt, s'étaient engagés. L'ecclésiologie de Toland est d'abord un collage, même si elle n'est pas que cela. Il est intéressant de remonter à partir du texte de Toland vers ses deux sources principales. En effet, Hobbes et Harrington, sur les questions de l'*ecclesia*, de la *chirotonia* et de la *chirothesia*, sont d'accord sur les chapitres négatifs, et en désaccord sur les chapitres positifs. En sorte qu'on peut préciser, à partir de ces questions, une bifurcation essentielle dans l'érastianisme. En ce qui concerne les chapitres négatifs, Hobbes et Harrington refusaient tous deux que le clergé soit l'*ecclesia*, qu'il tienne sa légitimité d'une pratique de la *chirothesia*, et qu'il existe quelque chose comme une Église universelle. Tous deux, chacun à leur manière, affirment que l'Église, c'est la communauté elle-même. Toland, sur ces points, s'appuie sur deux autorités qui ont conjugué leurs efforts. On voit, sur ces questions précises, qu'un pan entier de la philosophie de Hobbes a pu être approuvé ou réutilisé par des penseurs républicains comme Harrington et Toland, parce qu'il s'accordait avec leur combat contre le *priestcraft*. Pour ce qui concerne les articles positifs par lesquels Hobbes et

1. PC, p. 198.

Harrington divergent, et pour lesquels Toland a dû faire un choix, il nous faut présenter successivement, et très sommairement, les deux positions.

Dans le chap. 39 de la 3e partie du *Léviathan*, Hobbes affirme qu'*ecclesia* signifie dans le Nouveau Testament la même chose que l'assemblée des citoyens dans les républiques grecques. Mais là où Hobbes maintient que l'assemblée est « convoquée pour entendre une déclaration du magistrat » [1], Toland entend une convocation par un « publick cryer » [2], un crieur public. La différence est essentielle. Si Hobbes détermine le magistrat comme instance de convocation de l'assemblée, et non le *cryer*, c'est tout simplement que, comme l'indique le chap. 42, à propos de la prédication des Apôtres, qui n'exercent aucun pouvoir civil, *un crieur public n'a pas le droit de commander à qui que ce soit* [3]. Hobbes admet, contre les prétentions des prêtres, que l'*ecclesia* est une assemblée, mais il applique immédiatement à l'*ecclesia* la problématique centrale du *Léviathan*, celle de l'autorisation [4]. D'où la distinction, qui n'existe pas chez Toland, entre assemblée légitime et assemblée tumultueuse, selon que l'assemblée est ou non convoquée par le magistrat civil. L'Église est donc « une société d'hommes professant la religion chrétienne, unis dans la personne d'un souverain unique, sur l'ordre duquel ils doivent s'assembler, et qui ne doivent pas s'assembler sans être couverts par son autorité » [5]. Ainsi, l'Église est une personne, c'est-à-dire un représentant, ou, pour dire les choses autrement, elle est un acteur qui ne peut commander que si elle est *autorisée* par le souverain. Le pouvoir ne réside donc pas, comme chez Toland, dans la multitude, parce qu'il n'y a pas d'autre pouvoir, après le pacte, que celui du souverain. Quand Toland refuse toute représentation, autorisation, délégation – si ce n'est pour les questions d'organisation extérieure [6] – il vise essentiellement le pouvoir des prêtres ; mais comme Hobbes combattait le pouvoir des prêtres par l'idée, tout opposée, que l'Église en tant qu'institution est nécessairement l'acteur ou représentant du souverain, parce que plus fondamentalement le souverain, par le pacte, est le représentant de l'Église entendue comme la république du peuple

1. *Léviathan* (noté dorénavant *Lév.*), III, 39, trad. François Tricaud, Paris, Sirey, 1971, p. 491.
2. PC, p. 146.
3. *Lév.*, III, 42, p. 527.
4. *Lév.*, I, 16.
5. *Lév.*, III, 39, p. 493.
6. PC, p. 156 *sq*.

chrétien [1], Toland s'éloigne autant de Hobbes que de l'ecclésiologie des prêtres. Le refus de la problématique juridique de l'autorisation, pour tout ce qui touche les articles de foi, chez Toland, est autant anti-hobbesien qu'anticlérical.

Cette représentation, chez Hobbes, est intégrale. Elle ne concerne pas seulement le culte extérieur, mais la doctrine elle-même et le droit d'interpréter les Écritures qui appartiennent en propre au souverain et ne peuvent être que délégués, par commodité, à une institution ecclésiastique. Hobbes refuse l'autonomie d'une hiérarchie cléricale, mais c'est pour mieux affirmer une hiérarchie civile. Le souverain civil est le pasteur suprême [2]. Hobbes a évolué sur cette question, et est passé d'un anglicanisme qui tolérait une relative autonomie du clergé dans l'élaboration de la doctrine aux positions radicales du *Léviathan.* C'est qu'il a fait l'amère expérience des conflits religieux, dus à l'enthousiasme des sectes autant qu'à l'intolérance de la hiérarchie anglicane, qui ont produit la guerre civile et la révolution, et en particulier, et tour à tour, l'abolition de l'Église épiscopalienne sous la pression des presbytériens (1643), le triomphe éphémère des sectes radicales après l'exécution du roi. Toland, dont l'expérience historique est tout autre, postérieure à la pacification qu'induit la tolérance instituée en 1689, défend les droits des non-conformistes, longtemps brimés, voire persécutés, après le rétablissement de la hiérarchie épiscopalienne (Clarendon Code, dont un morceau est l'Acte d'Uniformité de 1662) qui a accompagné la restauration des Stuarts en 1660. Pour Toland, qui défend les non-conformistes afin de mieux saper tout pouvoir du clergé, le chef de l'Église nationale est bien le magistrat, mais c'est un simple cadre destiné à empêcher le *priestcraft.* En aucun cas le magistrat n'est le chef de la doctrine. Hobbes part du problème de l'établissement d'une souveraineté effective, et conclut à la nécessité de la conformité à la religion du prince ; Toland part du problème de la communauté, c'est-à-dire du pluriel irréductible des communautés, et conclut à la nécessité du non-conformisme doctrinal et d'une conformité simplement formelle et occasionnelle à la religion nationale. Toland reprend le combat de Hobbes contre l'empire des prêtres, mais son érastianisme est tout différent : il s'agit d'écraser l'infâme, non par la position d'une

1. *Lév.*, III, 42, p. 570.
2. *Lév.*, III, 39, p. 494.

orthodoxie civile, mais par l'affirmation d'un droit irréductible à l'hétérodoxie. Tout les oppose ainsi sur la question de l'interprétation de l'Écriture ; pour Toland, on l'a vu, personne ne peut la mener à ma place, pour Hobbes elle est absolument réservée au souverain, dans la mesure où elle a la forme publique d'un enseignement [1]. Harrington voit dans ce monopole du prince sur l'interprétation de l'Écriture une caractéristique de la monarchie absolue [2].

Toland s'appuie dans la *Constitution primitive de l'Église chrétienne* sur la situation apostolique, dont il fait une norme fondamentale. Pour Hobbes, les temps apostoliques, au contraire, sont l'exception, une parenthèse qui ne se fermera qu'avec la conversion des rois. Pour l'auteur du *Léviathan*, la conversion des rois au christianisme anéantit l'organisation primitive des églises ; pour Toland, qui reprend ici le combat des non-conformistes, elle est un modèle dont la valeur subsiste plus que jamais. Dans leur description des temps apostoliques et des églises primitives, Hobbes et Toland sont d'accord. Selon le chapitre 42 du *Léviathan*, l'assemblée des Apôtres et des anciens, pour résoudre une difficulté exégétique, n'enlève jamais au peuple la liberté d'interpréter par lui-même l'Écriture [3]. De même, les conciles peuvent dans les temps primitifs délibérer sur la doctrine, mais cela n'engage nul autre que les présents, et en vérité cela n'engage personne [4]. C'est qu'il n'y a pas encore de souverain chrétien qui puisse autoriser l'interprétation ou investir le concile d'un pouvoir législatif [5].

Hobbes interprète de manière maximale l'exigence, énoncée par le Christ, d'obéir aux princes [6] : il faut se plier à l'interprétation des Écritures du prince, dans une république chrétienne ; si le prince n'est pas chrétien, il contrôlera notre parole mais n'empêchera pas l'adhésion intérieure [7]. Être chrétien, c'est reconnaître que Jésus est le Messie et obéir aux lois de la république. On peut être chrétien dans une république païenne, mais à peine à la façon dont les marranes peuvent rester juifs dans une république chrétienne : pas même dans le murmure,

1. *Lév.*, III, 40, p. 501.
2. *System of Politics*, VI, 29, dans *The Political Works of James Harrington*, éd. J. G. A. Pocock, Cambridge, UP, 1977, p. 846.
3. *Lév.*, III, 42, p. 539.
4. *Lév.*, III, 42, p. 547-548.
5. *Lév.*, III, 42, p. 539-540.
6. *Lév.*, III, 42, p. 522.
7. *Lév.*, III, 42, p. 523.

dans le silence. Spinoza relèvera, avant Toland, combien cette distinction entre la liberté du cœur et la liberté de la parole est absurde. Là où Hobbes maintient une conformité complète à une orthodoxie, Toland prône la conformité occasionnelle de l'hétérodoxe aux rites publics par lesquels le magistrat règle la paix civile.

Ces deux versions de l'érastianisme se distinguent nettement sur la question de la *chirotonia* et de la *chirothesia*. Toland répète Hobbes quand celui-ci nie que la *chirothesia*, l'imposition des mains, soit magique et sacrée. C'est le geste commode par lequel on montre aux autres celui qui a été désigné. Hobbes en donne une interprétation profane : cérémonie publique chez les Juifs, la *chirothesia* a été pratiquée par Moïse pour désigner Josué comme chef des armées [1]. La *chirothesia*, par elle-même, ne véhicule pas l'Esprit Saint ; tout au plus, elle *symbolise* sa transmission. C'est pourquoi les Apôtres l'ont utilisée pour désigner des disciples. Mais le Christ, qui avait *transmis* l'Esprit aux Apôtres, ne l'avait pas fait par *chirothesia* [2]. La nature de la *chirothesia* est donc civile, elle n'a aucune efficace par elle-même, même si elle peut symboliser le passage de l'Esprit. Bien plus, si la *chirothesia* est la désignation, dans l'Église primitive, de celui qui peut enseigner la doctrine, ce n'est pas d'elle qu'émane le *pouvoir* d'enseigner. C'est en ce point que Toland doit se séparer des positions de Hobbes. Car, pour Hobbes, ce pouvoir n'appartient qu'au souverain, en vertu du mécanisme global de l'autorisation.

Il en va de même pour la *chirotonia*. Avant Toland, Hobbes rappelle que Matthias a été élu par l'*ecclesia*, tout comme Barnabé a été envoyé avec Paul par l'assemblée d'Antioche [3]. De même, les presbytres et les pasteurs sont élus, selon la méthode de la *chirotonia*, par les églises particulières des cités [4], c'est-à-dire à la majorité des suffrages, tout comme les premiers évêques, qui ne sont que des superviseurs [5]. Mais ces temps primitifs ne sont qu'une exception pour Hobbes. Après la conversion des rois, ce sont les rois chrétiens qui nomment les pasteurs. Certes, ils peuvent déléguer ce choix à une institution

1. *Lév.*, III, 42, p. 566-567. Voir Nombres, XXVII, 23. *Cf.* les remarques analogues de Spinoza, dans la note XXXVII du TTP, p. 352.

2. *Lév.*, III, 42, p. 517-518.

3. *Lév.*, III, 42, p. 550. Comparer avec PC, p. 193-194.

4. *Lév.*, III, 42, p. 553. Comparer avec PC, p. 195-197.

5. *Lév.*, III, 42, p. 551 et 554. Comparer avec PC, p. 196.

ecclésiastique, mais ce pouvoir leur appartient en propre. Ici encore, si Toland et Hobbes sont d'accord sur le caractère purement civil des rites de *chirotonia* et de *chirothesia*, leur divergence tient à ce que Hobbes applique à la question de l'*ecclesia* le mécanisme, fondamental dans le *Léviathan*, de l'autorisation. La *chirotonia* ne suffit à désigner les pasteurs qu'en l'absence de république chrétienne. Toland donne au contraire, à la *chirotonia* le sens d'un gouvernement populaire par l'*ecclesia*, et contre Hobbes, maintient les temps apostoliques, non comme une époque révolue, mais comme le véritable modèle religieux et politique.

Si Toland a pu mener à bien une telle opération, c'est que James Harrington (dont il édita les *Œuvres* en 1700), avait, en 1658, soit sept ans après la parution du *Léviathan*, repris ces questions dans le livre II de *The Prerogative of Popular Government*. Il s'agit d'élaborer un *discours politique sur l'ordination*, contre les adversaires cléricaux de Hobbes, en particulier contre Henry Hammond. Ce théologien anglican a été effrayé par les deux dernières parties du *Léviathan*. Il prétend ramener la *chirotonia* à la *chirothesia*, en faire le vecteur d'une transmission magique du caractère sacré, qui garantit l'autonomie et la succession du clergé [1]. Mais l'accord avec Hobbes est purement négatif. Harrington n'interprète pas seulement la *chirotonia* et la *chirothesia* comme des rites simplement civils, mais comme des pratiques correspondant à des fonctionnements politiques différents. La *chirotonia*, c'est le gouvernement populaire, comme à Athènes, c'est l'*election by the many*. La *chirothesia* a une fonction dans le gouvernement aristocratique ou monarchique, c'est l'*election by one, or by the few* [2]. Ainsi il lui faut montrer, ce qui n'est pas toujours facile, que les cités que visitèrent les Apôtres, bien que sous le contrôle de l'empire romain, étaient des gouvernements populaires [3]. D'où l'emploi de la *chirotonia*. L'*ecclesia*, alors, n'est rien d'autre que l'assemblée du peuple [4]. Selon le vocabulaire athénien, la *chirotonia* est le suffrage populaire d'où résulte un *psephisma* (un décret). Ce qui implique, contre le dispositif de l'autorisation qu'avait développé Hobbes, que l'*ecclesia*

1. *Prerogative of Popular Government*, II, 4, dans *The Political Works of James Harrington*, *op. cit.*, p. 529-530. Nous notons dorénavant PPG la référence à cette édition.
2. PPG, II, 3, p. 518.
3. PPG, II, 2, p. 506 *sq*. et II, 3, p. 516.
4. PPG, II, 2, p. 514-515.

est la source directe et permanente du pouvoir [1]. Et c'est en ce sens qu'on doit dire que l'*ecclesia* est la même chose que le *commonwealth* [2], cette fois en un sens républicain, et non, comme l'avait dit Hobbes, parce que les représentants du peuple sont les représentants de l'Église [3]. S'appuyant sur une connaissance de seconde main des talmudistes, Harrington affirme que la *chirotonia* était la norme, non seulement chez les premiers chrétiens [4], mais dans la république de Moïse, qui était une « démocratie ou gouvernement populaire » [5]. La pratique de la *chirothesia* restait exceptionnelle : c'est l'exemple classique de Moïse désignant Josué comme général des armées [6].

La *chirothesia* et la *chirotonia* ne sont donc que des instruments politiques que la prudence humaine, selon les circonstances, à Athènes, dans le désert mosaïque ou dans les cités qui recevaient l'Évangile, a pu utiliser, pour les fonctions religieuses comme pour les fonctions civiles, les fonctions religieuses n'étant que des fonctions civiles particulières. Il n'est pas étonnant que le clergé prétende dériver son droit de la *chirothesia* que pratiqua Moïse dans des circonstances exceptionnelles, puisqu'il est une institution oligarchique. C'est la *chirothesia* elle-même qui est une invention oligarchique [7]. Après la captivité d'Israël, les rabbins, comme aujourd'hui les presbytériens, ont transformé le gouvernement populaire en gouvernement de quelques-uns.

Il n'y a donc pas lieu de distinguer entre ordination et élection, comme le font les théologiens [8]. Harrington conclut que la « discipline de l'Église chrétienne était primitivement populaire » et que le modèle d'ordination, élaboré dans son *Oceana*, est conforme à l'Église chrétienne [9]. Pour le premier point, il convient de souligner que le gouvernement populaire n'exclut pas un certain mélange d'aristocratie, c'est-à-dire un sénat. Pour le second point, le système politique élaboré dans *Oceana* maintient à la fois une religion nationale, pure organisation

1. PPG, II, 3, p. 516.
2. PPG, II, 3, p. 519.
3. *Lév.*, III, 42, p. 570.
4. PPG, II, 4, p. 537-538, sur Paul et Barnabé, et II, 5, 544, sur l'ordination de Matthias.
5. PPG, II, 3, p. 528.
6. PPG, II, 3, p. 522.
7. PPG, II, 4, p. 531.
8. PPG, II, 5, p. 540.
9. PPG, II, 5, p. 544.

extérieure du culte sous le contrôle du magistrat, l'élection par le peuple du clergé et une entière liberté de conscience, développant ainsi une version de l'érastianisme, opposée à celle de Hobbes et qui sera précisément celle de Toland [1]. Pour Harrington, l'institution d'une Église d'État est la meilleure façon de garantir la tolérance, à la fois contre la prétention traditionnelle des épiscopaliens à un droit divin des prêtres et contre les tentatives de contrôle de la chose civile, après la défaite du parti royal, par les presbytériens et certains indépendants. Si Harrington, dans son *Privilège du gouvernement populaire*, n'attaque pas explicitement Hobbes, puisque, au contraire, il s'allie à lui dans un combat contre les prétentions politiques des cléricaux, presbytériens, épiscopaux ou crypto-papistes (les ennemis de mes ennemis sont mes amis), il reste que son modèle de l'*ecclesia* est très différent du modèle hobbesien de l'autorisation.

On a pu estimer que les positions de Hobbes et de Harrington, sur ces questions, sont deux façons de dire la même chose. Pourtant, on voit bien que ces deux érastianismes ne se valent pas, parce qu'ils n'ont pas les mêmes implications et les mêmes usages comme modèles de communication de la philosophie. L'érastianisme de la conformité, chez Hobbes, a pour conséquence que la seule manière dont le hobbisme et l'interprétation des Écritures qu'il développe peuvent se communiquer, c'est en devenant doctrine d'État et en étant enseignées, par le souverain ou ses délégués, dans l'Université. L'érastianisme tolérant de Harrington, du moins réinterprété par Toland comme un érastianisme non-conformiste, légitime une tout autre communication de la philosophie : la généralisation de l'hétérodoxie. Un texte contemporain de la rédaction de la *Primitive Constitution of the Christian Church*, la préface de *Socinianism truly stated*, affirme que les panthéistes, au nombre desquels Toland se compte, considèrent impossible « toute uniformité dans les opinions ou pratiques humaines ». D'une manière spinoziste, Toland ajoute que haïr les divisions dans les affections, intérêts et opinions, au nom de la nécessité prétendue de cette uniformité, c'est prendre l'humanité comme on voudrait qu'elle soit, et non comme elle est.

C'est bien la version harringtonienne de l'érastianisme qui, chez Toland, permet de penser la coexistence des hétérodoxies, parce qu'elle ne maintient la religion nationale que comme un cadre formel, dont le

1. Voir *Political Aphorisms*, XXI, XXII, XLIII, XLV.

seul dogme est la civilité et la moralité. Toland défend la spontanéité de l'*ecclesia*, c'est-à-dire fondamentalement le droit de se réunir, de lire et de débattre sans autorisation d'aucune sorte, parce que la communauté philosophique elle-même est une *ecclesia*. Les philosophes réclament les mêmes droits que les religieux non-conformistes, c'est-à-dire que les premiers chrétiens. La philosophie, en des temps où, à défaut de brûler les auteurs, on brûle encore leurs livres (comme Toland en a fait l'expérience avec son *Christianity Not Mysterious*), a un intérêt juridique à se considérer comme une *croyance*. Une caractéristique très importante des usages philosophiques de l'érastianisme, du moins chez Toland et, comme c'est manifeste, chez Spinoza, est que la question de la police ecclésiastique englobe la question de la liberté philosophique. L'intérêt pour le problème théologico-politique est simplement *vital* pour le philosophe. Toland lui-même, dans le *Pantheisticon*, finira en 1720 par décrire une *ecclesia* panthéiste, une *société socratique*.

Toland a dû bien s'amuser à compiler les textes dans sa *Primitive Constitution*. Son travail est essentiellement celui d'un copiste : recopier Hobbes et Harrington, recopier les Pères et le Nouveau Testament. La première autorité n'est pas nommée, la seconde est affichée avec insistance. S'il est une dette de Toland à l'égard du TTP, elle est bien dans cette relation ludique et tactique aux textes et aux autorités. La *Constitution primitive de l'Église chrétienne*, sous couvert d'ecclésiologie chrétienne, travaille à protéger les communautés les plus tumultueuses, en posant que les droits que les non-conformistes peinent à obtenir sont les premiers principes de la politique de la croyance. C'est le droit à l'hérésie qui devient la norme. Le *Pantheisticon* abandonnera les références scripturaires et patristiques qui, dans la *Primitive Constitution*, relevaient manifestement du pastiche, pour se réclamer des classiques et, particulièrement, de Cicéron. Mais la *Primitive Constitution* légitimait par avance ce changement d'autorités : comme nous l'avons vu, Toland affirmait, citant à l'appui Justin Martyr, que les Anciens, quoique réputés athées, dans la mesure où ils vivaient selon la raison, étaient des chrétiens. L'ecclésiologie, qui définit un modèle pour la communauté et la communication philosophiques elles-mêmes [1], peut être alors transposée de l'Église primitive à la sodalité socratique. Le

1. Voir notre article, « L'art de lire Toland », dans *John Toland et la crise de conscience européenne*, *Revue de Synthèse*, t. 116, 4e série, nos 2-3 (avril-septembre 1995), p. 399-419.

club des Lumières ne trouve-t-il pas ainsi un précurseur dans l'*ecclesia* de John Toland ? Rédigeant la *Primitive Constitution*, le panthéiste irlandais n'aurait pas alors seulement raillé les prêtres et singé la science des théologiens, en substituant, d'une manière amusante, mais grosse, les noms des Pères et des Évangélistes au nom de Harrington et à celui, odieux, de Hobbes ; il aurait trouvé, dans la manière dont la communauté politique, par le biais d'une Église d'État – qu'elle soit celle, hier, du judaïsme, ou, aujourd'hui, de l'Angleterre –, pouvait s'accommoder des sectes de trembleurs et d'inspirés, non pas seulement une tolérance condescendante à l'égard des malades et des fanatiques, mais une constitution pour les esprits libres.

Laurent JAFFRO
Université de Paris I Panthéon-Sorbonne

Bibliographie sommaire

CARABELLI Giancarlo, *Tolandiana. Materiali bibliografici per lo studio dell'opera e della fortuna di John Toland (1670-1722)*, Florence, La Nuova Italia, 1975. *Errata, addenda e indici*, Ferrare, Universita degli studi di Ferrara, 1978.

CHAMPION Justin A. I., *The Pillars of Priestcraft Shaken. The Church of England and its Enemies, 1660-1730*, Cambridge UP, 1992.

DANIEL Stephen H., *John Toland : His Methods, Manners, and Mind*, Kingston et Montréal, McGill-Queen's UP, 1984.

EVANS Robert R., *Pantheisticon : The Career of John Toland*, New York, Peter Lang, 1991.

SULLIVAN Robert E., *John Toland and the Deist Controversy*, Cambridge (Mass.), Harvard UP, 1982.

[Collectif] *John Toland et la crise de conscience européenne*, *Revue de Synthèse*, t. 116, 4e série, 2-3 (avril-septembre 1995).

LA FOLIE SACRÉE
DÉLIRE ET POUVOIR SELON HUME

Chacun sait que les Lumières ont trouvé leur cible, et leur identité, dans la dénonciation du fanatisme. « Les habits de peau que Dieu fit à Adam et à Ève furent le modèle du *san-benito* que le Saint-Office fait porter aux hérétiques »[1]. En 1750, s'en prendre aux croyances, c'est toujours engager un combat, une révolte ; il s'agit moins de spéculation, ou de métaphysique, que de pouvoir, du pouvoir qui fit rouer Callas. S'il faut attaquer la croyance, c'est moins sur ses contenus, spéculatifs ou fabuleux, que sur son influence, sur les passions et les formes de l'autorité publique. « Examinez les principes religieux qui se sont en fait imposés dans le monde. Vous vous persuaderez avec peine qu'ils sont autre chose que les rêves d'un homme malade »[2]. En effet, la religion n'implique pas seulement le dogme ou la fable, mais aussi la violence, la force ; c'est avant tout une puissance, une influence qui s'exerce sur les hommes, qui les empêche de vivre et de penser. De là l'horizon politique propre aux Lumières : la critique des croyances recoupe toujours celle d'un pouvoir, d'autant plus contraignant qu'il opère dans l'invisible. Ce que l'on vise, en dernier lieu, c'est même la notion de Pouvoir, l'autorité qui toujours se cache derrière le dogme, au sens où c'est toujours l'idée d'un Ordre ou d'une Force, d'un Dessein sur le monde et les hommes,

1. Voltaire, *Dictionnaire philosophique*, art. « Inquisition », Paris, GF-Flammarion, 1964, p. 238.

2. *Histoire naturelle de la religion,* XV, p. 104. On retiendra les abréviations suivantes : TNH pour le *Traité de la nature humaine*, DRN pour les *Dialogues sur la religion naturelle*, EEH pour l'*Enquête sur l'entendement Humain*, EPM pour l'*Enquête sur les principes de la morale*, HNR pour l'*Histoire naturelle de la religion*. L'indication des éditions utilisées est donnée en bibliographie. Nous modifions parfois les traductions.

qui gouverne les fictions du sacré, les spéculations des tyrans et des fanatiques.

« Chaque fois qu'il est question de l'esprit religieux dans une narration historique, nous sommes sûrs de rencontrer ensuite le détail des misères qui l'accompagnent. » [1] De fait, le sacré, comme la folie, forme une énigme, un scandale. Il transpose dans l'arrière-monde la servitude volontaire. En lui, les hommes se coupent de leur puissance réelle, de leurs vies et de leurs œuvres, au profit d'une force invisible, qui les dévore : misères de la superstition, convulsions du fanatisme, pouvoir sacerdotal, despotisme enfin, où la sacralité fusionne avec l'omnipotence [2]. Si l'on admet que cette violence repose sur l'artifice, on doit lever ce mystère d'une fantaisie qui œuvre à ses propres chaînes. Si les hommes rêvent, dessinent des chimères dans le ciel, comment ces rêves peuvent-ils agir ? Le mystère du sacré, c'est toujours le secret d'une alliance, magique ou monstrueuse, entre la fiction et la force. L'énigme, c'est celle d'une violence, et d'une morbidité, propres aux croyances ; dans le délire, l'imagination se ruine elle-même. C'est dire, sous cette question, que la folie habite l'autorité ; c'est dire aussi que tout pouvoir, même le plus séculier, peut receler une part occulte, mystique, peut-être immaîtrisable, où les croyances prennent la forme directe de la volonté. Le paradoxe qu'affrontent les Lumières, c'est le pouvoir des chimères, la puissance morbide des illusions.

Dans leur rejet du sacré, les Lumières doivent affronter un second mystère : l'inversion qu'opère la sacralité dans la fonction du politique. Si l'on admet que toute politique répond aux exigences de l'utilité – protection et justice –, comment admettre que le sacré, sa fondation mystique, vienne justement la contredire ? La religion désigne le système des fins, elle prétend garantir l'unité formelle du corps politique, et l'accord de la communauté à la nature. Mais en même temps, elle en détruit l'unité et la production réelle. S'il faut dissocier le politique de

1. DRN, XII, p. 118 : « Factions, guerres civiles, persécutions, gouvernements renversés, oppression, esclavage : voilà les néfastes conséquences qui toujours accompagnent sa domination sur l'esprit des hommes ». C'est Philon, le sceptique, qui parle.

2. Comparer avec D'Holbach, *La Contagion sacrée, ou histoire naturelle de la superstition* (in *Premières Œuvres*, Paris, Éditions sociales, 1971, p. 144) : « L'homme se comporte envers son Dieu comme l'inférieur envers son supérieur, comme le sujet envers son souverain, comme l'esclave envers son maître, comme le faible envers celui dont il craint le caprice et le pouvoir ».

son double religieux, c'est que l'un est ruiné par l'autre. Ainsi, l'espace théologico-politique voile un dédoublement pervers : politique et religion se recoupent en idée, elles renvoient aux mêmes fins, mais pratiquement, elles se trahissent. La politique désigne le système de l'intérêt commun, le schème général de l'utilité. Au contraire, la religion comprend un champ d'excès qui ruinent le corps social [1]. Passant de l'utile au sublime, la finalité suit un parcours pathologique, le système du pouvoir se dérègle en violence. Puisque religion et politique se superposent, et se contredisent, un tel constat autorise un soupçon : que l'unité et le maintien de la société impliquent un risque permanent de folie, de destruction. En son fond, l'autorité croiserait toujours la menace du délire.

En posant la question théologico-politique, les Lumières opèrent une double réduction : celle des croyances au pouvoir, celle du pouvoir à l'imagination. Si l'on admet que la religion est délirante et nuisible, les Lumières doivent associer deux questions : comment isoler et démonter un délire, comment construire une politique immanente, dégagée de l'influence religieuse, manifeste ou cachée ? Si délire et pouvoir se croisent dans la croyance, et si le pouvoir lui-même suppose un montage imaginaire, seule une théorie des fictions peut appliquer le programme des Lumières : manifester la folie au sein du politique, et séparer le politique du religieux.

Dans cette visée critique, David Hume a construit une théorie du sacré, où se replient l'un sur l'autre les deux volets de l'empirisme, le scepticisme en théorie, le libéralisme en pratique. Au combat des Lumières, Hume fournissait justement son arme majeure, une théorie des fictions. Celle-ci ouvrait une double échappée, libertine et libérale : promouvoir l'incroyance, la libre pensée, et libérer « les sciences et les arts », les initiatives et la puissance technique dans la société. Un tel dégagement supposait que l'on démonte les concepts d'autorité, de création et de pouvoir, pour restituer justement aux hommes leur puis-

1. DRN, XII, p. 118-119 : « L'office propre de la religion est de régler le cœur des hommes, d'humaniser leur conduite, de les pénétrer de l'esprit de tempérance, d'ordre et d'obéissance ; et comme son opération est silencieuse, et ne fait que renforcer les motifs de moralité et de justice, elle court le risque de passer inaperçue et d'être confondue avec ces autres motifs. Quand elle se distingue, et agit sur les hommes comme un principe séparé, elle s'est écartée de sa sphère propre, elle est devenue simplement un manteau des factions et de l'ambition ».

sance, leur capacité d'invention, de production. Sur cette ligne de front, se tiennent les mystères communs au pouvoir et aux croyances ; sous le prestige et les images, ils voilent tous les aspects pratiques de l'imagination, ses artifices et sa puissance, qui se tiennent dans l'ombre, désormais virtuels, inhibés [1].

A ce titre, Hume a proposé une thèse très simple : dans le travail de l'imagination, la religion appartient au régime des délires, elle donne au délire un valeur éminente, souveraine. En délirant, l'imagination divague, prend son essor, elle ouvre des espaces sublimes, mais en même temps, elle devient malade, inopérante. Dans le délire, la fantaisie se trouve précisément *en perdition* : sans référence, et coupée de sa puissance. Comme dans la servitude volontaire, le mystère de la folie, c'est l'influence paradoxale de certaines fictions, où la fantaisie, au lieu d'agir et d'opérer, se perd dans des arrière-mondes, jusqu'à se ruiner elle-même.

Ainsi, dans le sacré, monde des puissances occultes : la sublimité des fictions recoupe l'impuissance et la servitude. Les hommes se portent dans l'invisible, rêvent et vaticinent, mais en même temps, ils sont esclaves ; ils prient, ritualisent, prophétisent au lieu d'opérer, ils craignent et ils espèrent. Si le sacré est l'ennemi, c'est qu'il fascine la pensée et l'action, c'est qu'en lui, l'initiative humaine perd son effectivité, au profit de chimères où se dissout sa puissance, comme « les rêves d'un homme malade » [2]. Dans la folie sacrée, les hommes se séparent d'eux-mêmes, en produisant des spectres, et des chimères de forces [3]. Dans tous les cas, la fantaisie se soumet à un Pouvoir, maître du cours du

1. De fait, c'est sur la religion que viennent se croiser tendances et paradoxes de la nature humaine : en elle se cristallisent les deux aspects de la croyance, le logique et le pratique. Tout comme se répondent les deux *Enquêtes*, l'analyse de la causalité et la description de la morale publique, les *Dialogues sur la religion naturelle* et l'*Histoire naturelle de la religion* viennent cerner, de plus près encore, l'ambiguïté de la nature humaine, qui doit toujours, d'un seul mouvement, faire et concevoir, feindre et pratiquer : elles proposent ainsi une théorie de la puissance propre aux fictions, de la puissance des illusions.

2. HNR, XV, p. 104, déjà cité. *Cf.* D'Holbach, *La Contagion sacrée*, *op. cit.*, p. 149 : « C'est près du lit d'un moribond que la religion est sûre de remporter des victoires complètes sur la raison humaine ».

3. Le fond de la religion est impuissance, et tristesse. Voir HNR, III, p. 50 : « Si nous examinons notre propre cœur ou observons ce qui se passe autour de nous, nous découvrirons que les hommes s'agenouillent bien plus souvent sous l'effet de la mélancolie que sous celui des passions agréables ».

monde. Résoudre la question théologico-politique, c'est donc préciser ce lien du pouvoir au délire, montrer comment l'autorité et la folie se replient et se croisent à l'infini, dans le ciel des puissances sublimes.

I. *De l'autorité : éléments de la morale publique*

Comme préalable à toute politique, Hume notait le caractère ambigu de l'autorité : le paradoxe du pouvoir, c'est qu'en lui-même, il n'a pas d'essence, mais en pratique, il demeure indispensable. Le gouvernement n'est qu'un artefact, un truquage, il n'appartient pas aux principes de la morale ; il ne s'appuie que sur la force, une conquête violente, et sur la tradition, le poids des habitudes. « Les camps sont les véritables pères des cités »[1]. En termes de morale publique, on peut fort bien concevoir des sociétés sans État, sans pouvoir autonome, séparé de la communauté[2]. Et en dernier ressort, la seule légitimité que peut exhiber un pouvoir, c'est l'argument des faits, c'est seulement qu'il existe, et que l'on s'y soumet[3]. L'autorité n'est rien d'autre qu'un *effet* : entièrement factice, elle se meut dans l'astuce, le fait accompli. Pourtant, presque toujours, le gouvernement est requis pour maintenir la société en corps, comme si elle ne pouvait se contenir elle-même. En effet, la première exigence politique, c'est que la collectivité puisse se maintenir comme un tout, qu'elle fasse système[4]. Le pouvoir fournit précisément l'organe de ce maintien ; ce n'est qu'un outil, un expédient, toujours bricolé, pour concilier les tensions qui agitent le corps social. Par ce moyen « les hommes doivent donc s'employer à atténuer ce qu'ils ne peuvent guérir »[5], l'injustice et le désordre.

Le pouvoir prend corps dans les failles du collectif ; il trouve son existence, et sa nécessité, dans les vides du lien social. De là ce paradoxe d'un artefact inessentiel et pourtant indispensable : pour maintenir les

1. TNH, III, II, 8, p. 660 *sq.*

2. « Bien que le gouvernement soit une invention très avantageuse, et même, dans certaines circonstances, absolument nécessaire pour les hommes, l'invention n'en est pourtant pas nécessaire dans toutes les circonstances, et il n'est nullement impossible aux hommes de maintenir quelque temps la société sans recourir à une telle invention. » *Ibid.*

3. Dans les abus, il suffit donc, pour qu'il s'exerce, d'une fiction de volonté, matière à tous les trafics de l'art de gouverner.

4. EPM, III, p. 100 : « La sécurité des gens est la loi suprême ».

5. *De l'origine du gouvernement,* in *Quatre essais moraux et politiques,* p. 79.

hommes en corps, et les satisfaire, le supplément sera infiniment plus efficace que le seul intérêt de justice, la force, que l'honneur et la liberté. Domination et obéissance tiennent lieu de bienveillance et de vertu. Ainsi intervient l'autorité pour combler les fissures de la morale. Elle répond à l'urgence de soutenir un corps social précaire, comme des étais pour un malade. Ce que manifeste le pouvoir, c'est le fait d'une organisation incomplète, c'est que le corps politique n'existe pas vraiment, qu'il n'accède jamais vraiment à l'organisme [1].

D'où procède, dans la vie sociale, une telle menace de ruine, une telle précarité ? De fait, Hume réduisait à deux principes les éléments de la morale : d'une part les passions, la sympathie, et d'autre part la justice, l'utilité. Le premier principe donne sa matière à la morale, le second sa forme et son unité : la justice organise les passions, l'utilité publique, l'harmonie des intérêts. Le monde de la morale, c'est le système des passions collectives. Or, si le pouvoir est nécessaire, c'est que les deux principes, passion et justice, ne s'ajustent jamais complètement ; le système ne coïncide pas avec lui-même. En effet, la vie sociale doit affronter deux paradoxes qui toujours se contredisent : le monde des affections prescrit toutes les fins désirables, mais sans fournir les moyens ni les mesures, le monde de la justice, quant à lui, organise et calcule, mais sans jamais prescrire les fins. De là un risque de scission, ou d'implosion absurde : sympathie et justice peuvent s'opposer comme une vie sauvage et une mesure abstraite, ineffective. Entre ces deux principes, l'utilité, qui organise les intérêts, doit sans cesse maintenir un précaire équilibre ; elle doit sans cesse construire un corps, mais ce corps collectif, pour une part, échappe à l'organisation. En un sens, ce n'est jamais vraiment un organisme ; il accueille, et suscite, des doubles de lui-même, il recueille dans sa vie même une part de violence et de mort.

La sympathie désigne le fond de la vie collective ; c'est une communauté sensible, vitale, l'espace des passions et des actions. En elle, s'expriment les désirs, les initiatives, les puissances à l'œuvre dans le

1. « Tous les hommes sont sensibles à la nécessité de la justice pour maintenir la paix et l'ordre ; et tous les hommes sont sensibles à la nécessité de la paix et de l'ordre pour le maintien de la société. Pourtant, malgré cette forte et évidente nécessité, telle est la faiblesse ou la perversité de notre nature ! Il est impossible de retenir les hommes, avec confiance et sans faillir, sur les chemins de la justice. [...] En un mot, l'Obéissance est un nouveau devoir qu'il faut inventer pour appuyer le devoir de Justice, et les liens de l'équité doivent être confirmés par ceux de la soumission. » *Ibid.*

collectif. Elle comprend aussi bien les sentiments que les instincts, les créations culturelles que les flux de travail ou d'argent ; c'est un espace de forces, d'intensités. Aussi est-ce toujours la passion qui donne ses contenus à la morale, car elle seule est effective. « Toute chose en ce monde s'acquiert par le travail ; et nos passions sont les seules sources de ce travail »[1]. En effet, toute action et toute valeur supposent des mobiles, un champ d'affections qui leur préexiste : « Rien de plus vigilant ni de plus inventif que nos passions »[2]. C'est pourquoi les distinctions morales ne dérivent jamais de la raison. Face au travail de la passion, la raison est impassible, indifférente[3].

Pourtant, la sympathie ne peut jamais fonder la morale ; elle ne suffit que dans les cas, miraculeux, où la morale est inutile. A elle seule, elle ne se tient que dans la grâce. Pourquoi ? C'est qu'elle est infinie ; elle ne mesure, elle n'organise rien. Elle n'appartient qu'aux animaux, peut-être, ou aux sociétés d'anges[4]. Si la sympathie n'est pas morale, c'est qu'elle échappe au monde des corps, des fonctions et des propriétés. La sympathie, c'est tout le lien social, mais à l'état inorganique : c'est un milieu, un mouvement anonyme, qui excède tout ensemble, toute unité, sociale ou individuelle ; elle ignore les distances et les personnes.

En effet, comme toute impression, la passion est « aveugle », effusive, indéfinie. Elle ignore l'extension, elle se déploie dans un espace sans limites. L'affect est une existence simple, un fait original : le

1. *Du commerce,* in *Discours politiques,* p. 17.

2. TNH, III, II, 6, p. 646.

3. TNH, II, III, 5, p. 525 : « Il n'est pas contraire à la raison de préférer la destruction du monde entier à une égratignure de mon doigt. Il n'est pas contraire à la raison que je choisisse de me ruiner complètement pour prévenir le moindre malaise d'un Indien ou d'une personne complètement inconnue de moi. » *Cf.* TNH, III, I, 2, p. 586-592, et EPM, App. I, p. 207-208 *sq.* : « La raison juge soit des *faits* soit des *relations* » ; or « si la fin nous était totalement indifférente, nous ressentirions la même indifférence quant aux moyens. Il est nécessaire qu'un *sentiment* se manifeste ici, pour nous permettre de préférer les tendances utiles aux tendances nuisibles ».

4. Ainsi, chez Rousseau, le dernier état de nature, qui précède l'instauration de la propriété, et la division du travail. En ce moment insaisissable, la morale est inutile : instincts et sympathie forment une manière d'harmonie préétablie, en l'absence de tout intérêt propre. Voir *Discours sur l'origine de l'inégalité*, in *Du Contrat social et autres œuvres politiques*, éd. J. Ehrard, Paris, Garnier, 1973, p. 66 : « Le premier qui ayant enclos un terrain s'avisa de dire : *ceci est à moi*, et trouva des gens assez simples pour le croire, fut le vrai fondateur de la société civile. »

fait de la passion, c'est son intensité, la force et la vivacité qu'elle impose. On ne peut que l'éprouver, non la définir. *Elle est*, dans l'absolu, ou cesse d'être, elle peint immédiatement un univers à son image. C'est un élément que l'esprit accueille, comme un écran accueille les images qui le remplissent [1]. De là son infinité : surgie dans le divers, le local, l'affection tend spontanément au global, sans que ce monde qu'elle colore possède la moindre limite. La passion ignore l'extension, la distinction du tout et des parties ; elle se répand comme une onde, jusqu'à s'éteindre ou disparaître. Elle n'existe qu'au présent, et, sauf conflit, elle ne connaît jamais son autre ; asservie à la présence, à l'immanence, elle reste indifférente à l'extérieur, à l'espace et au temps, à autrui. A l'état pur, une passion est une folie, une transe, d'extase ou d'effroi.

De là un double aspect, proprement apolitique : partialité et contagion, qui se supposent mutuellement. La force de Hume, c'est d'associer sympathie et partialité. En effet, l'affection est toujours partiale, entendons : effusive et pourtant singulière. La partialité désigne cette tendance des passions à produire des totalités fictives, en ignorant l'extension [2]. Dans le même sens, la passion sera contagieuse ; comme elle ne connaît aucune limite, ni tout ni parties, elle déborde toute unité désignable.

La sympathie, c'est le milieu des passions. C'est pourquoi elle échappe toujours à la morale. Dans cet espace non marqué, où les affections circulent, s'échangent ou s'imitent, on ne peut parler ni de sujet ni de groupe. Il n'y a ni soi, ni autre, ni tien ni mien : « Les esprits sont les

1. Comme la sensation, et toute impression, la passion est simple, infinie, océanique. C'est un élément que l'esprit accueille en lui comme un milieu, comme un écran accueille une image : il ne s'en dissocie pas. Ainsi, la statue de Condillac, au sentir d'une rose, ne pourra que penser : « je suis odeur de rose ». *Cf.* TNH, I, I, 1 (*« Origine de nos idées »*), p. 65-72 ; TNH, II, I, 1, p. 373-375 ; TNH, II, I, 5, p. 385 : « Ce que je découvre dans ces passions et que je considère comme une qualité originelle, c'est leur sensation, l'émotion particulière qu'elles éveillent dans l'âme et qui constituent leur être même et leur essence ».

2. TNH, III, II, 7, p. 656. Entre un objet de désir qui nous est contigu dans le temps et l'espace, et un autre objet, préférable, mais plus lointain, nos passions choisiront toujours l'objet proche : « Bien que nous puissions être pleinement convaincus que le second objet surpasse le premier, nous ne sommes pas capables de régler nos actions par ce jugement et nous cédons aux sollicitations de nos passions qui plaident toujours en faveur du proche et du contigu ».

miroirs les uns des autres »[1]. C'est un champ d'intensités, un flux impersonnel qui excède toute unité, collective ou singulière, même l'unité minimale de l'égoïsme[2]. Au-delà des personnes, un sujet de passions pures serait constamment en transe, ou plutôt, il serait lui-même transe, un champ d'extase, ou d'effroi[3]. Ainsi dans la partialité, une passion collective peut s'opposer à une autre, ignorer son autre, sans médiation possible. Inversement, les passions peuvent se contaminer entre elles, suivre un flux continu. Le modèle le plus pur qu'on puisse trouver à ce vertige, c'est l'enthousiasme, la panique, ou encore les flux monétaires ; ces courants aveugles excèdent toute propriété, la maîtrise de soi comme le respect d'autrui. Ondes ou courants, « houle » ou « tempête », la sympathie ne se ramasse jamais en corps, c'est un fluide qui passe entre les corps. Intransitive, indéfinie, elle déploie de longs flux de désir qui échappent à la mesure.

De là une profonde ambivalence. On ne saurait réduire la sympathie à la bienveillance ou à l'entente ; elle recouvre aussi un élément sauvage, violent, cacophonique. La sympathie ouvre l'espace des doubles ; à l'état pur, c'est une transe, une schizophrénie. Aussi vient-elle saper sans cesse le sentiment de soi, et plus largement, la justice, l'espace des propriétés. Partiale et contagieuse, elle contient la bonté comme la haine, la compassion et la cruauté, le sens du sacrifice comme l'esprit de secte[4]. Dans le fanatisme, l'effusion entre tous

1. TNH, II, II, 5, p. 469 : « Les esprits humains sont les miroirs les uns des autres, non seulement parce qu'ils peuvent refléter les émotions de tout autre esprit, mais aussi parce que ces rayons de passions, sentiments et opinions peuvent se réfléchir plusieurs fois et s'atténuer par degrés insensibles ».

2. La sympathie s'oppose à l'amour de soi, mais comme l'identité personnelle est elle-même fictive, ou précaire, et dépend très largement de la reconnaissance d'autrui, elle excède très souvent l'intérêt propre. L'égoïsme cache presque toujours la vanité. C'est pourquoi les hommes se comparent et se simulent, spécialement s'ils croient servir leur « égoïsme ». Dans la réflexion sociale, ils ne cessent de se doubler, et de mêler leurs copies, à l'infini. Sur l'imitation et la contagion des passions, voir TNH, II, I, 11 (*« L'amour de la renommée »*), p. 417-426. Sur l'identité personnelle, voir TNH, I, IV, 6, p. 342-356 : « Le moi, ou la personne, n'est pas une impression, c'est ce à quoi nos diverses impressions et idées sont censées se rapporter. Si une impression engendre l'idée du moi, cette impression doit demeurer invariablement identique pendant tout le cours de notre existence : car le moi est censé exister de cette manière. Or il n'y a pas d'impression constante et invariable » (p. 343).

3. *De la délicatesse du goût et de la passion*, in *Essais esthétiques*, t. II, p. 67-71.

4. L'intérêt propre est d'autant plus fragile qu'il n'a pour lui, peut-être, que l'instinct, l'animalité. C'est pourquoi les passions ne cessent d'osciller entre ces deux

organise secrètement la haine. La sympathie rassemble une communauté mystique, virtuelle, inorganique : une société virtuelle, toujours à venir, qui ne fait jamais corps avec elle-même. Elle peut nourrir les solidarités, la bienveillance, comme les factions ou les guerres civiles [1].

En morale, la sympathie est donc une scène, un écran d'apparitions, douces ou violentes. A ces courants, seule la justice peut attribuer un corps. Le droit construit un système. Il délimite l'espace des corps, des propriétés, des circulations et des échanges. C'est un circuit, un ensemble. En société, comme au sein des personnes, il faut que les passions s'organisent ; elles doivent se limiter, se compenser, se calculer, non plus se mélanger. Ainsi, la justice organise l'utilité, tout un système de relais, et de moyens. L'utilité, c'est le monde des outils, des instruments et des mesures, c'est un espace technique [2]. Dans l'utilité, on peut contrôler les inerties, les mouvements, construire un lieu habitable. De même, dans la justice, actions et passions peuvent coexister dans le temps et l'espace, les corps se limitent et se mesurent entre eux. Ils peuvent s'intégrer dans des ensembles ; la justice construit un monde où les gestes sont calculables. De là une double opération : il faut donner aux corps une limite, un lieu d'inscription, mais on doit aussi assurer leurs mouvements, ouvrir des extensions. Le souci de limite définit la propriété : donner une limite aux corps, c'est leur donner la maîtrise de soi, et celle de leurs pratiques, usages et possessions. C'est assurer leurs propriétés, au sens où ce qui est propre, unique, désigne le monde que décrit un seul corps. Dans la propriété, on peut mesurer le territoire,

principes, la transe et la maîtrise, l'aliénation et la propriété. De là une oscillation, ou un vertige, féconds en paradoxes. Voir TNH, II, II, 9, p. 487 : « Puisque la pitié est un malaise, et la méchanceté une joie, qui naissent du malheur d'autrui, la pitié doit naturellement produire de la haine et la méchanceté de l'amour ». Et TNH, II, II, 9. p. 494 : « C'est ainsi, trouvons-nous, que nous sommes portés, et spécialement les femmes, à ressentir quelque tendresse pour les criminels qui vont à l'échafaud et à imaginer volontiers qu'ils sont beaux et bien découplés ; pourtant lorsqu'on assiste au cruel supplice de la roue, on ne sent plus cette émotion tendre : on est alors submergé d'horreur ... » Sur la jalousie et la haine, comme sympathies négatives, TNH, II, II, 8, p. 476-486. Et sur le mélange, ou l'oscillation, de la pitié et de la haine, TNH, II, II, 9, p. 486-495.

1. *Superstition et enthousiasme*, in *Histoire naturelle de la religion*, trad. M. Malherbe, Paris, Vrin, 1980, p. 36 : « C'est ainsi que l'enthousiasme produit les plus cruels désordres dans la société humaine ».

2. EPM, V, p. 128 : « L'utilité consiste seulement en une tendance vers une certaine fin ».

isoler l'intime et le privé, attribuer des fonctions, délimiter des classes ; le principe, c'est que les gestes appartiennent clairement aux corps qui les meuvent, que ces corps en soient les sujets, les sujets responsables [1].

En second lieu, la justice, qui limite les corps, mesure entre eux les mouvements, tous les échanges. Des transferts non contrôlés reconduiraient les corps dans la passion, l'infinité, l'enfer des sympathies. En fondant la propriété, le droit formule aussi des règles pour l'aliénation. Échange et propriété se supposent, les sujets s'inscrivent dans un commerce. C'est seulement dans la justice que l'on peut parler de lien social et de sujet ; la personne, le sujet juridique, n'existe que dans la réciprocité. La justice, en effet, définit des *extensions* ; elle combine des multiplicités, des montages de gestes, elle invente des corps artificiels [2]. Le droit a toujours pour tâche d'étendre l'intérêt au-delà du présent, dans l'espace et le temps, vers autrui, dans le langage. Ses règles tissent un monde de relations, elles fabriquent un corps collectif que la résonance des affections, à elle seule, ne pouvait susciter [3]. A l'intensité affective, on opposera l'extension juridique ; une règle de droit, c'est toujours un calcul, qui précise un champ de situations possibles, mesure des compromis, délimite un champ d'application, des cas d'exclusion ; elle cultive un territoire, décrit des frontières, filtre et canalise les mouvements qui passent entre les corps.

C'est pourquoi « les impressions, qui font naître le sens de la justice, ne sont pas naturelles à l'esprit humain, elles naissent de l'artifice et des conventions » [4]. L'imagination, dans la liaison des idées, transforme les impressions en images, en idées communicables. De même, le droit cristallise les affects, il impose une forme aux actions et aux passions, une forme artificielle, qu'elles ne possédaient pas. C'est seulement dans la mesure et l'extension que les affects acquièrent un corps, c'est seulement dans le calcul des formes qu'ils peuvent se diriger, se

1. EPM, III, 2, p. 102 : « Qu'est-ce que la propriété d'un individu ? Toute chose qu'il est licite pour lui, et pour lui seul, d'utiliser ».

2. « Mais quelles règles avons-nous, par lesquelles nous puissions distinguer ces objets ? Ici, nous devons avoir recours à des statuts, coutumes, précédents, analogies, et cent autres circonstances, dont certaines sont constantes et inflexibles et d'autres, variables et arbitraires. » *Ibid.* Voir TNH, III, III, 3 (*« Règles qui déterminent la propriété »*), p. 620, *sq.*

3. TNH, III, III, 2, p. 603 : « C'est ce supplément de force, de capacité, et de sécurité qui fait l'avantage de la société ».

4. TNH, III, II, 6, p. 614.

formuler. A l'intensité, à la contagion passionnelles, la justice oppose la distance d'abstractions impassibles, elles-mêmes dégagées de toute force, mais qui étendent et organisent les forces.

Toute la justice consiste dans sa forme : intérêt général, honneur, propriété. C'est un code, un calcul, qui donne les règles du jeu. C'est un espace fictif de gestion et de mesure. Aux affects, il fournit un ordre, un circuit cohérent, mais rien d'autre. C'est pourquoi la justice, elle non plus, ne peut suffire à fonder la morale. Ce n'est qu'un code, toujours abstrait, toujours fragile ; lui manque à tout jamais l'intensité propre aux passions. Elle ne fournit que les règles, jamais les fins, qui ne viennent que des affects. L'origine et le sens de ces affects lui échappent, voilés qu'ils sont dans l'épaisseur des mobiles. Ce fond obscur de la morale échappe à l'espace des formes ; il est toujours vital, passionnel, indéfini, il n'est pas organique. En ce sens, la justice ne dit jamais que les surfaces, elle décrit les surfaces des mouvements et des corps. De là ses faiblesses. Tout d'abord, elle peut justifier vraiment n'importe quoi ; c'est justement son rôle. Comme elle ne trace que des moyens, des règles de cohérence, elle peut prescrire toute forme de vie. Ses formes accueillent aussi des monstres. Séparée des affections, la justice n'est plus qu'une technique aveugle. Sa forme peut se tenir, intacte, dans la corruption, ou dans l'horreur ; il suffit, seulement, qu'un groupe fasse corps avec lui-même. Ainsi, il est même « impossible aux hommes de s'entre-tuer sans statuts ni maximes, ni sans une idée de la justice et de l'honneur » [1]. D'autre part, la justice, formelle ou abstraite, n'est jamais vraiment effective. Tout comme la liaison des idées, dans la causalité, est simplement *probable*, ou vraisemblable, elle reste sans énergie propre. En elle-même, la justice est impassible, indifférente, elle mesure, sans rien prescrire [2]. Et comme les passions échappent à la mesure, la justice à son tour risque de se réduire à rien, à un ensemble de principes

1. Que la justice ne prescrive que des moyens, on en trouve la preuve dans le droit de la guerre, la frivolité, ou les associations perverses. Voir EPM, IV, p. 116-117 : « Même dans les sociétés établies sur les principes les plus nuisibles [...], certaines règles sont requises, règles qu'une sorte de faux honneur, ainsi que l'intérêt privé, incitent les membres du groupe à observer. [...] « Je déteste boire avec quelqu'un qui n'oublie jamais », dit le proverbe grec. Les folies de la dernière débauche doivent être enfouies dans un éternel oubli, afin de donner toutes leurs dimensions aux folies de la prochaine ».

2. Ou bien, elle peut prescrire n'importe quoi : « Il n'est pas contraire à la raison de préférer la destruction du monde entier à une égratignure de mon doigt. » TNH, II, III, 5, p. 525, déjà cité.

formels, frivoles, à une superstition [1]. Si elle se détache des affects, elle abandonne jusqu'à son rôle technique, elle n'est même plus utile, elle n'organise rien, et se dissout dans le vide [2]. En effet, impassible et abstraite, la justice, en elle-même, n'est jamais désirable.

Les affects sont profonds, intensifs, et sans mesure. La justice est calme, superficielle, extensive, toujours limitée. De cette scission dans la morale, sourd une perpétuelle menace. La passion et le désir sont des présences réelles, indubitables ; au contraire, la justice formalise des conventions dont la cohérence et l'efficacité demeurent improbables. Entre les désirs qui résonnent, et une justice impassible et abstraite, un vide peut se creuser, et dissoudre la société. Si les passions doivent s'organiser en corps, il faut que la justice à son tour devienne désirable, il faut que l'intérêt général plaise [3]. Or, la partialité des passions, et le caractère lointain de l'utilité rendent toujours cette synthèse incertaine. Entre ces pôles, oscille la vie morale ; sans cesse, elle doit concilier les formes et les forces. Entre une vie immanente, océanique, et les organes de la justice, elle doit monter un corps toujours précaire, toujours menacé : l'automate politique. A tout moment, le collectif ne se maintient qu'en conjurant sa propre ruine.

De là l'exigence du pouvoir. L'autorité prend sa place dans l'espace de ce risque. Elle occupe ce lieu d'incertitude, où les deux aspects de la morale se superposent, sans jamais s'ajuster. Au pouvoir, est justement confiée la fonction de la synthèse ; par obligation ou séduction, le gouvernement doit assurer l'unité des passions et de l'utilité publique. « Des droits dépourvus d'influence et séparés de leur exercice ne sauraient en rien être des droits. » [4] Ainsi, les passions exigent le pouvoir, comme ce qui leur donne un corps, la justice exige l'État comme l'instrument qui la met en œuvre. Le pouvoir n'a d'autre fonction que de faire passer ce droit au fait, dans les états de choses.

1. La superstition, c'est toujours la forme vide de la justice, une règle détachée de la passion, de l'intérêt réel. C'est la forme de la justice devenue délirante. Voir EPM, III, p. 103-104 : « Il y a cette différence significative entre la *superstition* et la *justice*, que la première est frivole, inutile et pesante, tandis que la seconde est absolument nécessaire au bien-être de l'humanité et à l'existence de la société ».

2. EPM, III, p. 90 : « En rendant la justice totalement inutile, on en détruit totalement, par là-même, l'essence, et l'on en suspend l'obligation pour l'humanité ».

3. EPM, V, p. 119 *sq.* : « Pourquoi plaît l'utilité ».

4. *Dissertation sur les passions*, in *Réflexions sur les passions*, II, 9, trad. C. Hoogaert, Paris, Livre de poche, 1990, p. 88, en note (trad. modifiée).

L'autorité est ce schème, qui prolonge les affects, et fait venir à l'impression la justice elle-même ; à travers ce prisme, elle peut être ressentie. L'artifice du pouvoir, c'est donc l'*intéressement* : il réalise l'intérêt général, en satisfaisant des intérêts privés. C'est une torsion, une conversion des partialités vers une fin qui leur échappe [1]. Tout comme le sentiment de l'habitude, dans la causalité, relie les impressions et l'abstraction, l'autorité organise un système d'espoirs et de craintes qui superposent les deux principes de la morale. Le pouvoir est ce tour, ce geste, qui cristallise la société.

En lui-même, le pouvoir n'est rien. On peut le comparer au mouvement de l'habitude, de la croyance, dans la causalité [2]. L'habitude, en effet, opère un mouvement de liaison entre intensités sensibles et extensions abstraites, entre les impressions et les idées. Dans le divers, elle institue un *continuum* sensible ; en cela, c'est toujours une impression, et c'est déjà une idée générale. C'est pourquoi elle reste difficile à isoler ; comme elle participe des deux régimes, elle apparaît à l'analyse comme une force mystérieuse. Elle seule garantit l'acte et l'unité de la croyance, mais son mouvement, quant à lui, demeure furtif, insaisissable ; comme l'habitude, la croyance « se dissimule elle-même » [3]. De même, le gouvernement est tout entier tradition, coutume : ni une passion, ni un droit, mais leur synthèse machinale [4]. En lui, la justice trouve un corps, un prestige et un attrait direct pour les hommes, et les passions peuvent s'étendre, coexister dans la mesure et le calme. En effet, le pouvoir aussi repose sur un effet de croyance, sur la constitution d'un crédit, d'une

1. TNH, III, II, 7, p. 657-660.

2. *Du contrat originel,* in *Discours politiques*, p. 192 : « L'obéissance, la sujétion devient quelque chose de si familier, que la plupart des hommes ne s'enquièrent jamais de son origine ou de sa cause, pas plus qu'ils ne le font pour le principe de la gravitation, pour celui de la résistance des corps, ou pour les lois les plus universelles de la nature ».

3. EEH, IV, p. 53 : « Tel est l'effet de l'habitude : lorsqu'elle agit avec le plus de force, elle cache notre ignorance naturelle ; bien plus, elle se dissimule elle-même, et elle ne parait jouer aucun rôle, simplement parce qu'elle se présente à nous avec un maximum de puissance ».

4. Ainsi, nul besoin de contrat pour que des hommes se mettent à ramer dans une barque. TNH, III, II, 3, p. 607 : « Deux hommes, qui tirent sur les avirons d'un canot, le font d'après un accord ou une convention, bien qu'ils ne se soient jamais fait de promesses l'un à l'autre ». Sur la critique du contrat comme foi jurée, voir TNH, III, II, p. 666-668. Le contrat, comme toute règle qui engage l'honneur, n'a de sens, de valeur, que s'il engage l'utilité, ou le sentiment. En dehors de ces principes, c'est un jeu verbal, formel, une superstition.

habitude. Il s'appuie tout entier sur la confiance, et s'abolit avec elle, car « la force étant toujours du côté des gouvernés, les gouvernants n'ont d'autre soutien que l'opinion. C'est donc sur l'opinion seule que le gouvernement est fondé » [1]. Et comme la croyance, il implique un ressort secret, invisible, qui garantit l'unité du collectif et de ses habitudes. Le pouvoir est d'autant plus efficace, effectif, que son opération reste invisible. Le mystère est sa garantie.

Le pouvoir apparaît dans les fissures de la morale, comme un simple effet, sans fondement ni essence. Comme l'habitude, dans son ordre, relie secrètement impressions et idées générales, il tisse un lien invisible entre passions et justice : c'est une simple ruse par où communiquent les deux principes de la morale. Du caractère *factice* du pouvoir, résulte une autre conséquence : son extrême précarité. Puisqu'il occupe un lieu vide, incertain, il doit sans cesse conjurer sa propre faillite. Le ressort du lien social se tient lui-même dans le vide ; il tient tout entier dans un compromis, un jeu de balance. En effet, le pouvoir politique doit constamment ménager les deux principes dont il assure l'équilibre. A l'évidence, aucun régime, aucun état durable, ne peut surgir des seules passions. Politiquement, elles prennent le pas dans les cas extrêmes, insurrections, révolutions, convulsions diverses, où l'organisation se dissout. Mais par ailleurs, un modèle organique, une constitution, ne saurait garantir la stabilité d'un régime, car l'autorité ne dérive jamais de la seule justice [2]. Ni justice ni affect, le pouvoir se tient exactement entre les deux. De là son caractère vacillant, insaisissable. La force de Hume est d'avoir identifié le pouvoir au jeu d'une balance, à la balance des pouvoirs. En effet, pour se maintenir et maintenir avec lui le corps politique, le pouvoir doit concilier en permanence la fermeté de l'intérêt général et le travail des passions, maintenir la justice, éventuellement par la force, et susciter les intérêts [3]. De là un jeu de

1. *Des premiers principes du gouvernement*, in *Quatre essais moraux et politiques*, p. 75.

2. Même s'il appuie le droit, et y puise sa légitimité, jamais le gouvernement ne saurait naître d'une simple convention ou d'une promesse, d'un contrat originel. Voir TNH, III, II, 8, p. 660-672, et *Du contrat originel*, in *Discours politiques*, p. 192-203.

3. *De l'origine du gouvernement*, in *Quatre essais moraux et politiques*, p. 81 : « Il faut l'avouer, la liberté est la perfection de la société civile ; mais encore faut-il reconnaître que l'autorité est essentielle à son existence même ; et dans les litiges qui éclatent si souvent entre l'une et l'autre, l'autorité peut, pour cette raison, appeler la préférence ».

bascule permanent entre ordre et libertés. Si l'autorité se montre trop coûteuse pour la société, elle inhibe l'expansion des intérêts, sur lesquels toujours elle s'appuie, elle finit donc par se ruiner elle-même ; et si elle cède, le corps politique n'existe plus [1]. Ainsi le pouvoir se tient toujours entre deux abîmes, l'anarchie, qui dissout les protections et garanties de la justice, et le despotisme, qui paralyse le corps social. Le gouvernement doit justement *maintenir l'écart* entre ces deux extrêmes. L'art politique tient tout entier dans la maîtrise de cette balance : c'est une casuistique, une rhétorique, une jurisprudence. Maintenir le corps politique, c'est toujours rechercher un compromis et un optimum, ou plutôt, leur point de jonction invisible, c'est construire un système, toujours mouvant, où passions et actions puissent vivre en compatibilité, en allant jusqu'au bout d'elles-mêmes.

II. *La folie sacrée*

Dans ce vide, il arrive donc que le pouvoir bascule. Ou plutôt, ce vide est permanent, présent à tous les niveaux de morale. On doit sans cesse le combler, le conjurer. Le pouvoir peut toujours échapper à sa fonction, et en un sens, il *manque* toujours d'y échapper. Dans un tel cas, les principes de la vie sociale se désajustent l'un de l'autre, ou rentrent en collision. Les passions ne s'organisent plus, la justice se détache des intérêts réels.

Dans ce vide, se déploient justement les synthèses du sacré. Reste un manque que l'imagination doit combler. Pour les Lumières, la religion désigne l'au-delà du politique : à la fois son double, et sa négation, son image inversée. Elle en retrace les principes et les exigences, mais dans un lieu vide, ineffectif. Non plus dans la prudence, mais dans la tourmente et le délire. Elle est la politique à l'état délirant, corrompu : l'espace où le pouvoir, disparu comme artifice, revient sous forme d'exigence et de fantasme.

1. « Dans tous les gouvernements sévit perpétuellement une querelle intestine, ouverte ou dissimulée, entre l'autorité et la liberté, et ni l'une ni l'autre ne peut jamais l'emporter absolument dans ce conflit. Il faut nécessairement sacrifier beaucoup de sa liberté sous tout gouvernement, et cependant l'autorité même, qui restreint la liberté, ne peut jamais – et peut-être ne doit-elle jamais – devenir vraiment absolue et irrésistible. » *Ibid.*

Comment passe-t-on du politique au religieux, sa face d'ombre ? Selon Hume, le délire religieux se déploie quand la synthèse politique s'est désorganisée, quand l'unité de la morale ne se tient plus que dans les rêves. C'est pourquoi le sacré est toujours ambigu, à double face ; on peut ramener ses formations à deux tendances : la magie et la mystique, l'idolâtrie et la transe [1]. Par-delà les mythologies, les théologies et leurs raffinements, toute religion contient en proportions variables ces deux principes. Elles-mêmes en oscillation perpétuelle [2], ces tendances recoupent les deux besoins fondamentaux en politique, l'exigence de protection et de justice, la liberté de désirer. Mais à présent, ils se montrent sous une face monstrueuse. Si le politique est malade, se corrompt, c'est que chacune tend à occuper tout l'espace de la morale. Dissociées l'une de l'autre, elles se portent dans les arrière-mondes, privées de tout équilibre, de tout contrôle mutuel.

La superstition se meut dans l'impuissance et la crainte ; le délire est, en ce cas, une spéculation anxieuse sur l'ordre du monde [3]. A l'inverse, l'enthousiasme déploie un excès de confiance. Le délire est une extase, un pathos sans limites [4]. Sous ces deux folies, on reconnaît la corruption des deux aspects de la morale, justice et sympathie. Elles surgissent dans la faillite du pouvoir. Le besoin d'autorité, des garanties qu'elle donne, s'exprime dès lors sous une forme transposée, dans l'invocation de puissances invisibles, à qui est délégué le maintien du cours des choses. Et en effet, ce que traduisent ces deux délires, c'est avant tout l'exigence de *garantie*, d'une protection contre la contingence, l'injustice et le désordre [5]. Cette exigence prendra la forme de l'angoisse, de la terreur, ou au contraire, de la foi débordante.

1. DRN, XII, p. 121 : « Les recommandations à la Divinité sont généralement conçues soit comme de frivoles observances, soit comme de ravissantes extases, soit comme une bigote crédulité ».

2. HNR, VIII, p. 69-71.

3. *Superstition et enthousiasme*, in *Histoire naturelle de la religion*, *op. cit.*, p. 33 : « Faiblesse, crainte, mélancolie, jointes à l'ignorance, sont donc les vraies sources de la superstition ».

4. « L'espoir, l'orgueil, la présomption, une chaude imagination, joints à l'ignorance, sont donc les vraies sources de l'enthousiasme ». *Ibid.*, p. 34.

5. HNR, II, p. 47 : « Agités par des espoirs et des craintes de cette sorte, et surtout par les dernières, les hommes scrutent avec une curiosité tremblante le cours des causes futures et examinent les divers événements contraires de la vie humaine. Et sur cette scène de désordres, avec des yeux encore plus troublés et étonnés, ils aperçoivent confusément les premières traces du divin ».

La religion est un délire ; décrivons ses deux visages. L'idolâtrie déploie une folie d'anxiété, une spéculation inquiète, en direction de puissances qu'elle désire et redoute, et cherche à se gagner. A défaut de les saisir, elle s'épuise en rites, prières, imprécations, conjurations. Son univers est un chaos, convulsif et multiple ; c'est un monde à l'état naissant. Divinités, esprits, forces et influences peuplent ce gouffre : c'est là que résident l'ordre et la puissance, c'est là-bas que se tient le sens des choses, et la clef des rapports sociaux. Le polythéisme figure ainsi la précarité du monde, ses tensions, ses divisions ; c'est un espace de forces, de grâces et de terreurs. Pris dans cet espace, le superstitieux se tient en-deçà de sa puissance, il est faible, invoque à son secours ces puissances extérieures, furtives et multiples. Il n'agit pas, il craint et il espère. Toute l'initiative de la nature humaine, travail et actions, l'idolâtrie la transfère à ces puissances invisibles ; elle leur sacrifie [1]. Dans l'idolâtrie, la magie, on assiste à un transfert de puissance, de l'imagination à ses images, dieux ou spectres ; l'influence du délire consiste justement à enchaîner l'imagination, à transposer toutes les pratiques dans l'au-delà. La superstition rejoint la servitude volontaire ; l'esprit esclave se perd dans le dédale de ses attentes ; il se détruit, se dépouille lui-même, il détourne dans l'au-delà sa capacité d'intervention. « Toutes les images représentant la vengeance, la sévérité, la cruauté et la méchanceté, doivent s'imposer et augmenter l'horreur et l'effroi, qui accablent l'être religieux confondu. Une fois l'esprit saisi de panique, la fantaisie entre en action et multiplie encore le nombre des objets terrifiants, tandis que l'obscurité ou, ce qui est pire, la pâle lueur environnante revêt les spectres divins des apparences les plus horribles qu'on puisse imaginer » [2].

1. *Superstition et enthousiasme,* in *Histoire naturelle de la religion*, *op. cit.*, p. 33 : « Un tel état d'esprit engendre la crainte de maux infinis et inconnus de la part d'agents mystérieux ; et quand il n'y a rien de réel à redouter, l'âme, agissant à son propre détriment, et entretenant son inclination prédominante, invente des objets imaginaires, à la puissance et à la malveillance desquels elle ne donne pas de limites ».

2. HNR, XIII, p. 92. Voir aussi DRN, X, p. 88 : « L'homme, il est vrai, peut, par coalition, venir à bout de tous ses ennemis *réels*, et se rendre maître de la création animale tout entière ; mais ne se suscite-t-il pas aussitôt des ennemis *imaginaires*, les démons de sa fantaisie, qui le hantent de superstitieuses terreurs et flétrissent toutes les jouissances de la vie ? [...] Et le loup ne harcèle pas plus le timide troupeau, que la superstition ne fait le cœur inquiet des misérables mortels ».

L'idolâtre s'épuise à craindre, ou espérer, des forces qui demeurent invisibles, à l'horizon. Le mystique, au contraire, vit à même le divin ; l'Esprit est en lui. « De là naissent extases, transports, élans étonnants de la fantaisie » ; de là aussi un sentiment d'omnipotence, d'autant plus impérieux et surprenant qu'aucun obstacle, logique ou sensible, ne peut s'opposer à la foi délirante : « Libre champ est laissé à la fantaisie, qui se porte dans les régions invisibles, dans le monde des Esprits, où l'âme peut sans obstacles s'abandonner aux chimères les plus conformes à son goût ou son humeur du moment » [1]. De l'idolâtrie et ses fantasmes troubles, on passe à l'hallucination. Au moins, sous l'aspect du doute et de la crainte, le superstitieux conservait encore une sorte de prudence, de sens expérimental ; il redoute et il espère, il manipule, anticipe, se méfie. Au moins le réel, même entièrement voilé, demeurait à l'horizon ; dans ses spéculations les plus retorses, la magie se tient encore dans l'univers des faits probables. Mais dans le fanatisme, aucun fait n'existe plus, et la passion se donne à l'état pur, indéfini : « Toute folie se trouve consacrée ». Nulle place ici pour l'attente ou le calcul ; la transe est immédiate, elle n'existe plus qu'au présent, dans le miracle de son évidence. Et de fait, le délire enthousiaste ne connaît plus ni distance, ni objet ; en lui, la passion s'est élargie jusqu'à tout envahir, et déborder les confins de l'expérience [2].

La « folie sacrée » est donc ambivalente. Elle ne cesse d'osciller entre magie et fanatisme [3]. Or, ce dualisme recoupe une partition en termes de puissance, deux attitudes par rapport au pouvoir. Dans l'ordre des croyances, l'idolâtrie, c'est la servitude volontaire, alliée complaisante de tous les despotismes, petites oppressions ou tyrannie majeure. Elle est désir du pouvoir. En effet, la superstition appartient tout entière au système de l'intérêt ; entre l'espoir et la crainte, elle produit d'infinis calculs d'avantages. Rusée, craintive et méfiante, elle

1. *Superstition et enthousiasme*, in *Histoire naturelle de la religion*, *op. cit.*, p. 34.

2. « La confiance et la présomption ne cessant de s'accroître, ces transports, qui sont complètement incompréhensibles, et qui semblent dépasser infiniment la portée de nos facultés ordinaires, sont attribuées à l'inspiration immédiate de l'Etre divin, qui est l'objet de la dévotion. Rapidement, la personne inspirée en vient à se considérer comme distinguée et favorisée par la Divinité ». *Ibid.*

3. HNR, VIII, p. 69-71. Et DRN, XII, p. 125 : « Ces accès de joie excessive, enthousiaste, en épuisant les esprits, préparent toujours la voie à des accès de terreur et d'abattement superstitieux ».

recherche fébrilement protections et appuis, aménage de précaires zones de sécurité, procède à des renversements d'alliances. L'idolâtre est fidèle, humble et doux[1], toujours obéissant[2] ; il cherche dans la souffrance à capter, ou contrôler, des pouvoirs qui le dépassent. La soumission sert de moyen pour ce contrôle, le sacrifice est un commerce[3]. De là son alliance avec l'autorité, prêtres ou despotes ; le *sujet*, l'esclave, est toujours fidèle, puisqu'il s'inscrit dans un jeu de dépendances. Mais il cache toujours un traître. « Les Chinois battent leurs idoles, quand leurs prières ne sont pas exaucées »[4]. Derrière l'idolâtrie, se voile ainsi le *souci* de justice, son esprit de calcul et d'intérêt. La superstition inscrit dans l'imaginaire la balance des pouvoirs, équilibre incertain entre forces relatives, toujours pris entre deux faiblesses. Faute d'un équilibre au sein du pouvoir, comme entre justice et passions, le jugement d'utilité prend la forme d'une frénésie inquiète.

Au contraire, le fanatisme est une extase, une pure intensité ; dans l'hallucination, il figure le point extrême de la fusion passionnelle, là où l'affection se porte à l'infini. L'enthousiasme désigne précisément l'absolu de la partialité, la partialité qui rejoint son infini. En lui, viennent fusionner le plus proche et le lointain, le plus intime et l'au-delà ; c'est un monde circulaire, sans sujet ni objet, qui se donne dans la transe, où ne résonne que le Verbe. La croyance ne vise plus l'horizon des faits probables, elle est immédiatement sentie : elle illumine. Dans la mystique, raison et sensation fusionnent ; toute affection révèle, toute idée est intuitive. Ces visions dictent au possédé ses gestes et ses paroles. Comme elles viennent du plus intime, de l'Au-delà, elles ont valeur de miracles, et de mots d'ordre : « La raison humaine et même le sens moral sont rejetés comme des guides fallacieux ; et le fou fanatique se livre aveuglément et sans réserve aux soi-disant mouvements de l'Esprit et à

1. HNR, XI, p. 77-79.

2. HNR, X, p. 75-76.

3. HNR, XIV, p. 100 : « S'il lui sacrifie une grande part de son bien-être et de son repos, il semble accumuler les droits au mérite, en proportion du zèle et de la dévotion qu'il laisse voir. [...] Par ces marques éminentes de dévotion, il a maintenant acquis la faveur divine et il peut attendre en récompense protection et sécurité en ce monde, et bonheur éternel dans l'autre ».

4. HNR, IV, p. 53.

l'inspiration d'En-Haut »[1]. La transe ne connaît ni horizon, ni bord extérieur ; elle n'accepte aucun jeu, ni limite, ni extension, car elle se meut toujours, et déjà, dans l'infini. Spontanément, la passion prend un aspect global : total et totalitaire. C'est pourquoi aucun calcul ne tient, face au fanatisme. Il abolit les médiations, il fait tomber toutes les balances du pouvoir, les appareils de contrôle. En croyance comme en politique, le fanatisme est impérieux, souverain, outrecuidant. Il a en vue l'omnipotence. En politique, l'enthousiasme est la puissance des extrêmes ; il suscite la licence comme la tyrannie, il libère l'anarchie ou bien impose le pouvoir absolu.

Ainsi, magie et mysticisme se distribuent de part et d'autre de la puissance[2]. L'un porte croyances et affections à l'infini ; l'autre poursuit fébrilement un impossible équilibre entre puissances concurrentes et finies. Le sacré opère toujours dans l'implosion du politique. C'est que les principes de la morale, une fois séparés l'un de l'autre, perdent leur effectivité ; le basculement du politique tient à cette dissociation.

Dans son ordre, la magie a toujours en vue l'organisation, l'extension d'un ordre entre parties multiples ; elle figure dans le délire le souci de justice, le besoin de cohérence, de protection. Elle n'est rien d'autre, en fait, qu'une justice délirante, virtuelle, une justice détachée de l'utilité[3]. De là son formalisme, son obsession de codifier toute situation pour protéger des intérêts précaires, de légiférer pour conjurer le désordre. Seulement, cette exigence ne s'exerce que dans le vide. Les règles se chevauchent, ou se contredisent[4]. La justice se corrompt en compromis, en rapports de forces provisoires. De leur côté, les passions perdent toute efficacité directe. En effet, à défaut de remplissement affectif, l'idolâtrie déploie des passions artificielles, virtuelles. C'est pourquoi l'esprit religieux peut si bien s'accommoder du vice. Le vice

1. *Superstition et enthousiasme*, in *Histoire naturelle de la religion*, *op. cit.*, p. 34.

2. « La superstition favorise la puissance des prêtres alors que l'enthousiasme s'y oppose autant et même plus que la saine raison ou la philosophie. » *Ibid.*

3. EPM, III, p. 104 : « Si les intérêts de la société n'étaient en rien concernés, le fait qu'un tiers, articulant certains sons qui suggèrent le consentement, change la nature de mes actes à l'égard d'un objet particulier, serait tout aussi inintelligible que la raison pour laquelle un prêtre, récitant une liturgie, dans un certain habit et une certaine attitude, consacre un tas de briques et de poutres, et le rend, aussitôt et pour toujours, sacré. »

4. HNR, XIII, p. 97 : « *Sunt superis sua jura*. Les dieux ont leur règles particulières de justice ».

est sa vérité noire : « Ils exultent du fond de leur honte »[1]. Derrière l'idolâtrie, se cache toujours l'impuissance, impuissance à exercer son désir, à faire corps avec soi-même, à concilier passion et raison. Le servant idolâtre est toujours faible, lâche et craintif, corrompu, épuisé[2]. Même la simple obéissance ne suit plus de règle stable ; elle peut servir aussi bien la corruption et le cynisme[3]. Le fidèle, forcément, n'est jamais fiable, le zèle se double toujours de ruse, ou de traîtrise[4]. De même, la croyance est forcément tolérante, elle s'accommode très bien du scepticisme, d'une sorte de prudence expérimentale, fertile en inventions, en astuces : « On ne sait jamais »[5]. Comme elle déploie un jeu, des compromis et des tactiques, le doute et la prudence, tous les truquages, suivent ce perpétuel renversement des fidélités. Toujours, l'idolâtrie est corruption, magie, commerce : c'est un *trafic d'influences*. Ainsi, le service du pouvoir tend finalement à s'autodétruire, par désordre au sein des règles, par oppression et distorsion des intérêts. On peut définir la superstition comme la forme vide du pouvoir, la forme du pouvoir qui opère à vide, au mépris de la puissance réelle. Sa misère est l'en-deçà du politique, le pouvoir qui se nourrit de l'impuissance, et finit par tomber avec elle. « Les habitants de Tyr, assiégés par Alexandre, jetèrent des chaînes sur la statue d'Hercule, pour empêcher le dieu de déserter chez l'ennemi »[6].

A l'inverse, le fanatisme serait l'au-delà du politique. Non plus par corruption, mais par violence, par destruction : l'enthousiasme est tou-

1. HNR, XII, p. 83.

2. HNR, X, p. 75 : « Au lieu de la destruction des monstres, de la lutte contre la tyrannie, de la défense de la patrie, les flagellations, les jeûnes, la lâcheté et l'humilité, la soumission abjecte et l'obéissance servile sont devenues chez les hommes les moyens d'obtenir les honneurs célestes ».

3. HNR, XIV, p. 97-102. *Cf.* p. 100-102 : « C'est pourquoi l'on a vu très souvent les plus grands crimes s'associer à une piété et à une dévotion superstitieuse. [...] A cela, nous pouvons ajouter que, une fois le crime accompli, naissent les remords et les affres secrètes, qui ne laissent pas de repos à l'esprit mais le poussent à recourir aux rites et aux cérémonies religieuses en expiation de ses méfaits ». Superstition et despotisme impliquent toujours le caprice, ou l'arbitraire.

4. HNR, XII, p. 121 : « D'où la raison de cette observation vulgaire, que le plus haut zèle en religion et la plus profonde hypocrisie, loin d'être incompatibles, sont souvent ou communément réunis en un seul et unique caractère ».

5. HNR, XII, p. 85-86 : « La conviction des hommes religieux est, à toute époque, plus affectée que réelle et approche très rarement et de bien peu la ferme croyance et la ferme persuasion qui nous gouvernent dans les affaires ordinaires de la vie ».

6. HNR, IV, p. 54.

jours une catastrophe. Dans la mystique, surgit l'idée de la puissance pure ; par nature, elle outrepasse les compromis et les contrôles. Ainsi, l'enthousiaste est toujours le maître. Dégagé de l'utilité, de ses fragiles réseaux d'intérêts, il porte en lui la conviction de l'absolu, il transcende toute situation finie. Dans le champ social, le fanatisme intervient lorsque les passions politiques passent à l'état sublime, dans le renversement de l'autorité, ou sa restauration violente : panique contagieuse et rébellion, ou à l'autre extrême, tyrannie furieuse. Ce qui s'abolit, c'est l'idée de fonction, d'organe, c'est l'exigence de la régulation. Dans la tyrannie, l'organe politique tout entier tend vers un état sublime, un état de fusion impossible ; tous les appareils de pouvoir passent au service d'un état en lui-même inorganique. *Corruptio optimi pessima* : la puissance produit des monstres. De là une contradiction, proprement monstrueuse : pour un organe, tendre à l'inorganique, c'est libérer en violence toutes les puissances à l'œuvre dans le corps qu'il a pour fonction de contrôler, c'est dissoudre ce corps et déchaîner le Mal, la violence majeure [1].

Le pouvoir est une fonction ; il organise le champ social, harmonise les intérêts, relie affections et justice à travers une forme mixte, toujours incertaine et fragile. C'est un *effet*, il n'existe que dans l'utilité. C'est un instrument, un artifice. La balance du pouvoir est le lieu de cette synthèse, toujours faillible, et de ce risque. Magie et mysticisme inscrivent dans la croyance les conséquences de sa faillite. Quand se dérobe l'organe de l'autorité, les principes de la morale se désajustent, et se détruisent mutuellement. Les hommes n'ont plus le choix, pour vivre ensemble, qu'entre deux vies malades, un bricolage précaire et provisoire, toujours injuste et toujours raté, et une vie inorganique, panique ou convulsive. Toutes les deux sont invivables ; ce n'est jamais *une vie*.

1. » Que la corruption des meilleures choses engendre les pires, voilà ce qui est devenu une maxime, communément vérifiée, entre autres exemples, par les effets pernicieux de la superstition et de l'enthousiasme, qui sont les corruptions de la vraie religion. » Voir aussi HNR, XV, p. 103 : « Plus un bien est délicat, chose que nous avons peu souvent l'occasion de goûter, plus aigu est le mal qui l'accompagne. L'esprit le plus pétillant confine à la folie ; les plus hautes effusions de joie engendrent la mélancolie la plus profonde [...]. Comme le bien, le grand, le sublime, le ravissant se trouvent au suprême degré dans les purs principes du théisme, on peut s'attendre, par analogie avec la nature, à ce que le bas, l'absurde, le médiocre, le terrifiant soient également présents dans les fictions et les chimères religieuses ».

Dans les failles de l'autorité, se glisse le délire. C'est ainsi que Hume, pour sa part, résout la question des Lumières. Ainsi peut-on décrire l'entrelacs théologico-politique. Son paradoxe tient à un effet de doublure ; le sacré redouble le politique, il le réfléchit dans ses images, mais dans cette réflexion, il le supprime. De son côté, le politique fait appel au sacré pour voiler son propre vide, masquer ses défaillances. L'un se réfléchit dans l'autre, qui en est la part manquante. La religion, c'est la tentation qui hante tout pouvoir. Quels que soient les régimes, et l'état des croyances, le désir religieux ne saurait jamais disparaître. En effet, comme la balance des pouvoirs n'en finit jamais d'osciller, le politique, en un sens, n'existe pas : il n'en finit jamais d'exister.

III. *Croyance, pouvoir, délire*

Reste un second mystère, sans doute le plus lointain. Celui qui joint secrètement le pouvoir à la croyance, et donc au risque du délire. En effet, on a vu que l'autorité, cet effet, se fonde elle-même sur la croyance. Comme l'habitude et la causalité, elle est croyance. Aussi, il ne suffit pas de dire que le délire détruit le politique, comme la maladie s'insère dans un corps sain[1] ; autant dire alors que la croyance se dédouble, puisque le pouvoir lui-même la suppose tout entière. De même, la défaillance du pouvoir n'explique pas vraiment la folie, puisque les croyances elles aussi sont un pouvoir, généralement morbide. On dira plutôt que le délire accompagne une défaillance, celle du politique, en l'occurrence. C'est le second paradoxe théologico-politique, son plus profond mystère. Tant que tient cet entrelacs, on ne saurait vraiment distinguer entre politique et religion, entre violence et

1. Une telle thèse, restreinte, recouperait ce qui devint le lieu commun des Lumières, son *credo*, qui de Bayle à D'Holbach, de Voltaire à Smith, décrit la puissance religieuse, comme une régression, un état arriéré. La religion serait l'obscurité, justement faute de Lumières, la maladie infantile du politique, instrument des prêtres et des despotes. C'est clairement la limite des Lumières que d'avoir ignoré la religiosité *interne* au politique, comme à la raison elle-même. Faute d'une telle critique, les Lumières et leur héritage, libéral, positiviste, ne pouvaient vraiment saisir le sacré à sa racine, et l'éventualité d'un délire propre à la raison, ou à la technique, d'une magie et d'un fanatisme sans dieux visibles, que les temps modernes ont inventés. Ainsi, dans la raison elle-même, le sacré est renvoyé à l'horizon : c'est un monstre qui s'ignore. A cet égard, Hume est sans doute le seul, avec Rousseau et Sade, qui ait su anticiper ce retour des spectres au sein même de la raison.

prudence. Ce mystère définit le pouvoir de plus près ; c'est le secret de la puissance des fictions, où se mêlent la force et la croyance.

a. *Croyance*

L'analyse de la croyance dégage toute une pratique ; illusions et fantasmes sont d'abord des *effets*. Tout comme la causalité suppose l'influence de la coutume, la croyance religieuse, en son fond, ne se distingue pas des notions vagues de force, ou d'influence. Seul l'*effet* de l'habitude nous porte à croire, en dehors de tout principe de raison. De même, en politique, c'est en termes de croyance que le pouvoir trouve une assise pour relier passions et justice ; dès qu'un pouvoir est établi, il suffit qu'on y croie, qu'on y prenne part, dans les faits et les conduites. Enfin, c'est bien la saisie d'un pouvoir, ou d'une force invisible, qui préside aux délires religieux. Dans l'acte de croire, la nature humaine envisage avant tout des effets dans le monde, ou sur le monde.

De fait, la croyance, en son fond, a moins affaire aux dogmes qu'au désir, ou plutôt, en elle, théorie et pratique ne se distinguent plus. Ce fond commun, c'est l'inquiétude et la confiance, autrement dit les aspects de l'intérêt, face à la contingence. Avant de poser des objets, la croyance cherche toujours à remplir une attente. L'habitude est ce mouvement de transition entre les fictions et les faits. C'est là l'exigence première, et à cet égard, l'objet du remplissement demeure secondaire : que ce soit par des faits, des actions ou des fantasmes, l'essentiel est que l'attente se trouve apaisée. En ce sens, l'exigence pratique prime sur tout contenu. C'est dire que la croyance est, en son fond, *artifice*. Le fond de la croyance, c'est l'inquiétude de la fantaisie, qui cherche à s'apaiser dans ses images. Faute d'objets adéquats, elle pourra toujours s'en forger afin de se satisfaire.

Ainsi, dans la magie, les images et les fétiches. Ou dans la mystique, des abstractions vagues et sublimes. En fait, derrière ses fictions, la croyance dégage toute une pratique, une industrie, une fabrique. Même sous les spéculations les plus sophistiquées, la croyance apparaît encore sous son aspect naturel : satisfaire les besoins de la vie, protéger les corps et leurs mouvements, maîtriser ce qui arrive. Dans le culte, les sacrifices, elle oscille entre inquiétude et confiance, attente et maîtrise, doute et sécurité. A travers ces gestes, elle manifeste toujours une attente primordiale : l'*exigence de garantie*, l'exigence d'un ordre et d'une continuité entre les phénomènes, pour conjurer la contingence et le chaos [1]. Dans la magie, cette technique de l'invisible, la nature humaine cherche à ménager ses intérêts dans le chaos du monde.

La croyance est donc une pratique, un artifice spontané. C'est une puissance. Même dans le délire, elle implique une action, une efficace. Ses objets répondent toujours à un espoir, une attente. Mais par ailleurs, la croyance inscrit comme un mystère dans l'esprit. Toujours elle reste insaisissable, son opération s'effectue en secret, par une sorte de miracle. On le sait, dans la fantaisie, se rencontrent deux ordres hétérogènes : les impressions, qui renvoient à l'univers des faits, et les relations que tisse la nature humaine pour organiser l'expérience. S'il y a croyance, et non certitude, c'est que les deux ordres n'ont pas de jonction directe. Dans l'impression, se tracent les affections sensibles, perceptions ou passions. Dans tous les cas, l'impression est réelle, actuelle, quelle que soit son origine ; c'est une existence simple, une intensité. Par contre, les relations abstraites ne sont jamais données, ou effectives. Insensibles et virtuelles, elles exigent une construction qui échappe à l'état des choses [2].

1. HNR, III, p. 49 : « On découvre toujours que plus un homme vit une existence gouvernée par le hasard, plus il est superstitieux. » Voir C. Rosset : *« Assurance tous risques »*, in *« La croyance »*, *Nouvelle Revue de Psychanalyse*, 18, Paris, 1978.

2. En ce sens, la nature humaine est fiction, artifice : elle tisse des relations fictives qui n'appartiennent jamais aux faits, hypothèses, institutions, systèmes abstraits. Imaginer, inventer, c'est dégager un possible, des extensions, et déborder ce qui existe. Sous cet aspect, l'imagination dégage la puissance, mais aussi le risque propre à la nature humaine. Elle bricole un monde qui s'arrache à l'ordre des faits. Ainsi la causalité par rapport aux impressions, la justice par rapport aux passions. L'impression et ses intensités ne sauraient plus servir de critère. La validité de l'artifice ne dépend que de sa cohérence. De là une ambiguïté permanente, où l'imagination ne cesse de se scinder, de se diviser en elle-même. L'ordre des affections est transitif, représentatif ; il s'arrime aux événements. En cela, il est toujours réaliste. Même si le réel est au loin, il suffit qu'il demeure à l'horizon, qu'il soit visé et attendu, pour servir de critère. Ainsi, dans la perception, la méthode expérimentale, ou la prudence morale, la raison exige le recours à l'expérience, même lointaine. Il s'agit toujours de revenir à l'existence, indubitable et originaire, de l'impression. A l'opposé, dans son ordre, l'artifice ouvre un autre régime. Comme il dégage un univers autonome, il ne peut se contenter de comparer ses productions aux faits. C'est un monde dégagé de l'actuel, potentiellement ineffectif, que les faits ne peuvent donc plus garantir. Aussi, il doit trouver sa référence en lui-même, se risquer à inventer sa propre règle. Théorique ou pratique, l'artifice ne tient que par son mouvement même, son opération ou sa consistance formelle. Une telle scission dans la fantaisie implique une perpétuelle *hésitation*, un vacillement que la croyance, ou le délire, ont pour fonction de combler.

Entre ces deux ordres, se déploient les synthèses de la croyance. Celle-ci ne cesse de tisser des mixtes, de transformer les impressions, de chercher des affections réelles aux fictions qu'elle produit. C'est seulement dans l'habitude que la perception trouve une continuité, et les relations une densité propre. C'est seulement dans les coutumes et l'autorité publique que les passions coexistent avec la justice, que la justice s'applique aux affections. Pouvoir et causalité répondent aux mêmes exigences : tisser l'unité d'une expérience précaire, l'inscrire dans l'effectivité [1].

Seulement, cette synthèse se tisse elle-même sur fond de vide ; rien, dans le logique ou le réel, ne vient jamais la garantir. Car jamais une abstraction n'atteindra l'intensité, ou l'effectivité, d'une impression. Jamais une affection, par elle-même, n'aura l'extension d'une idée générale ; c'est une existence simple, singulière, qui vaut en soi. Entre ces deux ordres, la croyance tisse un lien miraculeux, *factice*. C'est ce vide que justement elle a pour tâche de combler. Aussi, en elle, viennent s'associer le virtuel et l'actuel, le sensible et l'abstrait, le chaos du divers et l'unité continue, sans qu'à ce lien puisse correspondre une instance assignable. Dans l'imagination, la croyance définit un régime mixte, mais cette unité reste toujours virtuelle, à venir ; elle se donne dans l'artifice, mais ne livre jamais son fond.

Aussi, elle désigne une puissance insaisissable. La croyance jette un pont entre deux rives qui, par nature, ne se rejoignent jamais. En elle-même, elle ne repose sur rien, son mouvement consiste à franchir un abîme. Entre doute et certitude, elle déploie des variations virtuelles, entre sentiment et idée abstraite, elle tisse toute une série de transitions coutumières, mais cette continuité se tisse elle-même au-dessus de rien. Si bien qu'elle apparaît toujours comme une ruse, un charme, un force

1. EEH, V, p. 67 : Sous l'aspect de l'habitude, la croyance est donc artifice, *utilité* : elle organise les impressions, elle donne corps et extension à l'expérience. « L'accoutumance est donc le grand guide de la vie humaine. C'est ce principe seul qui nous rend notre expérience utile [...]. Sans l'influence de l'accoutumance, nous serions entièrement ignorants de toute chose de fait excédant ce qui est immédiatement présent à la mémoire et aux sens. Nous ne saurions jamais comment adapter des moyens à des fins, ou employer nos forces naturelles à la production d'un effet quelconque. »

évanescente ; la croyance « qui se dissimule elle-même », recouvre un acte qui toujours se dérobe [1].

La croyance est une pratique miraculeuse. De là son ambiguïté. C'est un artifice, une énergie, toute une pratique ; elle a le bon sens pour horizon, elle a en vue des effets. En un sens, comme habitude, elle ne fait que suivre le cours des phénomènes. C'est une pratique machinale ; en elle, se tissent le mouvement de l'habitude, le calcul des probabilités, les synthèses du gouvernement et du pouvoir. L'habitude guide l'abstraction sur les voies de l'expérience, de la prudence. Mais par ailleurs, elle se tient en un point inconcevable, à la jointure du sensible et de l'abstrait, qui toujours disparaît. La croyance est le lieu d'un mystère, où se replient tout un travail caché, que rien dans le réel, ni dans l'ordre logique, ne saura jamais garantir. C'est un vertige où coexistent le plus sûr et le plus fugace, un *effet* sensible, dont l'opération, ou l'acte, reste à jamais invisible [2].

b. *Délire*

A l'interstice du réel et du logique, la croyance est une pratique, un effet, mais elle se tient en un point qui toujours se dérobe. Ainsi, au plus profond d'elle-même, la fantaisie accueille une division. Tout entière, elle est scission, elle ne retrouve son unité que par un effet sans cause visible, une sorte de miracle. Aussi, elle tisse un fil secret entre raison et folie. Toutes les synthèses de l'esprit se trouvent ainsi hantées par l'ombre du délire, qui les suit comme un double, une ligne secrète ; la probabilité, au fond, n'est qu'un délire limité par l'expérience réelle. Dans la pratique, la connaissance effective, ce vide est recouvert en permanence ; il se voile sous les remplissements de la perception, de l'action. Par contre, ce vertige revient dans la folie. Ce lieu secret, c'est

1. L'opération de l'habitude est donc insaisissable, vertigineuse : dans son mouvement même, elle s'évanouit. Voir EEH, IV, p. 53 : « Tel est l'effet de l'habitude : lorsqu'elle agit avec le plus de force, elle cache notre ignorance naturelle ; bien plus, elle se dissimule elle-même, et elle ne paraît jouer aucun rôle, simplement parce qu'elle se présente à nous avec un maximum de puissance ».

2. Hume la définit comme un *tour*, une *« manière »*. Voir *Abrégé du Traité de la nature humaine*, p. 61-63 : « Puisque donc la croyance implique une conception, mais est cependant quelque chose de plus ; et puisqu'elle n'ajoute aucune idée nouvelle à la conception, il s'ensuit qu'elle est une *manière* différente de concevoir un objet, *quelque chose* que l'on peut distinguer par le sentiment, et qui, à la différence de toutes nos idées, ne dépend point de notre volonté ».

le délire. On peut définir la folie par l'ouverture de cet espace libre ; il dégage le vertige de la croyance, ce vide qui peut s'ouvrir à tout moment lorsque l'actuel vient à manquer.

Si l'une et l'autre impliquent la croyance, comment distinguer entre folie et raison ? Une réponse radicale est facile à trouver, encore que peu utile ; la raison serait ce point, où l'esprit n'aurait plus à croire, ou du moins, le moins possible. Ce serait le point où impressions et idées, événements et relations coïncident : une harmonie préétablie. Ainsi, l'espace mathématique, où les relations et les termes coïncident, puisque en son sein la pensée n'opère que sur elle-même, dans l'harmonie préétablie du nombre. Ou encore, l'animalité, la pure immanence de la vie, où les tendances rejoignent immédiatement leur acte [1]. Faute de mieux, dans l'expérience et l'artifice, dans le champ des croyances, la raison consiste à fortifier la probabilité, à maintenir les fictions au plus près de l'actuel [2]. Raison et prudence doivent sans cesse conjurer le vacillement imaginaire. Elles consistent à se maintenir dans les limites de l'actuel et du sensible, de l'effectif. Dans l'expérience, la raison, c'est un artifice qui réussit, que garantit la pratique, elle se tient toujours dans la mesure, le calcul des moyens et des actes : dans l'*utilité*.

Au contraire, ce qui définit le délire, c'est la virtualité ; l'ouverture d'un espace libre, qu'aucun acte ne vient combler. En logique, une thèse délirante pervertit le cours de l'inférence ; c'est une abstraction vide ou

1. Ainsi, le sens de l'effort, le *nisus* animal, présent dans nos actes et nos gestes, peut servir de modèle à la causalité. Dans l'effort, nous ressentons une harmonie préétablie de l'impression et de l'idée, du geste, puisque l'une et l'autre occupent le même espace, celui du corps qui travaille et qui sent. Ce modèle est certain dans le présent de l'effort, mais fictif pour le reste, non transposable, puisqu'il s'épuise avec l'effort lui-même. Pourtant, il sert d'indice à notre conception spontanée de la certitude, qui serait instinctive, immanente, animale. Voir EEH, VII, p. 86 : « On doit avouer cependant que le *nisus* animal, dont nous avons expérience, encore qu'il ne puisse fournir aucune idée exacte, précise, de pouvoir, entre pour une très grande part dans l'idée vulgaire, inexacte, que l'on s'en forme ». Notons que chaque section du *Traité de la nature humaine* s'achève par un chapitre sur la vie animale, matière à réflexions sur l'artificialité naissante, ou l'animalité perdue.

2. EEH, V, p. 70 : « Il s'ensuit donc que la différence entre une *fiction* et une *croyance* gît en quelque sentiment ou sensation, qui s'attache à la seconde, non à la première, et qui ne dépend pas de la volonté ni ne se peut commander à plaisir. [...] Cette conception s'accompagne d'une sensation ou d'un sentiment qui diffère de celui dont s'accompagnent les vagues rêveries de la fantaisie ».

indémontrable, un raisonnement circulaire[1]. Dans l'expérience, c'est un effet qui échappe au régime de la preuve, de l'actuel, du vérifiable. Ni vrai ni faux, il se tient dans un monde intermédiaire. Dans la pratique, le délire est une perdition ; la fantaisie divague et se perd en elle-même, elle ne s'exerce plus sur rien[2]. Délirer, c'est agir dans le vide. De là l'inévitable oppression qui accompagne le délire, puisque la nature humaine, en ce sens, ne peut plus s'exercer.

Dans le délire, s'ouvre la scission imaginaire : il accueille en lui un double vertige. Le premier, c'est un mode mystérieux de l'imagination, où les fictions prennent un tour circulaire, brouillent la limite entre énoncé et référence. Le second désigne le mystère de leur efficace, du « pouvoir » des fictions. Il joint oppression et sublimité : en excédant toute action directe, l'emprise du délire enchaîne la fantaisie dans la virtualité. Ainsi, il y aurait deux sens au délire, l'un logique, l'autre vital et pratique. Mais en fait, ces deux sens n'en font qu'un. Dans les deux cas, ce qui disparaît, c'est une liaison effective entre les phénomènes, celle que justement fournit l'habitude ou l'action. Dans le délire, la fantaisie parvient à se doubler elle-même, se réfléchir, et à produire ses propres données : elle mélange impressions et relations, elle les trafique, jusqu'à produire abstractions et affections factices.

Toute croyance est une pratique. Si la raison, dans l'expérience et la prudence, est une pratique, un travail, la folie désigne justement la dissolution de l'artifice : son retrait dans le virtuel, la scission de sa puissance et de son acte. Ce qui définit la folie, c'est qu'elle vient détourner pratique et théorie de leur *usage* ; la théorie est fantastique, et la pratique corrompue. Dans le délire, l'événement n'est ni produit, ni constaté, ni

1. Ainsi, en métaphysique, les qualités occultes, qui baptisent une ignorance ou un problème, mais n'expliquent rien. Voir TNH, I, IV, 3, p. 314 : « Il arrive naturellement qu'après un emploi fréquent de termes totalement dépourvus de signification et inintelligibles, nous imaginons [...] qu'ils ont un sens caché que nous pouvons découvrir par réflexion ». Voir aussi DRN, IV, p. 49-50, où Hume compare les facultés occultes et la croyance en Dieu.

2. Selon ce critère pratique, ce qui constitue le délire, c'est la perte de l'exercice. Aussi, on peut souligner l'existence de délires rationnels, tout à fait « lucides », qui se dénoncent par leur stérilité ou leur nuisance. Ainsi l'esprit systématique de l'enthousiasme, ou de la métaphysique, qui excède toute expérience réelle : leur aveuglement tient à un excès de cohérence. Ou encore le formalisme, à l'œuvre dans le rite ou dans le droit. Dans tous les cas, ce que l'on perd, c'est le sens du singulier, comme la capacité de sentiment. C'est parce qu'elle ne s'exerce plus, sauf sur elle-même, que l'imagination perd la réalité.

même attendu, il est *feint* : virtuel, simulé. Appréhendé dans le rite, la prière, le déchiffrement des miracles, il suppose toujours une force, une connexion qui le produirait, et dont il se veut la preuve. C'est pourquoi la croyance décrit un parcours circulaire, qui abolit toute expérience, se dispense de toute opération ou impression réelle. Parallèlement, la pratique se perd dans un monde intermédiaire : spéculations, extases et transports, chimères. La fantaisie parcourt son propre labyrinthe, elle ne s'exerce plus. Ainsi, la sublimité des fictions recoupe un état d'impuissance et de servitude. Si l'imagination délègue sa puissance à une force supposée, à l'omnipotence de ces chimères, correspond une impuissance réelle [1]. Un délire, ce n'est pas forcément la perte du réel, mais bien plutôt l'involution de l'artifice, une impuissance à agir, une fiction errante ou sublime, qui n'aboutit à rien.

c. *Pouvoir*

La folie serait ainsi l'envers de l'artifice, son ombre, sa part manquante. Le délire serait le vertige de la croyance, lorsqu'elle n'opère plus sur rien, n'opère que sur elle-même, à l'infini, et réfléchit son propre vide. Cette ombre de la pratique, cette pratique virtuelle, c'est justement ce qui constitue le pouvoir.

La croyance, on l'a vu, implique une pratique, un usage, c'est un effort, une puissance qui s'exerce. Or, la condition de ce travail, c'est justement son exercice, c'est l'effectivité, feinte ou habituelle, que l'imagination a pour tâche d'établir dans les failles de la contingence. Le

1. Par exemple, la magie, comme on l'a vu, déploie toute l'attention, la prudence, l'activité de l'artifice humain. Pourtant ce n'est pas un travail, ni une œuvre. Si elle se meut dans le délire, c'est qu'elle opère dans le virtuel, l'ineffectif. Là où agissent effectivement connaissance et morale, la magie se contente de spéculer ; elle se meut dans un espace de forces et d'influences, d'intentions obscures, qui échappent à la saisie effective. C'est une pure sémiologie, où l'intention vaut l'action. Tout se donne comme un signe, à déchiffrer, à confirmer ou conjurer, jamais comme un fait ou un objet. Inversement, aucun sens ne vaut sans se donner comme présence. Aussi elle se tient toujours dans le virtuel, entre le sens et le fait. Sens et fait se mélangent dans un espace intermédiaire, fantastique, merveilleux. Tout fait implique de longs prolongements dans le sens, tout sens indique un horizon de faits possibles, qu'il peut susciter. Ainsi, la magie oscille entre l'attente et l'hallucination, la crainte et l'espoir d'un événement toujours différé, ou la transe directe, l'emprise des signes sur l'intimité des hommes ; sans objet stable ni référence, la connaissance s'épuise à deviner, ou susciter, des événements probables.

délire ne se déploie que si l'artifice vient à manquer à lui-même, s'il se sépare de son acte, de ses effets.

La folie est le vertige de la puissance. Entre impressions et relations, le délire occupe le vide de l'imagination ; il n'est que l'image de sa propre inquiétude, lorsqu'elle se réfléchit et ne s'exerce que sur elle-même. A ce suspens, correspond l'idée du pouvoir. A ce vide, le pouvoir donne une forme, un contenu illusoires. En effet, elle désigne une puissance séparée de son acte, une puissance virtuelle, en réserve, qui reste libre de s'actualiser, et se détache de ses effets.

L'idée de pouvoir prend corps dans le vide de la puissance, quand elle se dédouble, et se sépare d'elle-même. Elle désigne un arrière-monde, où les tendances prennent un tour autonome, dégagé de leur acte. C'est l'image où les puissances, disponibles et virtuelles, viennent se réfléchir [1]. L'intuition centrale de Hume, c'est donc l'identité du pouvoir et du délire. Pouvoir et folie se supposent ; en son fond, l'idée de pouvoir est toujours délirante ; on ne délire, au fond, que sur la puissance. L'une et l'autre occupent le même espace trouble : l'ombre portée de l'artifice, la réflexion de sa puissance, lorsqu'elle n'opère que sur elle-même, à l'infini.

Entre idées et impressions, le délire occupe un vide, l'espace vide de l'imagination, il suit le parcours de son vertige. Dans ce vide, se déploient le pouvoir et ses mystères. De fait, rien n'est obscur comme les notions d'énergie, de pouvoir, de force, qui ne renvoient qu'à elles-

1. *Stricto sensu*, il est absurde d'envisager une puissance séparée de son exercice, de même que des « droits dépourvus d'influence et séparés de leur exercice ne sauraient en rien être des droits ». Une puissance coupée de son acte est inévaluable, et disparaît comme puissance. Voir TNH, I, III, 14, p. 258, où cette séparation est assimilée au hasard, au chaos, à l'abolition de toute causalité. Toutefois, dans la pratique concrète, *dans l'empirie*, la distinction reprend sa place. Voir TNH, II, X, P. 412-413 : « C'est une remarque d'une stricte vérité pour une manière précise et *philosophique* de penser ; mais certainement ce n'est pas la *philosophie* de nos passions et bien des choses agissent sur elles au moyen de l'idée et de l'hypothèse d'un pouvoir indépendamment de son exercice actuel ». C'est cette scission qui désigne toutes les hésitations de la prudence, de la probabilité, comme la place du pouvoir entre les hommes. Le pouvoir est justement cet acte par lequel la puissance humaine se trouve coupée de son acte. Est puissant celui qui n'est pas coupé dans l'exercice de sa puissance, et peut couper les autres. « Quand une personne acquiert sur moi une autorité telle que non seulement il n'y a pas d'obstacle extérieur à ses actions, mais qu'elle peut me punir ou me récompenser à son gré sans craindre, à son tour, de punition, je lui attribue alors un plein pouvoir sur moi et je me considère comme son sujet ou son vassal ». *Ibid.*

mêmes, et se supposent toutes [1]. Que recouvrent-elles ? Rien d'autre, en fait, que la forme de la causalité, l'idée d'une liaison des phénomènes, et d'un principe de leur production, c'est-à-dire l'exigence que les événements soient liés par un acte. Rien que la croyance elle-même, son acte et son miracle. Si la fantaisie est scindée, si impressions et idées, événements et relations demeurent sans liaison directe, l'imagination ne tire l'idée de pouvoir que de son propre fonds, de son acte de transition, de liaison, lui-même sans garantie. Pouvoir et causalité désignent la puissance même de l'imagination, sa disposition à lier les phénomènes [2]. Au-delà des faits, ils prolongent dans l'arrière-monde le champ de l'artifice, sa tendance à produire des effets. « Cette connexion que nous sentons dans l'esprit, cette transition habituelle de l'imagination d'un de ses objets à son concomitant ordinaire, tel est donc le sentiment ou l'impression d'où nous formons l'idée de force ou de connexion nécessaire » [3]. L'idée de pouvoir est donc la réflexion de l'artifice, c'est le reflet de notre propre « force », une force à nous-mêmes obscure [4]. Cette ombre de la pratique, cette pratique *de rien*, définit l'arrière-monde de la puissance. Le pouvoir se tient tout entier dans l'ailleurs ; c'est une image virtuelle, l'image où la puissance se réfléchit, en se dédoublant.

L'idée de pouvoir est donc toujours imaginaire. Pour deux raisons : c'est une fiction construite pour combler les vides de l'expérience ; et cette idée ne tire sa « force », son « influence » que de la fantaisie, l'unique puissance qui nous soit immanente. En se réfléchissant, en se dédoublant, l'imagination crée précisément des images, des fictions de

1. EEH, VII, p. 81 : « Entre les idées qui se présentent en métaphysique, il n'en est pas de plus obscures et de plus incertaines que celles de *pouvoir*, de *force*, d'*énergie*, ou de *connexion nécessaire ...* » Voir aussi TNH, I, III, 14, p. 241 : « Les termes *efficace, opération, pouvoir, force, énergie, nécessité, connexion* et *qualité productive* sont tous à peu près synonymes ; c'est donc une absurdité d'en utiliser un pour définir les autres ».

2. *Abrégé du Traité de la nature humaine*, p. 71 : « En somme donc, ou bien nous n'avons pas du tout d'idée de la force et de l'énergie, et ces mots sont entièrement dépourvus de signification ; ou bien ils ne peuvent rien signifier d'autre que cette détermination de la pensée, acquise par l'habitude, à passer de la cause à son effet ordinaire ». Voir aussi TNH, I, III, 14, p. 253 : « L'efficacité ou l'énergie des causes n'est placée ni dans les causes elles-mêmes, ni en Dieu, ni dans le concours de ces deux principes ; elles appartient entièrement à l'âme qui considère l'union de deux ou plusieurs objets dans tous les cas passés. C'est là qu'est placé le pouvoir réel des causes, ainsi que leur connexion et leur nécessité ».

3. EEH, VII, p. 93.

4. *Ibid.*, p. 86.

pouvoir ; la fantaisie est cette puissance du virtuel, qui s'inscrit dans les failles de l'être.

Ce qui, dans ces failles, apparaît, les dissimule ou les comble, ce sont justement les images. L'imaginaire se déploie depuis cette scission de l'être, cette fêlure entre la puissance et son acte : dans le virtuel, le possible. C'est pourquoi toute image est pouvoir ; les images, dans leur apparition, enveloppent les tendances de la puissance. Elles incarnent, ou accueillent, la part manquante de l'artifice, le *reste* qui échappe à l'actualisation. La vraie partition de l'empirisme, ce n'est pas l'intelligible et le sensible, et le primat du sensible, c'est le virtuel et l'actuel, et le primat de l'imagination, l'unité dissociée de ces deux pôles où s'exerce la fantaisie. Le sens profond de l'empirisme, ce n'est pas que les formes dérivent du sensible, ni que le sensible se perd dans les formes ; c'est que l'un et l'autre se croisent toujours, toujours déjà, dans l'élément vertigineux de l'image. Toute idée, toute forme est une image. Et tout affect, passion ou sensation, se trouve déjà pris dans ce mouvement de l'imagerie. Ce lieu désigne à la fois un écart et une coïncidence : une « réflexion » [1].

C'est pourquoi il n'est pas de pensée, ou d'action pure. Une pensée pure, une action pure seraient sans images et sans rêves ; si elles existent, c'est dans l'unité d'une forme, ou de l'instinct. Elles seraient un acte pur, un automate, vital ou abstrait. Ainsi, peut-être, dans l'harmonie logique, *mathesis*, musique, ou unité mystique. Ou encore, au plus profond des gestes de la vie, dans l'animalité, auxquels, sans doute, nul n'accède. Dans le Verbe, ou la Bête. Plus banalement, cette dimension peut s'atteindre, dans la technique ou l'habitude, quand une pensée ou une action *réussit* ; alors, elle s'efface en tant qu'image, elle rejoint le silence de l'acte et des choses. Quand manque cette harmonie – et en un sens

1. Sur l'idée générale, ou abstraite, comme « impression de réflexion », voir TNH, I, I, 1-7, p. 72-92. *Cf.* p. 67 : « Toutes nos idées et impressions se ressemblent ». Et p. 85 : « Les impressions et les idées diffèrent seulement les unes des autres par leur force et leur vivacité ». Sur l'efficacité de l'image, spécialement dans le rituel, voir EEH, p. 73 : « Nous représentons les objets de notre foi en figures et en images sensibles, et nous les rendons plus présents par la présence immédiate de ces figures, qu'il ne nous est possible de le faire par une simple vue et contemplation intellectuelle. Des objets sensibles ont toujours plus d'influence sur la fantaisie que n'importe quels autres ; et cette influence, ils la transportent promptement aux idées avec lesquelles ils sont en rapport et auxquelles ils ressemblent ». Sur l'art comme l'espace de ce transfert, entre impressions et idées, voir *De la tragédie*, et *De la délicatesse du goût et de la passion*, in *Essais esthétiques*.

elle manquera toujours –, actions et pensées, en s'exerçant, produisent des doubles d'elles-mêmes, des fantasmes et des images. La puissance se réfléchit en images ; elle produit des hypostases.

Dans l'espace des images, on distinguera deux espèces, ou plutôt deux tendances, les virtuelles et les actuelles, celles qui s'incarnent et celles qui disparaissent. L'image actuelle est un relais : dans l'habitude, dans l'art et la prudence, elle prolonge des opérations, convertit entre eux les idées et les affects, elle remplit un vide. Cette image peut s'effacer dans ce passage, précisément parce qu'elle s'exerce, qu'elle effectue un travail réel, un artifice ; elle procure un résultat. Au contraire, l'image virtuelle est un trou noir, un labyrinthe, où la fantaisie opère sur elle-même. Détachée de ses effets, elle ne peut s'incarner. Tout au mieux, elle se laisse entrevoir. Elle ne s'exerce plus, ne produit rien à l'extérieur, ce n'est qu'une puissance, une puissance de rien, errante, fantomatique. C'est pourquoi, depuis ce vide, elle ramène des spectres, des fantômes, qui ne sauraient disparaître. Comme ces images ne rejoignent pas leur acte, elles ne peuvent s'effacer. La folie accueille ces images sublimes ; invisibles, elles ne s'effacent pas. Elles persistent par leur inexistence.

L'image est un pouvoir ; c'est l'hypostase de la puissance. Si le pouvoir est imaginaire, c'est justement qu'il occupe ce point d'où naissent les images, et qui n'est pas visible. Voilà pourquoi, sous le visible, peuvent toujours se glisser le délire et ses ombres. Le délire se déploie dans le vide de l'image, son scintillement, son mirage. Lorsque l'actuel se dérobe, la fantaisie ne peut trouver, pour remplir ses attentes, que sa propre activité. Ainsi peut-on comprendre les fantasmes : ce sont des esquisses. Non seulement des icônes, mais surtout des esquisses, des tentatives, des traits d'opérations possibles, qui naissent ou qui ratent, esquisses de savoir, tentatives d'action. La folie ne fait que prolonger la pratique *par d'autres moyens*. Au sein du délire, la nature humaine continue à opérer, sur un mode spécial, virtuel ; elle opère sur elle-même, elle produit une image de ses attentes. On peut formuler le délire comme une impossible esquisse, la tentative, ou tentation, de cet impossible. Si l'image est reflet, réflexion, si l'image s'apaise et disparaît dans l'actuel, le délire occupe l'espace de ce vertige ; il tente de réfléchir à leur tour les images, de réfléchir leur source et leur fond, qui ne peut jamais apparaître. « Les hommes aux larges imaginations peuvent ainsi se comparer à ces anges qui, comme les représente l'Écriture, se couvrent les yeux de leurs ailes. »[1]

C'est pourquoi « n'importe quelle affection humaine peut nous conduire à la notion d'une puissance invisible et intelligente »[2]. Toute affection est spontanément magique, animiste : « Nous découvrons des visages humains dans la lune, des armées dans les nuages »[3]. Chaque affection implique un infini, qui requiert un comblement imaginaire. La religion décrit cette tentative ; elle porte à l'infini le système de la ressemblance. Des hypostases imaginaires, elle construit un seul système ; elle porte l'hypostase dans l'au-delà. En elle, le sublime et la puissance coïncident absolument : la fantaisie rejoint son fond, elle réfléchit son propre mystère, dans un espace dédoublé. Par les images, elle transfère dans l'infini sa propre activité.

d. *Imago mundi*

Entre impressions et abstractions, entre passions et règles, la fantaisie tisse ses continuités. Elle a pour tâche d'organiser l'expérience, de lui donner un corps, précisément par les images. Les images sont ce relais par où l'expérience peut prendre corps. C'est dans l'imagination que les événements font système, dans l'habitude et la causalité. C'est dans l'imagination, les fictions du pouvoir, que passions et justice constituent un corps social. Ce corps n'existe que par un acte, un travail, qui n'est jamais garanti. Quand la puissance ne s'exerce plus, quand elle se réfléchit, ce corps du monde ne se montre plus que dans les rêves : dans les images. A cet égard, on peut lire le double aspect de la religion, comme deux versions extrêmes de l'image du Monde, deux états

1. TNH, I, IV, 7, p. 360.

2. HNR, III, p. 50.

3. HNR, III, p. 48 : « Les hommes ont une tendance universelle à concevoir tous les êtres à leur ressemblance et à transférer à tous les objets les qualités auxquelles ils sont habitués et familiarisés et dont ils une conscience intime. » Sur l'animisme, comme tendance spontanée des poètes, des philosophes et des enfants, voir TNH, I, IV, p. 314 : « C'est une tendance très remarquable de la nature humaine d'accorder aux objets extérieurs les mêmes émotions qu'elle observe en elle-même et de trouver partout les idées qui lui sont le plus présentes. Elle paraît chez les enfants à leur désir de frapper les pierres qui les heurtent ; chez les poètes à leur penchant à tout personnifier ; et chez les philosophes, à ces fictions de sympathie et d'antipathie. Nous devons pardonner aux enfants en raison de leur âge ; aux poètes parce, que de leur aveu, ils suivent sans réserve les suggestions de leur imagination ; mais quelle excuse trouverons-nous pour défendre nos philosophes d'une faiblesse aussi manifeste ? »

monstrueux de ce corps. L'espace de la magie émerge à grand-peine du chaos, c'est un corps toujours précaire, inachevé, morcelé. C'est un équilibre instable, de forces, ou de parties en conflit. Au contraire, l'univers mystique est absolument simple : compact et dense, il est toujours plein, plein de lui-même. Il est sans parties ni organes. Entre ces extrêmes, se constitue le corps du monde.

Aussi, on peut comparer strictement ces deux versions du monde, selon les images, et selon la puissance. Dans la magie, le polythéisme, la puissance est dispersée, comme les images. Au contraire, dans le théisme, la mystique, la puissance est toute-puissance, elle est une, simple, et réside au-delà des images ; c'est un acte pur, irreprésentable. L'imagination se tient entre ces bornes : les fétiches et le regard de Dieu, les truquages et la Création.

Dans la superstition, la puissance imaginaire se reflète à l'état dispersé ; elle se diffracte en des pluralités d'images, qu'elle organise en réseaux. Le polythéisme pousse l'imagerie à l'infini, mais cette infinité est extensive ; elle se monnaye selon le nombre, elle est *indéfinie*. Il est dans sa logique de multiplier les dieux, jusqu'à doubler le monde réel dans son arpentage. Dans la magie, on peut aller jusqu'à déifier, idolâtrer, le moindre détail de l'expérience, pourvu que ce détail soit crucial ou remarquable. Ainsi, la fantaisie peut se disperser, s'atomiser à l'infini.

C'est pourquoi, même chez les dieux, la puissance reste relative : les dieux ne sont que des nœuds, des relais dans l'exercice d'une puissance qui se disperse. Le monde polythéiste est pluriel, dispersé, incertain, par-dessus tout livré à l'accident et au hasard. Les dieux, et leurs images, accueillent de précaires zones d'unité, de sécurité ; mais ils n'épuisent jamais la contingence. Ils émergent sur un fond chaotique. « Songez à la force de la nécessité, dit Agrippa au peuple romain, cette force à laquelle même les dieux doivent se soumettre » [1]. Dans l'univers superstitieux, se coagulent, ou se détruisent, des totalités partielles, des pouvoirs en lutte. C'est pourquoi, chez les idolâtres, « nul premier principe spirituel ou intellectuel, nul gouvernement ou administration suprême, nul projet, nulle intention divine dans la constitution du

1. HNR, IV, p. 57.

monde »[1]. Aucun dieu n'est vraiment souverain, même, ou surtout, si la religion multiplie les hiérarchies. Aussi, jamais le paganisme ne visera l'idée de Création : le monde se fait et se refait sans cesse, par germination, métamorphose ou bricolage, il s'organise par raccords, à partir de puissances informes et infinies[2].

Dans la magie, le corps du monde se donne à l'état morcelé ; il donne à voir des manques, des cristallisations partielles. Pour remplir ces vides, constituer des corps, des totalités, l'imagination doit forger des fictions d'unités. Le fétichisme est cet espace, où la fantaisie fabrique des totalités fictives, cherche à tout prix à se donner des corps. De là son profond matérialisme. Sur des corps partiels, l'imagination fixera son inquiétude ; elle se donnera des objets, des Choses absolues. Chaque dieu, chaque idole fixe l'imagination ; ils l'apaisent, et la limitent. En eux, elle peut incarner ses productions, incarner et reposer son inquiétude.

Le mystère du fétichisme, son matérialisme, doit se lire comme l'exigence de l'objet. C'est toujours en tant qu'objet qu'on adore une idole. L'idole sera d'autant plus désirée qu'elle sera matérielle. La matière est requise par l'imagination comme son Autre, sa référence et sa limite. En elle, elle trouve une borne à sa sublimité[3]. C'est justement pour limiter l'imagination que le paganisme multiplie les dieux et les

1. HNR, IV, p. 53 : « Ces hommes soi-disant religieux sont en réalité des espèces d'athées superstitieux, car ils ne reconnaissent pas d'être qui corresponde à notre idée de la divinité ».

2. HNR, IV, p. 55 : « Assigner à ces êtres imparfaits l'origine et la constitution de l'univers n'entre jamais dans l'imagination d'un polythéiste ou d'un idolâtre. [...] Hésiode, dis-je, suppose que les dieux et les hommes ont été les uns et les autres engendrés par les puissances inconnues de la nature. Pandora est le seul exemple, dans toute la théogonie de cet auteur, d'une création et d'une production volontaire ... »

3. Sur le culte et la fabrication des fétiches, ces « objets fées », on renvoie à l'article de J. Bazin, *Retour aux choses-dieux*, in *Corps des dieux*, *Le Temps de la Réflexion*, VII, 1986, p. 253-273. Le fétiche est une condensation, un « concentré d'énergie ». Il est toujours singulier, unique dans ses qualités. A cet égard, il suppose toute une fabrication, une recette ; on doit aussi le nourrir, l'entretenir, et chaque recette définit la création d'un monde à part, d'un microcosme. « Toute la force du *boli* tient à ce qu'il est cette chose-ci à laquelle aucune autre n'est substituable », écrit J. Bazin (p. 260). Par ailleurs, le « culte direct de l'objet » opère un court-circuit au sein de la représentation, de la signification : par sa présence, il vient combler le vide ou l'inquiétude du sens, où se meut la « magie ». « Un *boli* ne signifie rien, il est » (p. 264). Sur la sémiologie perverse du fétichisme, on citera *Le dieu-objet* de M. Augé, et les analyses désormais classiques de G. Agamben, dans *Stanze*, Paris, C. Bourgois, 1981.

images, et les adore sous forme de choses. Dans la chose, elle conjure son propre infini [1]. Aussi, cette limitation propre au fétiche implique forcément des limites à la puissance qu'il supporte. L'idolâtrie, en ce sens, manifeste une profonde sagesse : les fétiches, ces images opaques, permettent de borner le délire, et de l'inscrire dans un système de symboles.

Ce souci du réel, de la matière disparaît dans la mystique, le délire accompli. L'enthousiasme, ou la transe, sont proprement *sans objet*. La mystique renvoie la fantaisie à son propre infini, à ses visions endogènes. Si l'image est de trop, c'est que l'imagination est devenue sa propre image, l'écran de ses visions. Elle concentre sa puissance sur un point invisible. De là son iconoclasme. Toute idole est une déperdition, la marque d'un manque, d'une faiblesse, ou d'une absence. Trop partielles, trop relatives, les images ne donnent du Divin que des exemplaires tronqués, *membra disjecta* d'une totalité impossible. La face de Dieu ne se donne qu'en filigrane, par transparence ; elle se tient au plus profond de la faille où travaille la fantaisie, au point ultime que vise l'imagination en produisant ses images, mais qu'elle ne saurait jamais représenter lui-même. La perte du réel, dans la mystique ou la folie complète, signifie que la fiction a totalement doublé le sensible. Les seules images que peut donner une vraie mystique sont des visions de l'intimité, ou de l'immensité, intenses, infinies : des mirages, des illuminations. Ces images sont *sublimes* : virtuelles et transparentes, irreprésentables. Aussi, toute croyance rejoint un absolu : elle touche à l'impression elle-même, à l'*intime conviction*. Dans la mystique, la croyance décrit un monde circulaire, totalement réfléchi ; l'abstraction est directement sentie, comme tout affect passe dans l'infini de l'idée

1. HNR, XII, p. 83 : « En vérité, plus vils sont les matériaux dont est faite la divinité, plus grande est la dévotion qu'elle a de chance de susciter dans le cœur de ses adeptes abusés ». C'est le scandale du fétichisme, de cette pensée radicalement *impure*, qui associe violemment la Chose et le Divin. Le fétiche désigne, entre autres, le *compromis imaginaire*, où la matière, le sensible, s'allie au sublime, et le capte, en le supportant. L'un et l'autre *se réconcilient* dans le fétiche. Cette synthèse fait la puissance magique de l'image. Madeleine David a bien montré tout le contexte critique, le réseau d'échanges entre Hume, Diderot, et De Brosses, qui accompagnèrent l'écriture du *Culte des dieux fétiches* (1760). Voir M. David, « Les idées du 18e siècle sur l'idolâtrie, et les audaces de David Hume et du Président de Brosses », *Numen*, Leyden, 24 (1977) ; « Histoire des religions et philosophie au XVIIIe siècle : le Président de Brosses, David Hume et Diderot », *Revue philosophique*, Paris, PUF, 164 (1974).

générale ; affect et abstraction se replient l'un sur l'autre. La puissance imaginaire se donne à l'état pur, elle est à la fois abstraite et animale. Elle est *une Vie*[1].

L'enthousiasme accueille la puissance pure. En lui, la pensée et l'action coïncident enfin avec elles-mêmes. Elles atteignent le Verbe ou la Vie ; elles sont l'Esprit. Dans l'enthousiasme, l'imagination entièrement réfléchie rejoint sa propre faille ; elle résonne avec son origine. Repliée sur elle-même, la puissance pure est aussi un pur acte ; c'est un archétype, un intellect agent[2]. Sans objet, elle n'a d'objet qu'elle-même : précisément, c'est l'idée de Création, d'une création souveraine.

Cette création est elle-même insondable, à jamais invisible, infinie. « Nous sommes parvenus au pays des fées »[3] Le mystique vise un infini d'intensité, qui précède tout déploiement, toute extension. Il se situe au-delà des croyances. Aucune image, aucune pensée ne peut le capter. Ce point de pure puissance ne se laisse jamais voir, il disparaît au moment même où il se montre. Comme un point mathématique, il reste idéal et secret. De ce point toujours absent sourd le feu de Dieu, bien au-delà du monde et des paroles. Aussi, cette parousie désigne aussi bien un point d'extinction et de mort. En cet espace, la pensée coïncide avec elle-même, et se dissout dans cet acte pur, elle s'autodétruit, l'éclair de la

1. Dans la mystique, le pur théisme, toute image se trouve tout près d'être *engloutie*, enveloppée ou dissoute dans le vertige imaginaire, qui excède tout objet. Au contraire, la superstition multiplie les objets, les références, pour arpenter le monde. Cette tension au fond même de la religion définit l'iconoclasme, ou le blasphème. Voir les blasphèmes philosophiques de Hume, d'inspiration indifféremment libertine ou calviniste, *in* HNR, XII, p. 80-81. Sur le jeton que reçut un fidèle par erreur, au moment du Sacrement : « Je souhaite, cria-t-il au prêtre, que vous ne m'ayez pas donné Dieu le Père. Il est si dur et si coriace que je ne peux l'avaler. » Sur le fétichisme : « Supposons qu'un professeur de la Sorbonne demande à un prêtre de Saïs : comment pouvez-vous adorer des poireaux et des oignons ? Si nous les adorons, répond ce dernier, du moins nous ne les mangeons pas en même temps ».

2. Ainsi, l'unique argument qui fonde l'existence de Dieu, l'argument *a priori*, désigne la nécessité, logique et vitale, de cet Acte pur, qui dissout toute modalité, replie le possible sur le nécessaire. Il trouve son modèle dans la *mathesis*, dans l'idée d'un automatisme logique, qui abolit la contingence. Toute l'analyse de Hume tend à montrer que l'*existence*, c'est-à-dire la contingence, empêche toujours la définition d'un acte, sauf dans les délires de l'imagination. Voir DRN, IX, p. 81-84. De même, dans l'esprit, les idées sont ectypes, jamais archétypes ; même les plus purement abstraites demeurent toujours des images. Voir DRN, VIII, p. 77-78.

3. EEH, VII, p. 90.

raison luit et s'efface comme un mirage : « Les brahmines affirment que le monde est né d'une araignée infinie, qui tissa toute cette masse compliquée en la dévidant de ses entrailles, et en anéantit ensuite tout ou partie, en l'absorbant de nouveau et en le résolvant dans sa propre essence » [1].

Entre ces deux folies, se tiennent toutes les formations religieuses [2]. Mystique et fétichisme marquent les extrêmes, entre lesquels oscille l'image du monde. Le corps du monde se constitue entre ces deux limites, impensables, de la création et du désordre. La création, la puissance pure, n'est pas concevable, ni vivable ; c'est une pure intensité qui ne peut se déployer sans se perdre. Elle échappe au monde des corps, des fonctions, des organes. A l'opposé, l'univers idolâtre est ouvert à l'infini, c'est un chaos où errent les forces. Sa forme est toujours provisoire, et coexiste avec le hasard. Il échappe lui aussi à l'organisation. C'est un monde précaire, toujours près de se disperser, de se détruire. Il ne se tient que par compromis, par bricolage [3].

1. DRN, VII, p. 70. Ultime portrait de l'imagination, saturnien, cannibalique. Sur l'autodestruction de la raison, dans l'univers métaphysique, ou mystique, voir TNH, I, IV, 7, p. 260 : « J'ai déjà montré que l'entendement, lorsqu'il agit isolément et selon ses principes les plus généraux, se détruit complètement lui-même et ne laisse plus le moindre degré d'évidence à aucune proposition de la philosophie et de la vie courante ».

2. HNR, VIII, p. 69-71.

3. Ces extrêmes délimitent les bornes du délire. L'enthousiasme est la folie complète, accomplie : c'est une pure Vision, sans autre, ni dehors, une vision du dedans qui se voit elle-même. C'est la vision d'un acte qui excède et foudroie toute réalité. C'est le délire propre, primitif, de la puissance. Au contraire, la superstition n'accomplit jamais la folie. Elle laisse toujours une place à l'expérience, à la prudence, au doute. Cette folie est toujours incomplète. Elle se tient justement dans le manque et l'absence, elle reste essentiellement *ouverte*. La folie tient seulement à cette exigence propre à la fantaisie de combler l'expérience, *à tout prix*. Cette tendance, directe et souveraine dans l'enthousiasme, doit se monnayer dans la magie. Celle-ci doit composer avec le réel, négocier avec lui des compromis de chaque instant. Cette dualité recoupe le clivage intime de l'imagination. La superstition figure l'atomisme primitif de l'esprit, sa nature de *materia prima*, d'écran passif des affects. C'est un chaos, « un faisceau, une collection de perceptions différentes qui se succèdent les unes les autres avec une rapidité inconcevable, et qui sont dans un flux et un mouvement perpétuels » (TNH, I, IV, 6, p. 344). L'enthousiasme exprime au contraire l'imagination comme puissance ; il tient tout entier dans l'acte de la liaison, de l'association *à tout prix*, au mépris du réel. En ce sens, il n'est pas moins primitif, ou premier, que la superstition. L'enthousiasme, en son fond « mystique », se monnaye, quant à lui, en raison, en métaphysique ; il est la puissance du dogme. En fait, la différence tient toujours aux conditions réelles où œuvre l'imagination, aux conditions de son exercice. Autrement dit, à son degré de puissance. Dans la superstition la fantaisie est gênée, empêchée, *pusillanime*. Elle opère mal, et s'exerce sur

Entre ces pôles, doit se tenir le monde quotidien, celui des corps et des usages, des habitudes. Dans cet espace, se déploient les synthèses de la Religion Naturelle. Pour elle aussi, il s'agit de donner une image et une cause au cours des choses, une image cette fois-ci vraisemblable. Elle aussi fabrique à sa façon le grand Corps du monde, mais pour s'exercer, elle doit passer des compromis. Ce corps ne se tient plus dans les seules choses, ni dans la Vie, ou l'Esprit. Ce sera un corps artificiel, à sa mesure : un agencement, une machine. Dans la religion naturelle, la fantaisie généralise le système de l'artifice, de la technique. Ni magique, ni mystique, elle est une science, un art, un travail. Dieu sera le démiurge, l'universel artisan. La Création est une fabrication, elle suit un Plan, un Dessein. Ainsi Cléanthe avouera que son modèle pour la Création est la machine, corps parfait, bien ajusté, organisé. « L'ordre et l'arrangement de la nature, le soigneux ajustement des causes finales, l'usage et la destination manifestes de chaque partie et de chaque organe : tout cela indique dans le langage le plus clair une cause ou un auteur intelligent » [1].

Cette version moyenne de la folie est la plus raisonnable, la plus vraisemblable. Mais c'est aussi la plus vague, la plus indéfinie. Comme ses voisines, elle hypostasie un régime imaginaire ; elle n'est pas moins délirante que les autres. Seulement, elle évoque un régime plus complet, un régime où l'imagination *s'exerce*, où elle organise des corps. Entre mystique et magie, la religion naturelle est la forme moyenne de la folie, la version compatible avec la raison, celle qui toujours la suit ou la double : c'est la métaphysique. De la folie, c'est aussi la version vivable, sa version habituelle, routinière, celle du bon sens, qui accompagne notre foi naïve dans le cours du monde, sans rien décrire, ni prescrire.

des fragments. Dans l'enthousiasme, elle est diffuse, absolument libre. Elle opère dans le vide.

1. DRN, IV, p. 50. Voir aussi DRN, II, p. 25-26, où Cléanthe énonce le modèle machinique du théisme moderne, nouveau mythe du Corps du monde : « Jetez les yeux autour de vous sur le monde ; contemplez-en l'ensemble et chaque partie : vous verrez qu'il n'est pas autre chose qu'une grande machine, subdivisée en un nombre infini de machines plus petites, qui à leur tour admettent des subdivisions [...] Toutes ces diverses machines, et même leurs plus petites parties, sont ajustées les unes aux autres avec une exactitude qui ravit en admiration quiconque les a jamais contemplées. La soigneuse adaptation des moyens aux fins, à travers toute la nature, ressemble exactement, tout en les surpassant de beaucoup, aux productions de l'artifice humain, des desseins, de la pensée, de la sagesse et de l'intelligence humaines ».

« L'ensemble de la religion naturelle se résout en une seule proposition, simple, quoique un peu ambiguë, ou du moins indéfinie, savoir : que la ou les causes de l'ordre dans l'univers présentent probablement quelque lointaine analogie avec l'intelligence humaine »[1]. Dans la magie, la superstition, le monde est indéfini, sans mesure ferme, il émerge péniblement du chaos ; l'infinité est extensive. Dans la mystique, l'infini est intensif : c'est un point situé en dehors du monde. Dans la religion naturelle, l'infinité est seulement pratique, elle s'étend au-delà de l'expérience, mais elle en maintient la forme. C'est pourquoi cette fiction, encore moins que les autres, ne saurait disparaître ; tout l'esprit humain la requiert constamment, précisément pour s'exercer, pour maintenir, ou corriger, l'ordre du monde[2]. Cette folie tranquille décrit le monde comme un état d'équilibre, un état *organisé*, elle étend l'organisation à l'infini. Elle construit le Léviathan. En elle, se concentrent toutes les images du pouvoir, celui de Dieu, celui du Prince, et la puissance des organes qu'ils commandent[3]. *Deus ex machina* : les questions théologiques et politiques se réduisent aux rapports de l'artisan à sa machine.

IV. *Scepticisme et politique*

La nature humaine *est* imagination, puissance d'invention et d'artifice. Elle excède l'ordre des faits, elle ouvre des espaces virtuels ou

1. DRN, XII, p. 127. Voir aussi DRN, V, p. 53, où Hume met en scène le transfert anthropomorphique, dédoublement spontané de l'imagination sur Dieu et la création du monde. « Philon : Il est encore plus déraisonnable de former notre idée d'une cause si illimitée d'après notre expérience des étroites productions du dessein et de l'invention des hommes. [...] – Cléanthe : c'est encore l'image de l'esprit que réfléchissent sur nous d'innombrables objets. – Ajoutez : un esprit *pareil à l'esprit humain*, dit Philon. – Je n'en connais point d'autre, répondit Cléanthe. – Et plus il est pareil, mieux cela vaut ? insista Philon. – Bien sûr, dit Cléanthe. » A cet égard, si Dieu est l'Architecte, l'Inventeur, il est aussi l'Invention suprême, celle qui garantit toutes les inventions.

2. DRN, XII, p. 116 : « Je me tourne ensuite vers l'athée, qui, je l'affirme, n'est tel que de nom, et ne saurait jamais en aucune façon l'être sérieusement ; et je lui demande si, d'après la cohérence et l'apparente sympathie de toutes les parties de ce monde, il n'y a pas un certain degré d'analogie entre les opérations de la nature, en chaque situation et à chaque époque [...] : il est impossible qu'il le nie ».

3. Ainsi, Philon peut objecter à Cléanthe un modèle polythéiste, qui dans cette perspective technique, prend une valeur « libérale » et « démocratique ». Voir DRN, V, p. 54-55. « Pourquoi ne se peut-il que plusieurs divinités collaborent à agencer et à former un monde ? » On peut concevoir un bricolage réussi par association ou concurrence.

sublimes. Cette échappée tient au fait que jamais impressions et relations ne coïncident, sauf dans la folie majeure. Dans cette ouverture du possible, les hommes ne cessent de devenir plus virtuels à eux-mêmes. Ouverte à la fiction, la nature humaine introduit le virtuel dans la nature. Elle dégage des possibles, elle inscrit les puissances de l'artifice dans les régularités du monde. Aussi, en transformant la nature, elle devient elle-même virtuelle, elle est elle-même son premier objet d'invention. La nature humaine implique toujours une différence interne, un mouvement d'altération ; en imaginant, elle se transforme, en inventant, elle peut toujours se dévoyer, et manquer à son propre exercice. De là un mouvement de régression et d'errance. De là ce paradoxe du délire, où la puissance de l'imagination, sa sublimité, se double d'une impuissance effective, et d'une corruption réelle : par rapport à elle-même, elle se tient à la fois en excès et en défaut [1].

Le délire s'insère dans les failles de l'expérience, entre impressions et relations d'idées, entre passions et justice. En ce sens, comme le pouvoir, et l'habitude, il ne saurait jamais disparaître. En théorie comme en morale, le délire écrit toujours la part manquante de l'expérience. Et sur cette page jamais écrite, la fantaisie inscrit sa propre image. En effet, la nature humaine est, en son fond, vacillement, inquiétude. A chaque moment de l'expérience, elle implique la menace de la folie, le doute anxieux, la magie, l'effroi du réel. Le délire ne fait rien qu'exprimer le mouvement spontané de l'imagination, qui est d'inventer l'ineffectif, et de remplir les vides de l'expérience. Et seule sa possibilité fournit à la nature humaine une protection contre son propre vertige, qui est celui de sa liberté [2].

1. C'est cette condition instable, cette « inquiétude » que Rousseau rendra célèbre sous le terme de « perfectibilité ». La nature humaine est une virtualité. C'est pourquoi elle peut toujours se corrompre, et différer d'elle-même ; sa puissance tend à se dissocier de son acte, à divaguer. En ce sens, le mouvement de la culture ne se sépare pas d'une autre histoire, celle des monstres qu'elle produit.

2. C'est en termes empiristes, ou associationnistes, que Lévi-Strauss, après Mauss, définira le pouvoir magique. Cette puissance occulte, ou *mana,* n'est rien d'autre que le vide que l'imagination doit remplir à tout prix, cet écart entre la réserve de sens disponible, et son effectuation. Il reste toujours, au sein de l'expérience, une part de sens en trop, un supplément que la magie vient effectuer, remplir. Cet écart, cette place vide, c'est ce que comble la puissance du *mana* : c'est un truquage, un acte qui vient restituer une continuité dans les lacunes de l'expérience. C'est un geste, un acte indéfini. Le *mana* est essentiellement « un truc ». Voir *Introduction à l'œuvre de Marcel Mauss, in* M. Mauss, *Sociologie et Anthropologie* (1950), Paris, PUF, 1983, p. L : « Force et action ;

Comment conjurer la folie, et ses violences, si la nature humaine, en son fond, reste toujours délirante ? Et comment libérer le politique de l'oppression religieuse, si le délire croise toujours le pouvoir ? Comment opposer à cette puissance celle de la raison, si la raison se tient tout entière hors de la puissance, dans un espace impassible ? A ces questions, Hume ne donne qu'une seule réponse, obstinée : il faut opposer un délire à un autre. Et ce délire, c'est le scepticisme [1]. Hume a des accents tragiques pour décrire cette monstruosité logique et vitale, cette pensée sans espoir, lieu d'inaction, de désolation [2]. De fait, le scepticisme donne à la folie un nouveau visage : l'auto-réflexion. En lui, la pensée opère sur elle-même, à l'infini, sans rien produire. En ce sens, il figure l'extrémité du délire, si l'on admet que la folie se tient dans le vide de l'expérience ; le suspens sceptique prétend justement s'installer dans cet espace, à l'interstice des affections et des liaisons, au point invisible où elles se croisent. Plus précisément, cette folie du doute doit s'opposer strictement à l'enthousiasme, autre folie majeure. Celui-ci se déploie dans l'hallucination ; c'est un délire de présence, où impressions et relations ne se distinguent plus, où le sens colle au réel, délire de plénitude qui ne tolère aucun vide. Le scepticisme, au contraire, se meut dans l'absence, il déploie le vide de l'expérience ; c'est la folie du vide, l'esprit de négation, de déliaison. Le suspens qu'il produit ne fait rien que déployer le vide sur lequel tout artifice, toute croyance se tient [3].

qualité et état ; substantif, adjectif et verbe à la fois ; abstraite et concrète ; omniprésente et localisée [...] le *mana* est tout cela à la fois ; mais précisément parce qu'il n'est rien de tout cela ; simple forme, ou plus exactement symbole à l'état pur, donc susceptible de se charger de n'importe quel contenu symbolique. Dans ce système de symboles qu'est toute cosmologie, ce serait simplement une valeur symbolique zéro, c'est-à-dire un signe marquant la nécessité d'un contenu symbolique supplémentaire à celui qui charge déjà le signifié ».

1. TNH, I, IV, 7 : « Il ne nous reste qu'à choisir entre une raison erronée ou pas de raison du tout ».

2. En son fond, le scepticisme est mélancolie. Voir TNH, I, IV, 7 : « Je suis d'abord effrayé, confondu de cette solitude désespérée où je me trouve placé dans ma philosophie, et j'imagine que je suis un monstre étrange et extraordinaire qui, par son incapacité à se mêler et à s'unir à la société, a été exclu de tout commerce humain et laissé complètement abandonné, sans consolation ».

3. Selon les degrés de croyance, on peut ainsi comparer les trois formes de délire. L'enthousiasme, ou la foi délirante, ignore tout degré ; c'est un acte pur, *inconditionnel*. En lui, idée et impressions ne se distinguent plus, elles fusionnent entièrement dans l'élément de l'Image, de la Passion, visible ou invisible. Symétriquement, le scepticisme abolit tout degré de probabilité, toute croyance et toute image partielle. Il les ramène à leur

Le doute sceptique ramène au jour le geste du délire, son mouvement à l'état pur, dégagé de toute image : envers du délire, folie en négatif, il dévide le dédale de l'imagination. De là viendrait sa paradoxale « puissance », et la possibilité d'une pratique : la conversion de la folie par elle-même, sa conversion en raison. Le sceptique se tient à l'exacte limite du délire, pour le retourner en prudence ; c'est une folie qui se réfléchit, mais désormais dans le vide, en elle-même, sans recours aux images : une folie sèche, aride [1]. En manifestant la doublure de folie qui suit toute expérience, en la redoublant pour elle-même, il transforme cette réflexion imaginaire en savoir critique, en délicatesse et en prudence [2]. Le doute sceptique, en ce sens, détache, désassemble les associations ; il dissout les cristallisations, images et croyances, et renvoie par ce biais la pensée à l'extérieur, dans l'univers réel des affections, et les processus de l'artifice ; il ouvre ainsi une pensée sans

origine, le vide de l'imagination, sa faille primitive. Ainsi, il retourne à son envers la folie de l'enthousiasme ; c'est un délire d'abstention, tout aussi pur, et violent, que la mystique. Magie et superstition se tiennent évidemment dans l'espace intermédiaire. Comme l'habitude et la prudence, elles occupent l'espace fragmenté des pouvoirs et des images, tout le champ de l'incertain et du probable, de ses calculs et de ses rites.

1. En ce sens, le scepticisme, lui aussi, possède deux visages : l'un trivial et cynique, matérialiste, l'autre, épuré, sublime. Le doute sceptique, bien sûr, renvoie au gros bon sens, à la prudence, à la ténacité des faits, comme à son autre. Il exige la pesanteur, la naïveté. Mais, parallèlement, il ouvre l'esprit à son propre vide. Entre mystique et scepticisme, se tisse toute une alliance secrète, celle qui a le détachement pour objet, la *docte ignorance*. L'un et l'autre sont iconoclastes. L'un et l'autre ont le retrait, la déception, pour stratégies. Dans ce vide, se détachent les images, les illusions de la puissance. Mais par-dessus tout, le scepticisme est *humour*, *nuance*, quasi-être ; il pointe ce geste vacillant où émergent les fictions, où le sens s'articule au non-sens, dans l'unité d'un seul acte. Là se trament les gestes de la fantaisie, ses artifices et ses truquages, et sa naïveté, son animalité. En ce point, se replient l'un sur l'autre la ruse et la naïveté, l'extase et la réflexion. Dans l'humour, l'imagination, cette *hypocrisie naturelle*, rejoint sa vérité. Sur l'humour, Zen, cynique ou stoïcien, comme visée de ce double entrelacs, voir G. Deleuze, *Logique du sens*, Paris, Minuit, 1969, p. 159-167.

2. C'est le mouvement même de l'art, de détacher les impressions, de les inscrire dans un suspens, où la forme peut se déployer pour elle-même. Ce découpage décrit, pour l'imagination, l'espace possible d'une liberté : le dégagement des passions, et en même temps, leur maîtrise. L'acte de l'art est une conversion, une torsion, où les affects se détachent dans la fantaisie. En devenant image, ils quittent leur intensité, leur infinité, ils se calment et peuvent s'incarner, s'assumer, en trouvant une extension communicable. Voir *De la délicatesse du goût et de la passion*, in *Essais esthétiques*, t. II, p. 67-71.

images, d'avant les images, pensée aride du dehors, qui se tient à la naissance du sens [1].

Le scepticisme, c'est la balance des pouvoirs au sein de la raison [2]. De là justement, sa force, inédite en politique : en pratiquant le doute, le sceptique dissocie les synthèses de la puissance. Il manifeste que le pouvoir, cette fiction sublime, se tient toujours dans le vide, il affirme que le pouvoir doit précisément rester vide pour conjurer l'oppression et la violence. Suspendre le jugement, c'est toujours, pour le sceptique, libérer l'imagination de ses propres entraves : délier les nœuds de croyance, apaiser les passions. Autrement dit : dégager l'artifice, restituer à l'imagination sa puissance d'invention, d'opération. Le scepticisme est l'ascèse de l'artifice.

Que serait une politique sceptique ? Celle-ci ne prétend pas annuler les croyances, ou les mécanismes d'autorité, puisqu'elle en connaît toute la nécessité, le caractère inévitable. Au contraire, elle les maintient, dans leur sublimité, elle les poussera jusqu'au bout d'eux-mêmes : jusqu'au vide. Comme la croyance, le pouvoir se donne pour ce qu'il est ; c'est un lieu d'expression, lui-même impassible, insaisissable, qui associe les partialités, sans les supprimer, c'est le mouvement de conversion qui transforme les passions en industrie et en culture. « Abolir toute distinction de parti n'est pas réalisable, ni même souhaitable, dans un régime libre » [3]. L'autorité, et la santé du corps politique, se tiendraient dans le lieu inas-

1. C'est pourquoi le scepticisme, tout comme la croyance, demeure toujours insaisissable. Il ne se dévoile que par réfraction, sous les masques des visages qu'il imite, ou qu'il attaque. Ainsi, toute la dramaturgie des *Dialogues sur la religion naturelle*, sa « dialectique », peut se lire comme une réflexion des trois délires dans l'espace métaphysique, et leur conversion en raison, elle-même inexprimable. La raison se tient entre ces trois pôles, elle est leur balance commune. Cléanthe, le newtonien, est un artificialiste naïf ; il conçoit l'ordre du monde comme l'image de l'artifice, de la puissance et de la technique humaine. C'est un superstitieux moderne, un superstitieux rationnel. Déméa, le mystique, est un enthousiaste philosophique, rigoureux gardien de l'absolu, pour qui le Mystère, toujours celé, ne se donne que dans l'intuition ou la grâce, l'extase de la raison. L'un et l'autre échangent leurs visages : ils se réfléchissent en Philon, le sceptique, qui passe de l'un à l'autre.

2. DRN, I, p. 17 : « Tous les sceptiques prétendent que, si l'on considère la raison d'un point de vue abstrait, elle fournit d'invincibles arguments contre elle-même [...]. L'un n'a pas plus de poids que l'autre. L'esprit doit nécessairement rester en suspens entre les deux ; et c'est justement ce suspens, ce balancement, qui est le triomphe du scepticisme ».

3. *De la coalition des partis*, in *Discours politiques*, p. 211.

signable de la balance des pouvoirs, au point invisible où s'articulent les puissances entre elles [1]. Elle suivrait une visée utopique, en un sens très précis : c'est que le sceptique, comme la balance du pouvoir, et plus généralement tout acte de jugement n'occupent aucun lieu réel. Ils ne s'exercent qu'à cette condition de demeurer détachés, insaisissables.

On associe toujours le scepticisme à un acte de détachement, de modération. Et de fait, c'est la sagesse ordinaire que les artifices de la vie quotidienne exigent le détachement pour s'exercer au mieux, tout comme le calme des passions leur assure l'expansion la plus souhaitable. Dans chaque cas, le suspens libère les conditions mêmes du jugement ; il maintient l'imaginaire à l'état disponible, à l'état détaché. A son plus haut degré d'artifice. Cette sagesse, cette *manière* ne s'acquiert que par l'expérience, quotidienne, de la terreur, de la violence, par un savoir anticipé de la destruction [2].

Une telle pratique serait la *manière* de l'artifice, le geste où il s'incarne, en politique, comme en art. Il s'agit toujours, dans chaque cas, de faire une œuvre. Image ou institution, l'œuvre doit associer l'énergie sensible et la possibilité de son partage. En ce sens, la culture, l'artifice social ou artistique, ne se sépare pas de la « modération ». L'art produit et communique des passions calmes ; il fait venir le sensible au calme de l'expression, il donne aux impressions une protection et un langage, car l'art a pour fonction première de nous dégager de l'effroi du réel, de la violence ou de la transe que procurent les impressions muettes. L'art exprime par détachement. Et il inscrit ses productions dans l'au-delà du sens et du sensible ; dans ce fond imaginaire, où naissent les délires, où naît aussi le jugement, et qui doit rester celé. Ainsi peut se comprendre le plaisir pris aux images : comme toute image, l'œuvre est bien virtuelle, mais c'est aussi un acte. Elle fournit des affections, et en même temps, elle les libère. Dans la tragédie, par exemple, si les horreurs qui se jouent sur scène se convertissent en plaisir ou en sagesse, c'est que l'acte de l'art a pour objet de libérer les impressions de leur pouvoir magique, de transformer leur violence en représentations supportables, précisément

1. *De la balance du pouvoir,* in *Discours politiques*, p. 78-86.

2. Gérard Granel a bien montré comment le scepticisme, pris en ce sens, ne justifiait en rien le « centrisme » que l'on prête généralement à Hume. Sa « modération » tient au lieu qu'il occupe, et résulte d'un savoir des extrêmes. Voir *« La force de Hume »*, in *Quatre essais politiques*, Mauvezin, TER, 1981, p. VII-XXIV.

en images. Calmer les passions et conjurer la violence exigent ce détachement et cette loquacité de l'image [1].

En politique, le scepticisme engage une pratique et une ascèse. Il suit ce principe que le vide de l'autorité est sans doute le moteur le plus puissant dans la construction d'une communauté. Les cultures les plus puissantes, les plus artificieuses, se tiennent toujours au plus près de leur propre délire. De là paradoxalement, l'extrême utilité d'un pouvoir « faible », ou sobre. La « faiblesse », ou plutôt, la discrétion du pouvoir peut libérer d'autant mieux l'activité de la puissance humaine, son industrie. Avec ses alliés, libéraux et libertins, Hume entrevoyait un telle pratique dans le libéralisme naissant, un système qu'il concevait, quant à lui, par le biais d'un profond pessimisme [2]. Une démocratie libérale ne fournit certes pas un modèle idéal, qui, de toute façon, n'existe pas. Elle introduit pourtant un fait nouveau, libérateur : l'institution d'une jurisprudence permanente, la volonté d'ajuster les institutions à l'évolution permanente du corps politique. Si le libéralisme possède une valeur morale, c'est qu'il prétend substituer aux vieux schémas de la souveraineté un régime plus effectif, plus réaliste et plus artificieux. La puissance sera restituée à la société et à ses œuvres, à l'industrie, au travail des machines. Le pouvoir n'assurera qu'un contrôle technique. Bien plus qu'une technocratie [3], cette vision formule surtout l'idée d'une jurisprudence perpétuelle, où l'autorité viendrait suivre dans la société la naissance des artifices, et prévenir les impuissances, les délires et les violences. Le découplage de la société et de l'État, leur détachement commun des synthèses religieuses, tiennent justement à ce refus des hypostases.

1. Ainsi, l'idée est toujours une impression calme, ou « faible ». C'est une copie, une image. C'est pourquoi « l'imitation est toujours agréable ». Voir *De la tragédie*, in *Essais esthétiques*, t. II, p. 109 : « C'est ainsi que la fiction de la tragédie adoucit la passion, par l'infusion d'un nouveau sentiment et non pas simplement par l'affaiblissement et l'atténuation de la peine ». La réaction magique serait au contraire l'hypnose ou la panique.

2. Voir D. Deleule, *Hume et la naissance du libéralisme économique*, p. 342-359.

3. Tout pouvoir est *technè*, truquage, artifice. C'est donc encore dans la technique, l'opération effective, que le pouvoir reste le moins dangereux, et peut à son tour être contrôlé, si ce contrôle se fait lui-même de façon technique. La technique, quand à elle, ne fournit que la puissance, celle des corps qu'elle organise en masses, elle ne donne jamais que les moyens d'une violence qui toujours lui échappe. En ce sens, la misère des sociétés modernes, c'est bien moins la puissance technique que la magie, les fictions de pouvoir qui l'entourent, fictions qui demeurent, quant à elles, foncièrement religieuses.

Dans le corps politique, le libéralisme inaugure une double séparation, il dissocie la puissance et le pouvoir, comme les sympathies et la justice. Si l'autorité doit maintenir le corps politique, de fait, elle ne constitue rien ; ce n'est plus une puissance. Elle se superpose à la société civile où réside le vrai lieu de la puissance, dans le travail, l'industrie, les passions et les actions [1]. C'est une instance d'expression et de décision, qui réfléchit initiatives et productions, les répercute et les régule, mais ne les produit jamais. Elle se détache de la société, elle lui fait exception ; idéalement impassible, elle occupe le lieu vide du jugement. A l'inverse, la construction du lien social n'est pas confiée à l'autorité, mais aux sympathies, à l'industrie, au champ des intérêts [2]. Il suffit que leur régulation ultime leur échappe. En démocratie, si le pouvoir est partagé, c'est qu'il n'est à personne, qu'il est manquant, insaisissable.

De là une double attitude, propre au sceptique : laisser-faire et vigilance. Comme dans l'œuvre d'art, la politique tiendrait entièrement en un point de conversion, lui-même invisible. La fonction de l'État n'est plus la souveraineté, mais la prudence. C'est une affaire de tact, d'humour aussi. Si, comme les passions, le corps politique ne possède ni centre ni limites, son organisation ne dépend plus d'un pouvoir constituant, ou d'une mesure abstraite, mais d'un mouvement de réflexion, qu'il faut maintenir à tout moment. Cette jurisprudence, c'est justement ce qu'interdisent les hypostases de la puissance, les modèles organiques, les machines souveraines du sacré ou du contrat, son avatar laïc [3]. Une

1. *Du commerce*, in *Discours politiques*, p. 18 : « Un État n'est jamais si grand que lorsqu'il utilise tout l'excédent de main-d'œuvre au service de la chose publique ». Et p. 17 : « Ainsi la grandeur du prince et le bonheur de l'État, sont dans une large mesure, la même chose, si l'on regarde au commerce et aux manufactures ».

2. *Ibid.*, p. 16 : « L'industrie et les arts, ainsi que le commerce accroissent le pouvoir du prince aussi bien que le bonheur de ses sujets ; et c'est au contraire une politique violente que celle qui fonde la grandeur publique sur la pauvreté des individus ». Le pouvoir ne prend corps que par soustraction, par prélèvement de puissance. Quel qu'en soit l'usage, c'est toujours une captation, un détournement. Déjà chez La Boétie, le prince, le tyran, est décrit comme un parasite, un « charme », ou un vampire.

3. En ce sens, le contrat ne fait que reprendre la vision théologique du Dessein, d'un acte souverain, créateur ; il réintroduit en politique une violence délirante, interne cette fois-ci à la raison la plus formelle. Ce qu'il vise, dans l'unité de cet acte, c'est le point où justice et sympathie coïncident, dans l'aliénation réciproque de tous envers tous. C'est un corps collectif infini, parfaitement étanche, sans extérieur et sans reste : un automate. En toute rigueur, le contrat, tant qu'il dure, ne souffre aucun changement ; le moindre *événement* implique une rupture de ce contrat, sa dissolution. Voir Rousseau, *Du Contrat social*, in *Du Contrat social et autres œuvres politiques*, II, 7, *op. cit.*, p. 245 :

idée sceptique du pouvoir tiendrait justement dans la précision de l'artifice, dans un geste sobre d'ajustement.

Il n'existe pas de république parfaite. La cité idéale n'a jamais existé ; aussi les hommes doivent l'imaginer en permanence. En ce sens, un modèle dernier de constitution s'avère forcément provisoire, ou bien futile. Dans le meilleur des cas, une constitution accompagne, ou cristallise, une forme actuelle du corps politique. Elle formalise un style. Faute de modèle dernier, on peut cependant envisager l'unité d'une pratique. Un bon gouvernement ne tiendrait pas dans l'unité d'une forme, mais dans une synthèse efficace des tendances qui œuvrent dans les divers régimes possibles ; il serait leur image commune et virtuelle. L'art de gouverner tiendrait dans la saisie d'une genèse permanente. Tout comme le scepticisme, par détachement, libère dans l'imagination la puissance de l'artifice, la jurisprudence maintient le corps politique à l'état décristallisé, s'ajuste au plus près de ses fissures, pour conjurer l'inertie et les corruptions du modèle organique. C'est une mesure inventée : la mesure de son déséquilibre, la mesure de son délire. En ce sens, la balance des pouvoirs ouvre un espace qui échappe aux compromis ; dans ce geste, cet acte de finesse, elle recherche l'ajustement où chaque partie du champ social irait jusqu'au bout de son droit, le point où les partialités parviennent à leur reconnaissance mutuelle, point invisible qui se saisit par induction, car il n'existe jamais d'avance [1]. Au-delà des des-

« Le corps politique ou le souverain, ne tirant son être que de la sainteté du contrat, ne peut jamais s'obliger, même envers autrui, à rien qui déroge à cet acte primitif [...]. Violer l'acte par lequel il existe, serait s'anéantir ; et ce qui n'est rien ne produit rien ». Le contrat tient tout entier dans cette double contrainte, cet acte terroriste où les libertés s'instituent et se contraignent mutuellement, se forcent à être libres. C'est pourquoi le pacte se transforme en machine à exclure. Tout contrevenant, tout *particulier,* s'exclut de lui-même. Il est proprement *excommunié.* Voir II, 6, p. 244 : « L'aliénation se faisant sans réserve, l'union est aussi parfaite qu'elle peut l'être, et nul associé n'a plus rien à réclamer ». Sur la critique humienne du contrat, voir *Du contrat originel*, in *Discours politiques,* p. 188-208. Sur la dénonciation du mythe de « l'Ancienne Constitution », voir D. Deleule, *op. cit.,* p. 327-329.

1. Voir *Idée d'une république parfaite,* in *Discours politiques*, p. 234-239. Dans cet essai, Hume esquisse un modèle entièrement fondé sur le principe de la balance des pouvoirs. Il s'agit d'un système général d'ajustements et compensations réciproques (« checks and controls ») où chaque fraction de la société, chaque faction, exprimerait sa puissance. Leur convergence se déploierait en un point vide. Ainsi, il faudrait concilier les avantages des petites et des grandes républiques, des empires et des démocraties. Ou encore, diviser le peuple en corps moléculaires pour encourager le débat démocratique, mais compenser les turbulences par l'inertie de l'espace. De même, l'institution d'une

seins ou des programmes, la politique serait à chaque instant sa propre création.

L'empirisme tient dans cette seule formule que l'imagination est la puissance même. Il identifie la fantaisie et la puissance, c'est-à-dire l'invention du possible. Cette idée, en dernier lieu, ne saurait désigner la « force », et encore moins le « pouvoir », toutes notions obscures et sans fond que l'imagination a forgé pour désigner, et voiler, son propre mouvement. En ce sens, le pouvoir n'existe pas, ou plutôt il existe comme un creux, un vide où la puissance peut se perdre, réfléchir à l'infini sa propre liberté, jusqu'au vertige. Ce risque permanent de la folie contient en germe toutes les violences ; il est bien vrai que le « pouvoir » justement nous empêche de produire ou de créer, nous empêche d'exister. Mais il n'est pas moins vrai qu'en ce vide se tient le lieu même de la pensée, son inquiétude et sa puissance. Ce lieu vide, utopique, peut être atteint pour lui-même, au-delà des croyances, car toujours il reste le plus intime, lieu sans images, à la source de toute image. Revenir à ce lieu, c'est revenir à l'origine de la puissance, lieu sans formes, où nul ne peut juger, mais qui, à son tour, s'il reste vide, nous permet d'agir et de juger.

Xavier PAPAÏS
Université de Venise

Bibliographie sommaire

1. Éditions

HUME, *The Philosophical Works*, éd. Green & Grose, Londres, 1882, reprint Scientia Verlag Aalen, Darmstadt, 1964.

– *Traité de la nature humaine,* trad. A. Leroy, Paris, Aubier, 1946, rééd. 1973.

– *Abrégé du Traité de la nature humaine*, trad. D. Deleule, Paris, Aubier, 1971.

– *Enquête sur l'entendement humain*, trad. D. Deleule, Paris, Nathan, 1982.

« cour des compétiteurs » permettrait de donner à l'opposition un pouvoir *réel* d'initiative, pour utiliser et dévier le cours des ambitions.

– *Enquête sur les principes de la morale*, trad. P. Baranger et P. Saltel, Paris, GF-Flammarion, 1991.
– *Dialogues sur la religion naturelle*, trad. Maxime David, rééd., Paris, Vrin, 1973.
– *Histoire naturelle de la religion*, trad. M. Malherbe, Paris, Vrin, 1980.
– *Discours politiques*, trad. F. Grandjean, Mauvezin, TER, 1993.
– *Quatre essais moraux et politiques*, trad. B. Pautrat, Paris, *Cahiers pour l'analyse*, 1966.
– *Essais esthétiques*, trad. R. Bouveresse, Paris, Vrin, 1973-1974, 2 vol.

2. Études
CLERO Jean-Pierre, *La Philosophie des passions chez David Hume,* Paris, Klincksieck, 1985.
DELEUZE Gilles, *Empirisme et subjectivité,* Paris, PUF, 1953.
DELEULE Didier, *Hume et la naissance du libéralisme économique*, Aubier, 1979.
FLEW Antony G. N., *Hume's Philosophy of Belief,* London, Routledge, 1961.
YANDELL Keith E., *Hume's « Inexplicable Mystery ». His Views on Religion.* Philadelphia, Temple University Press, 1990.

KANT : LA SOUVERAINE INTENTION ET LE CHER FÉAL

Caesar non est supra Grammaticos.
Cité par Kant, *Réponse à la question :*
Qu'est-ce que les Lumières ?

Pour Kant les choses avaient plutôt bien commencé. A la mort de Frédéric II, en 1788, le ministre Wöllner avait contresigné un décret du nouveau roi, Frédéric-Guillaume II, qui augmentait ses appointements [1]. Les sciences en effet, « dans la mesure où on ne les enseigne pas gratuitement aux autres », sont comptées au nombre des marchandises : l'échange est réglé par une certaine forme de contrat, comme le spécifiera le « tableau des contrats purs » – lequel, comme on sait, « ne saurait être entaché d'aucun ajout empirique » – de la *Doctrine du droit* [2]. Jusqu'où allaient les devoirs de Kant à l'égard de l'État prussien, non seulement en tant que professeur, mais en tant que sujet, c'est-à-dire « celui qui obéit », en vertu d'une autre sorte – « originaire » celle-là –

1. Voir la lettre du 27 mars 1789 au roi Frédéric-Guillaume II (AK XI (1), p. 193 ; *Correspondance* d'Immanuel Kant, trad. collective, Paris, Gallimard, 1991, p. 340, n° 193). Nous y reviendrons : déjà il n'était question, s'agissant de *devoir*, que de *conscience* : « Lors des efforts consacrés jusqu'à présent au service de votre souveraine majesté, je suis conscient de n'avoir rien fait si ce n'est remplir le devoir qui était le mien ; la faveur royale qui m'est aujourd'hui manifestée doit donc être pour moi l'occasion de consacrer avec le plus grand empressement et de toutes mes forces le temps qu'il me reste à vivre à cette même fin ».

2. *Métaphysique des mœurs*, *Doctrine du droit*, § 31, AK VI, p. 288 ; trad. J. Masson et O. Masson, *Œuvres philosophiques*, t. III (désormais : OPH III), Gallimard, Paris, 1986, p. 550.

de contrat ? [1] Toute la question kantienne du théologico-politique commence là : dans une affaire de droit, d'obligation, d'usage réglé, de commandement et d'obéissance – dans une affaire de *censure* et de *critique*.

On se propose ici de lire le *Conflit des Facultés* de 1798 – quelques pages seulement, à vrai dire – comme s'il s'agissait du *Tractatus theologico-politicus* de Kant. Deux raisons autorisent cette expérience de lecture : la tentative même de Kant dans le *Conflit*, qui vise à fonder rationnellement un partage du pouvoir dans le savoir, va distinguer au premier chef les compétences des instances théologique et philosophique, *en même temps* qu'elle déterminera le type de contrat qui lie chaque Faculté au gouvernement ; l'occasion historique de cette tentative est dans un certain *avertissement* du gouvernement prussien à Kant après la publication de *La Religion dans les limites de la simple raison.*

I

Le *Conflit* vise à instituer systématiquement une politique du savoir. Opération que l'on reconnaîtra sans peine comme critique, en tant que la pensée est ici légiférante, et qui se laisse décrire de deux façons interférentes : 1. Il s'agira de dire le droit dans les rapports entre les « petites sociétés diverses » – les Facultés – qui forment ensemble l'Université [2], et de poser les principes d'une *procédure* par laquelle leur conflit même devient légal, c'est-à-dire peut être jugé. Ce qui revient : 2. à déterminer en même temps dans ses limites exactes la tâche de chacune des Facultés *telle qu'elle lui a été assignée* par le gouvernement, donc son rapport interne à celui-ci, organisateur et grand diviseur de l'Université [3], en vue de la fin propre qui est la sienne : « agir sur le

1. *Ibid.*, § 47, AK VI, p. 315 ; OPH III, p. 581.

2. *Streit der Fakultäten* (désormais : SF), AK VII, p. 17 ; OPH III, p. 813 (trad. A. Renaut).

3. Les savants, en effet, n'ont pas été consultés dans la division en trois Facultés supérieures (théologie, droit, médecine) et une Faculté inférieure (philosophie) : « Car sont mises au nombre des Facultés supérieures seulement celles dont l'intérêt du gouvernement lui-même est de savoir si les enseignements doivent avoir telle ou telle caractéristique, ou s'ils doivent être dispensés publiquement ; alors qu'au contraire celle qui n'a à se soucier que de l'intérêt de la science, est appelée la *Faculté inférieure*, parce qu'elle peut faire de ses énoncés ce que bon lui semble » (SF, AK VII, p. 18-19 ; OPH III, p. 815). La Faculté inférieure ne comprend pas seulement ce que nous appellerions philosophie, mais, d'une part, l'histoire, la géographie, la philologie, la connaissance empirique de la nature (au

peuple au moyen de certains enseignements » ou « avoir de l'influence sur le peuple » [1]. Autrement dit, il s'agira de libérer ou de construire une république autonome pour les savants, selon le principe que « seuls des savants peuvent juger des savants en tant que tels » [2], et l'argument que le gouvernement n'enseigne pas et ferait preuve de « pédantisme » à vouloir jouer « le rôle du savant » : le peuple ne comprendrait pas la compromission et perdrait tout respect pour lui, car, écrit Kant, le peuple « ne comprend nulle plaisanterie et met dans le même sac tous ceux qui se mêlent de sciences » [3]. La plaisanterie, ajoutera-t-on, serait peut-être plus amère encore pour les savants eux-mêmes. Cela ne voudra pas dire que les savants ne seront *en aucune façon* assujettis au contrôle du gouvernement dans leur enseignement : celui-ci aura exactement pour fonction de « sanctionner » *certains* enseignements de *certaines* Facultés en vue d'un *certain* usage public. Il s'agira ici en effet, de toute nécessité, de distinguer entre les Facultés. Mais Kant aura voulu aussi faire entendre par là au gouvernement dans quelles limites, *pour ses fins propres* et non pas du tout par libéralisme, il a intérêt à exercer son autorité sur l'Université. Car s'il n'enseigne pas, il « commande à ceux qui enseignent », en vertu d'un accord par contrat [4]. Il s'agira donc peut-être à la fin – parce que toute la réflexion est finalement orientée sur l'autonomie de la Faculté de philosophie – de faire comprendre au gouvernement que la Faculté inférieure, qui a la liberté pour fonction – « simplement être libre, mais aussi laisser libre » [5] –, est la mieux à même de « conseiller » directement le Prince, lequel trouvera dans la liberté de celle-ci, plus qu'en toute autre Faculté, et « mieux que dans sa propre autorité absolue, des moyens pour l'atteinte de ses fins » [6]. Variante d'un espoir antique, autrefois déçu.

titre de la *cognitio ex datis*), d'autre part les « connaissances rationnelles pures » (*ex principiis*), mathématique pure, philosophie pure, métaphysique de la nature et des mœurs (*cf.* SF, AK VII, p. 28 ; OPH III, p. 826-827).

1. « ... vermittelst gewisser Lehren aufs Volk zu wirken ... » ; « ... auf das Volk Einfluß zu haben ... » : SF, AK VII, p. 21 ; OPH III, p. 818.

2. SF, AK VII, p. 17 ; OPH III, p. 813.

3. SF, AK VII, p. 19 ; OPH III, p. 816. L'essai de 1798 est à cet égard absolument inaugural pour toute une tradition allemande, de la réflexion autour de la fondation de l'Université de Berlin (voir le volume *Philosophies de l'Université,* éd. L. Ferry, J. -P. Pesron et A. Renaut, Paris, Payot, 1979) jusqu'à la *Selbstbehauptung der deutschen Universität*, le discours de rectorat prononcé par Heidegger le 27 mai 1933.

4. SF, AK VII, p. 19 ; OPH III, p. 816.

5. SF, AK VII, p. 28 ; OPH III, p. 826.

6. SF, AK VII, p. 35 ; OPH III, p. 836.

Or pourquoi Kant a-t-il écrit, et publié, ses pensées sur l'Université ? [1] Il y a à cette volonté d'éclaircissement juridique une raison ou, comme on voudra, une occasion très précise, qui installe immédiatement l'essai dans la question théologico-politique. On sait que lorsqu'il écrivit pour la *Berlinische Monatsschrift* l'article qui allait former la première partie de *La Religion dans les limites de la simple raison*, Kant soumit délibérément son texte à la censure prussienne [2]. Le censeur Hillmer, de la Commission d'examen immédiat, donna l'autorisation pour la publication, avec l'argument, que reprendra bientôt Kant, de la difficulté de la pensée kantienne, qui la réservait en tout état de cause à un petit nombre. Mais l'*Imprimatur* fut refusé au second article, refus assorti d'une fin de non recevoir opposée aux demandes d'explications. Une supplique directement adressée à Frédéric-Guillaume II n'aboutit pas. Kant, fin stratège, ouvrant dans ce détour tout le problème du *Conflit des Facultés*, s'en remit à une autre instance : l'Université. Il soumit le livre entier à une Faculté de théologie, qui se déclara incompétente, en sorte qu'il fut renvoyé à la Faculté de philosophie, qui délivra l'autorisation [3].

La *Préface* du *Conflit* donne la fin de l'histoire : le rescrit royal de 1794 contre la *Religion*, que Kant, en 1798, décide de livrer au public avec la défense qu'il adressa au roi. C'est cet ensemble, le rescrit royal et la réponse du féal, qui nous servira de fil conducteur.

Le texte de Wöllner, écrit « sur l'ordre *spécial* » de Frédéric-Guillaume, fait grief à Kant, « abusant » de sa philosophie et agissant de manière « injustifiable », de « déformer et abaisser maints dogmes capitaux et fondamentaux des Saintes Ecritures et du christianisme » [4] : Kant aurait enfreint son « devoir » à un double titre, « en tant

1. Après la mort de Frédéric-Guillaume II, toutefois, et l'avènement, en novembre 1797, de Frédéric-Guillaume III. La première dissertation était déjà écrite en 1794 (voir lettre à Carl Friedrich Stäudlin du 4 décembre 1794, AK XI (1), p. 644 ; *Correspondance*, p. 621-622, n° 357. Celui-ci lui demandait une contribution à son futur *Journal de science religieuse*).

2. Il n'y était pas contraint, puisque la revue, depuis la parution de l'« édit de religion » du 9 juillet 1788 et de l'« édit de censure pour les États prussiens » du 19 janvier 1789, était publiée à Iéna. Voir lettre à Biester du 30 juillet 1792, AK XI (1), p. 523 ; *Correspondance*, p. 527-528, n° 290.

3. A Königsberg probablement dans le premier cas ; à Königsberg ou à Iéna dans le second. Voir Victor Delbos, auquel nous empruntons ces indications, *La Philosophie pratique de Kant*, Paris, Alcan, 1926, p. 608, note 4.

4. SF, AK VII, p. 6 ; OPH III, p. 806. « ... wie Ihr Eure Philosophie zu Entstellung und Herabwürdigung mancher Haupt- und Grundlehren der heiligen Schrift und des Christenthums mißbraucht ».

qu'éducateur de la jeunesse » et en allant à l'encontre des « souverains desseins » qu'il ne pouvait pas ne pas connaître. Le rescrit exige une justification immédiate et commande à Kant un autre usage de son « prestige » et de ses « talents » – « pour que soit réalisée de mieux en mieux Notre souveraine intention ». Le texte prend fin avec la menace, en cas de défaillance, de « décisions désagréables ».

L'accusation est étrangement tournée. Kant « abuserait » de la philosophie kantienne, dont il y aurait un mauvais usage (*Mißbrauch*) possible, précisément celui qu'en fait Kant : « Nous nous attendions à mieux de votre part ». Kant est décevant. Kant serait à la fois un professeur dangereux et un mauvais sujet. Kant serait, exactement, *irresponsable, unverantwortlich*, et devrait donc *répondre*, c'est-à-dire prendre ses *responsabilités*, produire une *Verantwortung* dans les plus brefs délais [1]. En tant que *Lehrer der Jugend*, il est entendu que Kant n'*aurait pas dû* écrire ainsi de la religion et de ses *Grundlehren*. Kant répondra qu'« à [son] sens », la fonction et le devoir désignés sous ce titre ne peuvent concerner que ses « leçons académiques ». L'accusation ne porterait donc pas, parce qu'il n'a jamais fait cours sur le christianisme. Reste le second titre, que Kant comprend comme celui d'« éducateur du peuple » (*Volkslehrer*), et qui met en cause ses *écrits*. Ce grief l'oblige à interpréter les « souverains desseins » – à la lettre : les « visées du père du pays » (*landesväterliche Absichten*) – en matière de religion, d'autant plus que le rescrit les suppose « bien connues ». Or, Kant répond, en philologue minutieux : quant à la *Landesreligion*, « la religion publique du pays », la seule qui paraît pouvoir intéresser le *Landesvater*, le souverain ou « père du pays », c'est-à-dire la religion considérée comme « une très importante nécessité politique » [2], je n'ai pas pu lui porter atteinte (c'est ainsi que Kant traduit la « dénaturation » et l'« avilissement » que portait l'accusation ; dans la suite il évoquera une *Abwürdigung*, une « dépréciation » que le livre ne pouvait pas instruire, car il ne portait, sur le christianisme, aucune *Würdigung*, aucune « appréciation » du tout), puisque mon livre est pour le public (*das Publicum*) ou le peuple (*das Volk*) totalement « incompréhensible », « un

1. Voir le commentaire de Jacques Derrida, « Mochlos ou le conflit des facultés », *Philosophie*, 2, avril 1984, particulièrement p. 24-25 (repris *in Du droit à la philosophie*, Paris, Galilée, 1990).

2. SF, AK VII, p. 11 ; OPH III, p. 812.

livre fermé »[1] : la discussion n'y est *de fait*, en raison de la difficulté même de la pensée, ouverte qu'entre « savants de Faculté » (*Fakultätsgelehrten*). Il y a là un motif dominant de la philosophie transcendantale, qui s'adresse à l'Ecole et non pas immédiatement au public, transmettant à d'autres la tâche d'un « devenir populaire », différant, dans cette réserve scolastique, le droit de regard du politique. La *Critique de la raison pure* écartait déjà par cet argument toute immixtion terroriste – qui ne défendrait pas la raison, laquelle n'a pourtant besoin que d'être *laissée libre* – des autorités dans la chose spéculative :

> Si les gouvernements trouvent bon de s'occuper des affaires des savants, il serait plus conforme à leur sage sollicitude, pour les sciences aussi bien que pour les hommes, de favoriser la liberté d'une telle critique, par laquelle seulement les travaux de la raison peuvent être établis sur un pied solide, que de soutenir le ridicule despotisme des écoles, qui crient au danger public quand on déchire leurs toiles d'araignée, dont le public n'a jamais pris connaissance, et ne peut donc ressentir la perte[2].

Dans ces conditions, pour la discussion elle-même seuls les savants sont *compétents*, et le peuple, qui n'y comprend rien, y restera aussi indifférent. Pour autant, dans le débat, le jugement porté par les Facultés est bien dit « public ». Il y aurait donc comme une double publicité : celle du *livre publié*, et en général de la discussion entre savants, lesquels restent ésotériques au sens où l'un et l'autre sont limités *de fait* aux savants[3], et celle du *Publicum*, qui est aussi celle de la *Landesreligion*, et tombe sous le coup de l'autorité politique. La liberté des Facultés (d'ailleurs différenciée, nous y reviendrons) repose entièrement sur ce dédoublement du public : l'affrontement des Facultés a lieu dans « une autre sorte de public », « savoir celui d'une communauté de *savants* » essentiellement distincte de la communauté des citoyens où circulent les « agents » (*Geschäftsleute*, les « hommes d'affaires », les « praticiens ») des Facultés[4] – fonctionnaires que les Facultés forment en vue de la tâche de l'« exposé public » et qui s'adressent directement

1. SF, AK VII, p. 8 ; OPH III, p. 808.
2. KRV B, p. XXXIV-XXXV (*Préface*), OPH I, p. 751.
3. Encore serait-il nécessaire de préciser : Kant en effet différencie deux sortes d'écrits, ceux des savants pour les savants, et les « écrits populaires » qui tombent sous le coup de la censure gouvernementale (SF, AK VII, p. 9 ; OPH III, p. 810). La différence capitale passe donc bien entre le « scolastique » et le « populaire », le débat entre savants et le débat devant le peuple.
4. SF, AK VII, p. 34 ; OPH III, p. 834-835.

au peuple : le gouvernement, en tant qu'« il ne lui appartient pas de se mêler d'affaires scientifiques », c'est-à-dire qu'il *n'a aucun rapport avec la vérité*, se contentera d'assister en « spectateur serein » au conflit des Facultés, mais contrôlera à bon droit l'exposé public, et y mettra bon ordre, puisqu'il y va de son influence, c'est-à-dire, une nouvelle fois, de sa fin propre. L'articulation des deux sortes de public est elle-même fondée sur l'ignorance du peuple, et sur la conscience par le peuple même de son « idiotie » [1], faute de laquelle l'édifice s'effondre. Mais qui sont exactement ces « agents » ou praticiens des Facultés, sur lesquels porte le contrôle légitime du gouvernement ? Ils se confondent avec ceux que Kant nomme plus haut les « lettrés » (*Litteraten*), « instruments du gouvernement », les « *agents* ou ouvriers qualifiés du savoir » (*Geschäftsleute oder Werkkündige der Gelehrsamkeit*) [2], formés à l'Université, mais qui peuvent bien avoir oublié « une large part » de ce qu'ils ont appris : ils ne travaillent pas précisément en vue de la science, mais

1. Les « idiots » sont à entendre au sens grec de « profanes », simples particuliers. « ... Le peuple se résigne de lui-même à ne rien y comprendre » (SF, AK VII, p. 34 ; OPH III, p. 835). Et plus haut, les « revendications » du peuple à l'endroit des savants : « Car c'est pour cela que vous avez étudié : pour que vous soyez à même d'avoir plus de savoir que l'un d'entre nous (nommés par vous « idiots »), qui ne prétend à rien d'autre qu'au bon sens » (AK VII, p. 30 ; OPH III, p. 830). Kant y reviendra, lorsqu'il évoquera la question difficile (et déjà spinoziste) de l'« authentification » ou « accréditation » (*Beglaubigung*) de la parole de Dieu : on ne pourra en juger que par l'effet qu'elle produit sur la moralité du peuple, autrement dit en la mesurant à la pure religion rationnelle universelle, c'est-à-dire à la loi morale. Or cette authentification ne sera pourtant pas laissée au peuple, constitué d'« idiots » (*Idioten*) au moins « dans les matières scientifiques », mais reviendra à des « maîtres » – encore des *Lehrer* – issus du peuple même (SF, AK VII, p. 63-64 ; OPH III, p. 872). Voir aussi AK VII, p. 61 : « ... L'authenticité [de la Bible] comme foi historique ... peut être attendue davantage de l'effet que la lecture de la Bible peut produire sur le cœur des hommes, que des preuves établies par un examen critique des doctrines et des récits contenus en elle, elle dont l'interprétation n'est pas non plus laissée à la raison naturelle des laïcs, mais seulement à la sagacité des docteurs de la loi ». Mais son authenticité comme *foi morale* sera décidée – *aussi*, nuance Kant – par la philosophie. Spinoza, sur ce point et quelques autres, n'est pas si éloigné de la position kantienne. *Cf. Tractatus theologico-politicus*, chap. VII, trad. C. Appuhn, GF, p. 139 : « Et même si nous voulons que la divinité de l'Ecriture nous apparaisse en dehors de tout préjugé, il faut que de l'Ecriture même il résulte qu'elle enseigne la vérité morale, *de la sorte seulement sa divinité peut être démontrée*, car nous avons fait voir que la certitude des Prophètes se fonde principalement sur ce que les Prophètes avaient une âme encline à la justice et à la bonté » (nous soulignons). Il reste que le *Tractatus* pose des problèmes d'interprétation redoutables : voir Leo Strauss, « Comment lire le *Traité théologico-politique* de Spinoza », *in : Le Testament de Spinoza*, Paris, Le Cerf, 1991 ; et, *supra*, le texte de L. Jaffro, « Spinoza : la question théologico-politique et la rhétorique de la philosophie ».

2. SF, AK VII, p. 18 ; OPH III, p. 814-815.

« pour la fin propre » du gouvernement qui les a « revêtus d'une charge » (*mit einem Amte bekleidet*), c'est-à-dire sont tenus à l'obligation contractuelle de renforcer son influence. Kant les identifie : hommes d'Église, magistrats, médecins, et l'on remarquera d'ores et déjà que la Faculté de philosophie n'a *aucun « agent »*. Or les *Volkslehrer* de la défense de Kant auront pour tâche, « dans les écoles et les chaires », de communiquer le « résultat » des discussions des Facultés : dans l'intervalle toutefois, l'autorité du pays (*Landesherrschaft*) s'exercera pour retenir – « sanctionner », dit exactement Kant, c'est-à-dire sur la recommandation des Facultés – ce qui convient « à l'exposé public » (*zum öffentlichen Vortrag*) [1]. On le voit : Kant vise à ménager au livre, à l'Université et en elle avant tout à la Faculté de philosophie, non en tant qu'elle enseigne au public, mais en tant qu'elle entre en débat avec elle-même et règle la production du savoir [2], un espace paradoxal, à la fois public et réservé (inoffensif politiquement), condition pour la liberté des discussions qui y sont conduites. Entre la discussion ésotérique et la diffusion exotérique, il installe le sas du politique, afin de préserver la liberté de la première. Or cette différence en recouvre une autre, la différence théorie/pratique : l'affrontement libre des Facultés est toujours un conflit de *théoriciens*, et lorsqu'il oppose des *praticiens*, c'est-à-dire des agents, c'est qu'il se déroule « devant la communauté des citoyens », et tombe dans l'illégalité [3]. La différence est donc elle-même politique : ce que vient appuyer le renversement de l'argument, par lequel la libre discussion des Facultés devient même un devoir de celles-ci par rapport au gouvernement, qui est en droit d'« exiger d'elles qu'elles fassent parvenir à la connaissance du gouvernement, par leurs écrits, tout ce qu'elles trouvent convenir à une religion publique » [4]. En sorte que, s'agissant de la

1. Et non « par un rapport public », comme le porte la traduction des *Œuvres philosophiques* (AK VII, p. 8 ; OPH III, p. 808).

2. L'Université a pour Kant une double fonction : accueillir des élèves des écoles inférieures et attribuer à des enseignants extérieurs le grade de docteurs, « c'est-à-dire les créer » (SF, AK VII, p. 17 ; OPH III, p. 813-814). Mais la *Préface* de *La Religion* précisait qu'à l'Université « toutes les sciences sont confiées sous le rapport de la culture et de la protection des préjudices ». Kant justifiait par le commandement « Obéis à l'autorité ! » la soumission du livre à la censure de l'Université (c'est-à-dire, en tant qu'il s'agissait de théologie philosophique, à la Faculté de philosophie, seule compétente en fin de compte) : voir *Religion*, AK VI, p. 9 ; OPH III, p. 21 *sq*.

3. SF, AK VII, p. 34 ; OPH III, p. 835.

4. SF, AK VII, p. 8 ; OPH III, p. 809. Il y a là une ambiguïté essentielle : car d'une part les *Volkslehrer* sont bien les « agents » des Facultés, où ils ont en tout cas fait leurs études, mais d'autre part ils sont les « agents » du gouvernement (AK VII, p. 34 ; OPH III,

« souveraine intention », Kant était autorisé à croire qu'elle ne pouvait en aucun cas être hostile à la libre réflexion et expression, puisque celle-ci constitue même une obligation, c'est-à-dire une clause du contrat. Reste la question de l'exposé public dans les Facultés mêmes, celui des *akademische Vorlesungen* dont Kant précisait que les siennes du moins n'avaient jamais eu trait au christianisme : il pourrait sembler un cas particulier de l'enseignement des *Volkslehrer* (par où le *Lehrer der Jugend* appartiendrait effectivement aux *Volkslehrer*), dont Kant, au fond, s'excepte en tant qu'auteur, puisque la discussion spéculative ne concerne que les savants, mais ne saurait s'excepter en tant que professeur s'adressant à la jeunesse. En tant qu'elles forment des « agents », les Facultés supérieures paraissent bien obligées de se soumettre à la

p. 834-835) et, dans la mesure où « ils ont une influence légale sur le public », ils « ne sont pas libres de faire comme bon leur semble un usage public du savoir » (AK VII, p. 18 ; OPH III, p. 814). – Dès lors, qui décide en fin de compte de ce qu'ils doivent enseigner ? Dans notre passage, ce sont bien les Facultés qui jugent de la convenance à « une religion publique » (*einer öffentlichen Landesreligion*). Mais aussi elles se contentent de le « faire parvenir » (*gelangen zu lassen*) au gouvernement. Celui-ci dispose bien de la « sanction » ultime. Toutefois, Kant laisse entendre qu'il devrait principalement veiller à ce que les « lettrés », la seconde classe de *Volkslehrer*, qui disposent d'une partie de l'exécutif « ne se placent pas au-dessus du pouvoir judiciaire, lequel appartient aux Facultés », celles-ci devant pouvoir exercer sur eux leur censure (AK VII, p. 18 ; OPH III, p. 815). Lorsque le tribunal en tout cas n'est plus celui des Facultés, mais directement celui du peuple, le conflit qui s'ouvre est illégal, et le gouvernement est mis en danger par des « néologues » qui se sont affranchis du corps des savants et dirigent anarchiquement le jugement du peuple, par conséquent empiètent sur l'influence du gouvernement (AK VII, p. 34 ; OPH III, p. 835). Le contrôle du gouvernement ne s'exercera en tout état de cause qu'*après* celui des Facultés : « Mais si des agents des Facultés voulaient à leur tête procéder à des transformations en ce qui concerne les dispositions existantes pour l'exposé public, le contrôle du gouvernement peut s'exercer sur eux, en tant que *novateurs* risquant d'être dangereux pour lui, bien que cependant il ne puisse les condamner immédiatement, mais seulement après avoir recueilli le très humble avis des Facultés supérieures, parce que ces agents ne peuvent s'être vus assigner l'exposé de certains enseignements par le gouvernement que *grâce à la Faculté* » (SF, AK VII, p. 35 ; OPH III, p. 836). D'ailleurs, l'instance des Facultés constitue un sas de sécurité pour le gouvernement lui-même : si celui-ci ne se contentait pas de sanctionner, mais prétendait choisir les enseignements, l'erreur ou l'inexactitude pourraient lui être attribuées, en sorte que la vérité le menacerait. Il en va ici comme du discours du Trône en Grande-Bretagne, prononcé par le roi, mais œuvre du ministre, artifice qui permet à la Chambre de le juger sans entamer la dignité du monarque (SF, AK VII, p. 19 ; OPH III, p. 816). – Il apparaît bien que la liberté dans la discussion des Facultés, où se dit le droit et s'institue toute légalité, est au fond une condition plus efficace que l'« autorité absolue » pour que le gouvernement réalise ses fins propres : la sauvagerie dans le savoir en effet, dangereuse pour la stabilité politique, ne peut être évitée que moyennant la liberté *réservée* aux Facultés, et particulièrement, on va le voir, à la Faculté de philosophie.

censure du gouvernement ; leur autonomie est en tout cas moins grande que celle de la Faculté de philosophie, fondée sur et en vue de l'autonomie du pouvoir de juger. Il reste que « les Facultés supérieures ne sont responsables devant le gouvernement que de l'instruction et de l'enseignement qu'elles donnent à leurs agents en vue de l'exposé public » [1] (non pas le public des *Vorlesungen*, mais le grand public), et qu'elles conservent bien par ailleurs la liberté des savants.

Quoi qu'il en soit, entre les devoirs des différentes Facultés, il conviendra à présent de distinguer. Dans l'institution de l'Université par le gouvernement, en effet, celui-ci avait bien en vue sa fin propre : or le contrat de chacune avec le gouvernement n'est pas le même. Afin de commencer à explorer cette condition politique des Facultés (de la théologique et de la philosophique), lisons la fin de la défense de Kant.

Mon livre n'est pas populaire, répondait d'abord Kant. Mais, en second lieu, il ne pouvait en aucune façon « dénaturer » ni « avilir » le christianisme, puisque, quant à l'« appréciation » (*Würdigung*) qu'il portait, il ne le concernait pas du tout ! « Car à proprement parler [*eigentlich*] il ne contient que l'appréciation de la religion naturelle » [2]. Il y a malentendu, *Mißverstand* dont Kant découvre l'origine dans « la citation de quelques passages de la Bible, pour confirmer certaines doctrines purement rationnelles de la religion ». Ainsi il ne s'agissait que de *Vernunftlehren*, en aucun cas des « *Haupt- und Grundlehren der heiligen Schrift* » portés dans l'accusation. On touche ici à l'essentiel, qui va nous conduire à la division des Facultés : de quelle instance le livre relève-t-il ? Seule est en question la religion rationnelle, pas même le christianisme, encore moins, on l'a vu, celui-ci considéré comme *Landesreligion*. En tant que tel, le livre ne pouvait être jugé que par la Faculté de philosophie. C'est bien elle, en effet, qui, en tant que Faculté *inférieure*, s'occupe « d'enseignements qui ne sont pas acceptés comme des directives sur l'ordre d'un chef » [3], c'est-à-dire de la vérité, et ne reconnaît à ce titre d'autre législation que « le pouvoir de juger de façon

1. SF, AK VII, p. 34 ; OPH III, p. 834-835.
2. SF, AK VII, p. 8 ; OPH III, p. 809.
3. SF, AK VII, p. 27 ; OPH III, p. 825. Kant s'en expliquait clairement plus haut : « Mais qu'une telle Faculté, indépendamment de ce grand privilège (de la liberté), soit pourtant appelée la Faculté inférieure, la cause en est à trouver dans la nature de l'homme : à savoir que celui qui peut commander, bien qu'il soit un humble serviteur d'autrui, s'imagine pourtant supérieur à un autre qui, certes, est libre, mais n'a à commander à personne » (AK VII, p. 20 ; OPH III, p. 817).

autonome », c'est-à-dire la raison. *Là est la fonction politique propre de la Faculté de philosophie :* « simplement produire la vérité pour le bien de chaque science et la mettre à la libre disposition des Facultés supérieures »[1], tâche qui s'énonce ailleurs comme « la présentation publique de la vérité »[2]. Le gouvernement qui prétendrait la censurer serait en contradiction avec « sa fin spécifique et essentielle », puisque là est toute la raison de son institution. Dans son contenu, elle est en droit de faire comparaître tous les enseignements, « toutes les parties du savoir humain », au tribunal de la raison. Par là même surgira nécessairement un conflit avec les Facultés supérieures et leur « prétention à dominer », c'est-à-dire leur tendance despotique à accroître leur influence sur le peuple en favorisant son penchant à la paresse, c'est-à-dire au fond en cultivant la superstition : la Faculté de philosophie, dans ces conditions, exerce sur les Facultés supérieures un contrôle rationnel qui vise à les destituer du « pouvoir magique que le public leur attribue superstitieusement »[3]. Or ce pouvoir des Facultés supérieures n'est autre, ultimement, que celui du gouvernement, qui entend toujours remplir sa fin propre, « agir sur le peuple », par la double médiation des Facultés, puis des agents des Facultés, qui seuls se voient fixée la tâche et donnés les moyens d'agir immédiatement sur le peuple[4]. Par conséquent, on le voit, ce sont indirectement les « instructions statutaires du gouvernement » lui-même sur les enseignements dispensés à leurs agents par les Facultés supérieures qui tombent sous la coupe rationnelle de la Faculté de philosophie : pour autant, le gouvernement lui-même, qui ne s'intéresse pas à la vérité, n'est pas directement mêlé au conflit, qui reste sans danger pour son autorité. En ce sens, la Faculté de philosophie est comme la « gauche », l'opposition du Parlement de la science, dont les Facultés supérieures seraient la « droite », en tant qu'elles défendent « les statuts du gouvernement », et leur ensemble forme la « constitution libre » de l'Université[5]. Le conflit ne devient légal que lorsque la Faculté de philo-

1. SF, AK VII, p. 28 ; OPH III, p. 826.
2. SF, AK VII, p. 34 ; OPH III, p. 835.
3. SF, AK VII, p. 31 ; OPH III, p. 830.
4. SF, AK VII, p. 31 ; OPH III, p. 831 : « C'est par là qu'ensuite le gouvernement, qui ne peut agir sur le peuple que par leur intermédiaire, est lui-même *induit* à imposer aux Facultés une théorie qui n'a pas pour origine la pure intelligence de leurs savants, mais qui est calculée en vue de l'influence que par ce moyen leurs agents peuvent avoir sur le peuple ».
5. SF, AK VII, p. 35 ; OPH III, p. 835.

sophie se voit autorisée à passer au crible rationnel l'enseignement des Facultés supérieures, qui ne peut plus, de sa propre autorité, « s'annoncer comme une loi », c'est-à-dire comme universel. La raison, on le voit, est beaucoup moins partie que juge dans le conflit, et avec elle, comme l'instance de sa représentation, la Faculté de philosophie.

Le philosophe, en tant que *Vernunftgelehrter*, s'opposera donc légalement au théologien biblique comme *Schriftgelehrter* : celui-ci insistera sur la lettre de l'Ecriture comme lettre révélée, celui-là sur le moralement pratique que l'Ecriture ne fait que schématiser sensiblement, comme l'Église visible schématise l'Église invisible, qui n'est rien d'autre que la communauté éthique. La moralité en effet, « nul homme ne peut la trouver dans un livre que s'il l'y a introduite » [1].

Revenons à notre passage. Kant vient de dire qu'il ne s'est intéressé dans son livre qu'aux *Vernunftlehren*. Pourtant l'argument, aux yeux mêmes de Kant, ne suffit pas. Est-ce à dire, en effet, que la Révélation, plus exactement – puisqu'il ne s'agit dans le *Conflit* que de *Lehren* et de leur affrontement – l'*Offenbarungslehre*, est « superflue » ? Non, ou plutôt, en un autre sens, mais Kant ne le dit pas, *oui* : non, au sens où la Révélation complète théoriquement le *Vernunftglauben* pur, et répond à ce titre à un besoin de la raison, qui ne saurait pour autant être compris avec la nécessité propre aux postulats [2]. Mais *pour ce qui est de l'essentiel* (*das Wesentliche einer Religion überhaupt*), *la Révélation est, non pas inutile, mais inessentielle* (*außerwesentlich*). L'essentiel de toute religion est en effet dans le *Sollen*, le « moralement-pratique » ; la croyance fondée sur des raisons historiques est, en regard, inessentielle. A la nécessité et à l'universalité de la *Vernunftlehre* s'opposent la contingence et la diversité de la *Glaubenslehre* considérée en ce sens historique. Il y a donc au moins deux acceptions de la *Religion*, comme

1. SF, AK VII, p. 37 ; OPH III, p. 838 : l'expression est appliquée à la vie éternelle, en tant qu'elle repose sur l'amélioration morale de l'homme.

2. Il y aurait donc différents degrés dans le besoin de la raison. Ici, il s'agit bien de propositions théoriques (concernant « l'origine du mal, le passage de celui-ci au bien, la certitude de l'homme d'être dans ce dernier état ... ») ; or la *Critique de la raison pratique* précise que les postulats « ne sont pas des dogmes théoriques, mais des hypothèses émises sous un rapport nécessairement pratique » (AK V, p. 132 ; OPH II, p. 769). Les postulats délimitent rigoureusement toute l'étendue du *Vernunftglauben* : la croyance qui va plus loin répond bien à un « manque » dans la raison, mais n'est pas *de la raison même*. Aussi y répondra-t-elle « plus ou moins selon la diversité des époques et des personnes », c'est-à-dire de façon contingente – et, en fin de compte, inessentielle (AK VII, p. 8-9 ; OPH III, p. 809-810).

il y a deux sources et deux sens de la croyance – et comme il y aura aussi deux instances pour en juger : deux Facultés. Si pourtant la Révélation n'est pas « inutile » même pour la religion rationnelle, c'est qu'elle aura servi à la *transmettre*, et qu'elles ne sont pas étrangères l'une à l'autre, mais forment ensemble comme deux cercles concentriques, en sorte que la Révélation « peut bien [...] comprendre en soi une *pure religion de la raison* »[1].

Mon livre, incompréhensible pour le « grand » public (en effet il s'adresse au « petit » public des savants), ne prétend pas juger du christianisme, mais de la seule religion rationnelle ou naturelle, ce qui ne veut pas dire que la Révélation soit inutile, puisqu'elle servira à la transmission ou tradition de l'essentiel, c'est-à-dire du rationnel. Mais Kant ajoute un argument, le dernier : si je n'ai traité que de la *Vernunftlehre*, pour autant je n'ai pas considéré comme indifférente la *Glaubenslehre* qui en est le véhicule. « J'ai prouvé ma haute considération [*Hochachtung*] pour le dogme biblique [*die biblische Glaubenslehre*] dans le christianisme »[2]. Or la « considération » de Kant pour la Révélation répond justement à ce que l'on attend de lui : c'est justement en vue de la fondation et de la conservation d'une *certaine Landesreligion* que la Bible est en tout cas le meilleur « guide » (*Leitmittel*, avec ici presque le sens de *Leitfaden*) pour l'enseignement public de la religion (*der öffentlichen Religionsunterweisung*). La *Landesreligion* fondée dans la Bible aura en effet en propre de « rendre les âmes meilleures » (d'être *seelenbessernd*), ce qui renferme déjà la seconde raison du « respect » kantien pour le christianisme : son accord avec « la plus pure croyance morale de la raison », qui est la vraie condition de son rétablissement perpétuel dans l'histoire[3]. Le christianisme est la meilleure *Landesreligion* parce qu'il est la religion morale, et lorsque vous m'accusez de le détruire, vous ignorez que la raison est à l'inverse ce qui l'a toujours relevé. A vrai dire, la question de la moralité de la *Landesreligion* ne concerne pas vraiment le gouvernement : le « véhicule » historique de la religion rationnelle n'aura de portée que pour le sujet moralement intéressé. Pour le Souverain vaut le principe, « tout à fait juste, et même sage », que, « dans la mesure où finalement

1. *La Religion dans les limites de la simple raison*, Préface à la 2e éd., AK VI, p. 12 ; OPH III, p. 25.
2. SF, AK VII, p. 9 ; OPH III, p. 810.
3. SF, AK VII, p. 9 ; OPH III, p. 810.

une foi d'Église doit pourtant être présente dans le peuple, l'une serait aussi bonne que l'autre, pourvu qu'elle se laisse bien tenir en main par le gouvernement en vue de ses propres fins » [1]. Mais – Kant omet ici de le signaler – la rigueur de cette *Zusammenstimmung* entre Révélation et croyance rationnelle pourrait bien se retourner contre l'Ecriture : Kant en fera un principe d'exégèse justifiant, au moins et au mieux, l'interprétation allégorique de tout ce qui contredit à la raison pratique (ainsi de la prédestination dans Paul) [2], mais dans certains cas aussi l'identification d'un récit comme d'un « mythe » (celui d'Abraham recevant l'ordre divin de sacrifier Isaac) [3]. Kant ira d'ailleurs plus loin encore. Lorsqu'il en viendra à la question très délicate des « sectes religieuses », dont la diversité dans un État à la fois manifeste la tolérance et la liberté de croyance qui dominent sur son territoire et traduit pourtant une « situation publique de la religion » contraire au concept de la religion, qui requiert l'« universalité et unité des maximes de la foi » [4], Kant produira une division générale des *Glaubenssachen* en *religion* et *paganisme*. Or qu'est-ce que la religion ? « La croyance qui situe l'essentiel du culte de Dieu dans la moralité de l'homme ». Inversement le paganisme est « la croyance qui ne le situe pas là », ou bien « parce qu'il lui manque le concept d'un être surnaturel et moral », ou bien parce qu'il fait de l'inessentiel l'essentiel [5]. Mais dans la religion les *Glaubenssätze*, c'est-à-dire les *Lehren*, se partagent en deux, les statutaires, contingents, qui forment ensemble le *Kirchenglauben*, et les moraux, nécessaires, qui ne sont rien d'autre que les *Vernunftlehren* et constituent ensemble le pur *Religionsglauben*. Qu'est-ce à dire, sinon que dans la religion *seule la raison* est vraiment religieuse, et que tout *Kirchenglauben* frôle le paganisme ? C'est exactement lorsqu'il devient

1. SF, AK VII, p. 51 ; OPH III, p. 857.
2. SF, AK VII, p. 41 ; OPH III, p. 844.
3. SF, AK VII, p. 63 ; OPH III, p. 872, note : « Abraham aurait dû répondre à cette prétendue voix divine : « Que je ne doive pas tuer mon bon fils, c'est parfaitement sûr ; mais que toi qui m'apparais, tu sois Dieu, je n'en suis pas sûr et je ne peux non plus le devenir, quand bien même cette voix tomberait, retentissante, du ciel (visible) ». Le divin ne saurait donc être la suspension de l'éthique, au sens kierkegaardien, non plus que son dépassement, mais une certaine présentation de celui-ci : « La religion, ce n'est pas la substance de certains enseignements en tant que *révélations divines* (car c'est là la théologie), mais celle de tous nos devoirs en général en tant que *commandements divins* (et, subjectivement, de la maxime d'y obéir en tant que tels) » (SF, AK VII, p. 36 ; OPH III, p. 837).
4. SF, AK VII, p. 52 ; OPH III, p. 857.
5. SF, AK VII, p. 49 ; OPH III, p. 854.

celui d'une secte, commençant « à parler pour elle-même avec autorité », exerçant « une violence sur les consciences » [1], qu'il n'est plus religieux mais *païen*, c'est-à-dire superstitieux, et par là même tend à se soustraire à la loi publique [2]. Religieux, au sens le plus rigoureux, veut dire aussi rationnel.

C'est pourquoi Kant achève sa défense sur la forme de « droiture » (*Aufrichtigkeit*) consistant à prendre la certitude pour critère de la croyance : « je me suis représenté en moi-même un tel juge [*Richter*], lors de la rédaction de mes écrits », afin de ne rien imposer à la croyance du lecteur qui excédât la certitude de l'auteur [3]. Par où il laisse entendre que l'écriture même fut pour lui un acte religieux, autrement dit éthique, autrement dit rationnel :

> C'est pourquoi aussi maintenant, dans ma soixante-et-onzième année, au moment où l'idée aisément se fait jour qu'il se pourrait bien que je doive sous peu aller rendre compte de tout cela devant un juge de l'univers capable de lire dans les cœurs, je peux déposer en toute sincérité la présente justification [*Verantwortung*] qu'on exige de moi quant à mon enseignement [*Lehre*], rédigée qu'elle a été avec une conscience *parfaitement scrupuleuse* [4].

La *Lehre* kantienne sur la religion reste bien, de part en part, *Vernunftlehre* : philosophique, et *en tant que telle,* seule rigoureusement religieuse. Mais en pensant rationnellement la religion, Immanuel Kant, de la Faculté inférieure de l'Université de Königsberg, c'est-à-dire libre mais ne commandant à personne, ne faisait rien d'autre qu'obéir au gouvernement. Et il lui obéit encore lorsqu'il répond aux menaces du roi qu'il s'abstiendra désormais « entièrement de tous propos publics concernant la religion, naturelle ou révélée, aussi bien dans les cours que dans les écrits » : par où il met fin en tout cas au conflit entre un sujet et son roi. S'il donne sa parole en effet, c'est « comme le plus fidèle sujet de Votre Majesté ». Le double sens de cette sujétion, et l'humour de cette promesse, il les dévoile dans une note :

1. SF, AK VII, p. 51 ; OPH III, p. 856.

2. « *Paganisme* [*Heidenthum*] (*Paganismus*) est, d'après le sens littéral, la superstition religieuse du peuple vivant dans les forêts, c'est-à-dire d'une foule dont la foi religieuse est encore sans aucune constitution ecclésiastique [*kirchliche Verfassung*], par conséquent sans loi publique [*öffentliches Gesetz*] » (SF, AK VII, p. 50 ; OPH III, p. 855, note).

3. SF, AK VII, p. 9 ; OPH III, p. 811.

4. SF, AK VII, p. 9-10 ; OPH III, p. 811.

Même cette expression fut choisie avec circonspection, afin de ne pas renoncer à la liberté de mon jugement, dans cette affaire de religion [*in diesem Religionsproceß*], *pour toujours*, mais seulement aussi longtemps que Sa Majesté serait en vie [1].

II

La liberté *académique* de la Faculté de philosophie d'une part, la suspension philosophique du théologico-politique comme pouvoir de censure et de contrainte et la constitution d'un espace absolument libre pour la discussion savante d'autre part, reposent ainsi sur une argumentation elle-même double : 1. La Faculté de philosophie a été *commise à la liberté*, en sorte qu'il y aurait une contradiction *politique* à vouloir la contraindre. La liberté dont il s'agit, en effet rigoureusement *académique*, dérive de l'institution originairement politique de la Faculté de philosophie, c'est-à-dire de la séparation politique de l'autorité et de la vérité. Le gouvernement ne saurait revenir sur ce partage sans contredire à la constitution libre de l'Université qu'il a lui-même fondée. Cet apparent privilège de la Faculté de philosophie a fondamentalement la même signification que l'absence d'« agents » philosophiques exerçant immédiatement une influence sur le peuple. On voit qu'un tel partage implique d'autre part, pour la philosophie, une discipline critique rigoureuse par laquelle elle s'en tiendra, notamment dans l'espace de la *Vorlesung*, au strictement rationnel, répondant, à cette condition seulement, à sa destination politique propre, la fonction *critique* elle-même. 2. Pour l'ensemble des Facultés, la liberté dans la discussion entre savants n'est légale que d'être *réservée*, et leur conflit ne devra jamais se dérouler que dans *un certain* espace public, celui de la communauté savante elle-même. Faute de quoi ce ne serait peut-être pas au premier chef le gouvernement qui se trouverait lésé, mais les Facultés elles-mêmes dans l'autorité qui leur a été confiée. La difficulté *scolastique* du débat constitue comme le chiffre de cette réserve. C'est sur cette condition, la constitution, en tout cas problématique, d'un public pour la liberté, que l'on voudrait, pour finir, revenir.

Elle est à la fois la plus difficile et la plus éclairante. A vrai dire, Kant l'avait déjà introduite quand, en 1784, il s'était posé la question du

1. SF, AK VII, p. 10 ; OPH III, p. 811.

présent, de l'aujourd'hui de la pensée, ou de ce que l'on pouvait bien vouloir dire en accordant à notre époque le nom de *Zeitalter der Aufklärung* [1]. Et justement il ne s'agissait pas tellement d'une époque ou d'un état du public que de ce qui traversait l'une et l'autre pour les jeter hors d'eux-mêmes. Si l'époque elle-même ne pouvait raisonnablement être dite « éclairée » (*aufgeklärter*), elle était bien celle de l'*Aufklärung*, de l'arrachement à l'ombre : sous la protection d'un roi « lui-même éclairé », qui pour cette raison « n'a pas peur de l'ombre », à la tête, aussi – la chose est loin d'être indifférente –, d'une armée bien disciplinée [2]. Or cette *Aufklärung* consistait, pour le sujet et pour l'époque à la fois, à entrer en possession de son pouvoir de juger, c'est-à-dire dans sa majorité. Elle était en son fond *Selbstaufklärung*, « à peu près inévitable », à une condition – politique – toutefois : que lui soit laissée la *liberté* de juger. Et toute la signification de la liberté, sous la « dure enveloppe » de la contrainte et de l'obéissance civiles, se laissait elle-même reconduire à ce que Kant nommait « usage public de sa raison » (*öffentlicher Gebrauch seiner Vernunft*). La liberté des Lumières, « la plus inoffensive », est entièrement dans *un certain usage de ce qui est à chaque fois ma raison* : son paradoxe propre – ici, écrit Kant, « presque tout est paradoxal » [3] – est d'avoir en un sens besoin de la plus ferme autorité civile, c'est-à-dire de la tranquillité publique. Seul un maître par ailleurs affermi dans son pouvoir peut aussi laisser libres les esprits. L'obéissance civile est donc la condition absolue du développement de la liberté des Lumières. Mais toute la difficulté est dans la mesure précise de cette « ouverture » de l'usage « public ». Ouverture à la fois *totale* au champ cosmopolitique – et pourtant *réservée*, en un sens très proche de la ligne de partage dessinée dans le *Conflit* : « J'entends par usage public de sa propre raison celui que chacun fait d'elle *en tant que savant* devant l'ensemble du public constitué par le *monde des lecteurs* » [4]. Il s'agissait donc bien, déjà, du champ – cosmopolitique – ouvert par la *Lehre*, de ceux qui se tiennent, non pas dans les limites

1. *Réponse à la question : Qu'est-ce que les Lumières ?*, AK VIII, p. 40 ; OPH II, p. 215 ; sur la question comme question de la modernité, *cf.* M. Foucault, *Dits et écrits*, IV, n° 339, p. 562 *sq.* et n° 351, p. 679 *sq.*

2. AK VIII, p. 41 ; OPH II, p. 216-217.

3. AK VIII, p. 41 ; OPH II, p. 217.

4. AK VIII, p. 37 ; OPH II, p. 211. Nous retraduisons : « Ich verstehe aber unter dem öffentlichen Gebrauche seiner eigenen Vernunft denjenigen, den jemand *als Gelehrter* von ihr vor dem ganzen Publicum der Leserwelt macht ». Souligné par Kant.

d'une certaine *Lehre*, puisqu'il y est toujours question de *leur propre* raison, mais dans un certain rapport à la *Lehre* elle-même comme élément ou espace de la raison. Cet espace est dans le fait, non pas exactement celui de l'Université, mais celui de l'écrit. Le libre usage public n'est rien d'autre que la libre publication, la libre parution ou comparution – puisqu'il s'agit en tout état de cause de juger – des pensées devant tous ceux qui lisent. Universelle en un sens, il ne fait cependant aucun doute que cette ouverture est en même temps, provisoirement peut-être, fermeture, et que cette clôture seule donne à la discussion de pouvoir aussi librement s'ouvrir : ainsi le conflit des savants ne pourra-t-il, en 1798 encore, se déployer que dans le champ politiquement délimité du savoir. Sous l'obéissance rigoureuse qui marque l'usage privé de la raison, c'est-à-dire l'usage « qu'un homme a le droit de faire de sa raison dans l'exercice de la charge ou de la fonction civile qui lui a été confiée » [1], la liberté inoffensive de la discussion peut se déployer mondialement sans attenter à l'autorité souveraine –, et cependant, au fil d'un temps que Kant prévoit assez long, agir doublement sur « la façon de sentir » (*Sinnesart*) du peuple et « les principes du gouvernement » (*Grundsätze der Regierung*) [2] pour les modifier dans le sens de la liberté, autrement dit de la « dignité », dont la reconnaissance restera toutefois, pour le gouvernement, un *moyen de gouverner*, comme la liberté dans la discussion entre savants ne sera jamais pour lui qu'un moyen pour des fins qui lui restent propres.

L'exercice du « raisonnement », le *räsonieren*, « un usage de la raison dans lequel celle-ci n'a pas d'autre fin qu'elle-même », commente Foucault [3], où l'on entend peut-être plus distinctement encore la vanité d'un exercice en lui-même *oiseux*, puisque enfin ce mot est le mot du pouvoir (« Räsonirt, so viel ihr wollt, und vorüber ihr wollt ; nur gehorcht ! » [4]), se trouve ainsi suspendu à la double condition de l'obéissance *sans discussion* et de la constitution d'un public autre que le *Volk*, celui que Kant nomme « le public proprement dit, c'est-à-dire le monde » [5] : un monde dont le peuple ne fait cependant pas immédiatement partie, puisqu'il n'apparaît que par la médiation de la *Lehre*. La

1. AK VIII, p. 37 ; OPH II, p. 211.
2. AK VIII, p. 41 ; OPH II, p. 217.
3. *Op. cit.*, p. 565.
4. AK VIII, p. 41 ; OPH II, p. 217 : « Raisonnez autant que vous voulez et sur ce que vous voulez, mais obéissez ! ».
5. AK VIII, p. 38 ; OPH II, p. 213.

Lehre fait toute l'autorité de l'auteur, qui écrit toujours, Kant n'omet jamais de le préciser, *als Gelehrter* : autorité sans doute absolument non contraignante, habilitation à l'expression publique elle-même, autorisation immanente à la liberté qui constitue, en même temps qu'elle s'exerce, son libre public. Mais, à y regarder de près, l'autorisation revient à l'auteur du public même auquel il s'adresse, celui des hommes cultivés, dont les limites sont précisément ce qui l'habilite à la libre discussion. La liberté des Lumières naît dans ce cercle, et grandit avec son élargissement : elle est de la nature de l'onde. Comme le conflit en effet, la discussion n'est pas non plus portée devant le peuple, et ne peut pas, légalement, l'être. Mais enfin le monde dont il est question n'est pas lui-même constitué une fois pour toutes, ses limites sont par essence mouvantes, la clôture n'est que provisoire : le *Publikum* gagne sur le peuple. Que le peuple devienne toujours davantage un public, là est sans doute l'essence de l'*Aufklärung*.

Or *Qu'est-ce que les Lumières* ? rencontrait déjà, en son centre, la question théologico-politique : « J'ai placé le point capital de l'*Aufklärung* », écrivait Kant à la fin de l'article, « c'est-à-dire de la sortie des hommes hors de la minorité dont ils sont eux-mêmes responsables, surtout dans les *choses de la religion* » [1] : parce que la minorité religieuse, précisait-il, est « la plus nuisible » et « la plus déshonorante » (*entehrendste*). Le déshonneur vient exactement de ce qu'il ne *devrait* ici être question que de conscience – et cela va si loin que, dans le cas où apparaîtrait une contradiction entre l'usage privé et l'usage public de la raison, c'est-à-dire le symbole qu'un homme investi de cette fonction devrait enseigner et la « religion intérieure », l'enseignement ne serait plus possible « en conscience » (*mit Gewissen*) : « il devrait se démettre » [2]. Les deux formes de devoir en effet ne sont pas commensurables, et l'on voit à quelle sorte de rigueur oblige ou expose l'intériorité du *Gewissen*. En tout état de cause, il ne saurait être question de proscrire la discussion au nom d'une nécessité d'État – laquelle serait au reste assez mal entendue ici – sans que par là ne soit perpétré « un crime contre la

1. AK VIII, p. 41 ; OPH II, p. 216.
2. AK VIII, p. 38 ; OPH II, p. 213.

nature humaine » et sa « destination originaire » [1], dont l'*Aufklärung* est le nom le plus propre.

L'ambiguïté du théologico-politique, dont on ne sait s'il est au premier chef théologique ou politique, cache une confusion fondamentale. Sans doute la religion demeure-t-elle « une très importante nécessité politique » : à ce titre, aucun gouvernement n'y restera indifférent, bien que la religion politique soit en elle-même indifférente. Pourtant, dans la vérité morale de son concept, la religion reste parfaitement étrangère au pouvoir. Ou plutôt, seul un gouvernement lui-même rationnel comprendrait le sens politique de la liberté de conscience, c'est-à-dire reconnaîtrait dans l'*Aufklärung* le plus sûr moyen d'atteindre ses fins.

Lorsque Kant cherche le signe caractéristique de l'époque, il découvre, non la liberté elle-même, mais un certain « champ libre » [2] laissé aux hommes pour qu'ils se libèrent. L'*Aufklärung* n'est rien d'autre que l'ouverture de cet horizon d'action réciproque : l'ouverture même d'un public, épris de livres, traversé d'ondes.

Emmanuel CATTIN
Université Blaise Pascal

1. AK VIII, p. 39 ; OPH II, p. 214. Mais la défaillance toucherait aussi la majesté du souverain : selon un argument constant, le politique ne peut devenir théologique sans mettre gravement en risque son autorité.

2. AK VIII, p. 40 ; OPH II, p. 215 : « Daß ... das Feld geöffnet wird ... ».

Bibliographie sommaire

1. Œuvres de KANT

– *Streit der Fakultäten* [SF], édition de l'Académie prussienne des sciences [AK], tome VII.

– *Œuvres philosophiques* [OPH], 3 vol., Paris, Gallimard, Bibliothèque de La Pléiade, 1980-1986. Le *Conflit des facultés* et *La Religion dans les limites de la simple raison* sont recueillis au tome III (trad., respectivement, A. Renaut et A. Philonenko). *Réponse à la question : Qu'est-ce que les Lumières ?* est recueilli au tome II (trad. H. Wismann).

– *Correspondance d'Immanuel Kant*, trad. collective, Paris, Gallimard, 1991.

2. Études

DELBOS Victor, *La philosophie pratique de Kant*, Paris, PUF, 1926.

DERRIDA Jacques, « Mochlos ou le conflit des facultés », *Philosophie*, 2, avril 1984 ; repris *in : Du droit à la philosophie*, Galilée, Paris, 1990.

LOSURDO Domenico, *Autocensure et compromis dans la pensée politique de Kant*, trad. J. -M. Buée, Lille, Presses Universitaires de Lille, 1993.

FOUCAULT Michel, *Dits et écrits*, tome IV, Gallimard, Paris, 1994. Les deux commentaires sur l'article *Qu'est-ce que les Lumières ?* se trouvent sous les n°s 339 et 351.

STRAUSS Leo, *La Persécution et l'art d'écrire*, trad. O. Seyden, Paris, Presses Pocket, Agora, 1989 ; *Le Testament de Spinoza*, trad. G. Almaleh, A. Baraquin, M. Depadt-Ejchenbaum, Paris, Le Cerf, 1991.

TOSEL André, *Kant révolutionnaire. Droit et politique*, Paris, PUF, 1988.

INACHÈVEMENT DU MONDE ET RÉDEMPTION CHEZ ROSENZWEIG DU THÉOLOGIQUE AU POLITIQUE

Je voudrais essayer de décrire comment s'ajointent, dans le « système de philosophie » qu'est *L'Étoile de la Rédemption* (l'expression est de Rosenzweig), l'inachèvement du monde, *topos* central de la pensée théologique juive, et la Rédemption au sens qui lui est assigné dans la structure mouvante exposée par ledit système. Sans doute superflu pour les lecteurs de *L'Étoile*, un rappel notionnel est cependant indispensable à l'intelligence des propos qui suivent.

I

Rosenzweig construit, on va voir de quelle façon, ce qu'il appelle des « éléments ». Ces « éléments » sont le résultat de la construction d'un « prémonde » et en même temps ils constituent d'emblée dans le « monde » la trame existentielle effective la plus immédiate de notre être-là. Que le « résultat » puisse être un « commencement », nous prévient Rosenzweig, ne surprendra que celui qui confondrait procès logique et facticité, c'est-à-dire « l'idéaliste » ou le « philosophe » ou en tout cas la plupart des « philosophes ». Nous nous mouvons donc dans une triangulation élémentaire Dieu-Monde-Homme (les trois mots sont le plus souvent écrits sans aucune ponctuation) : ces « éléments » sont des réalités parfaitement irréductibles, indéductibles d'autre chose, indémontrables, mais pourtant spontanément « expériençables » dans leurs interrelations. Nous n'en avons d'expérience immédiate que dans la relation, les relations multiples, les mises en mouvement (*Er-fahrungen*) Dieu-Monde-Homme. Cette construction élémentale est donc proprement une déconstruction, une *Destruktion* dit Rosenzweig avant Heidegger. Les « éléments » sont en effet les éclats d'un bris philosophique opéré dans la première partie de *L'Étoile* – bris de la belle totalité des philosophes en tant que fiction intégrative du « tout est un ». Rosenzweig repère les jeux et les variations de ce principe « d'unitotalité » de « l'Ionie à Iéna », c'est-à-dire des présocratiques à Hegel, du « tout est eau » à la « sphère de sphères », du Poème de Parménide au Système [1]. Comment s'effectue ce « fracassement » de la totalité synthétique des systèmes de théologie, de cosmologie et d'anthropologie, chacun se donnant historiquement comme le tout subsumant les autres parties du système et exprimant leur vérité, de l'Antiquité cosmologique aux Temps modernes anthropologiques en passant par le Moyen-Age théologique ? La construction (des « éléments ») / déconstruction (de la totalité) procède d'un néant préalable à tout savoir. Inspiré par la mathématique du transfini, Rosenzweig le nomme néant déterminé ou néant différentiel, c'est-à-dire néant de ... (et non pas néant vide et absolu). « Deux voies » peuvent permettre de passer d'un rien dans la pensée, d'un néant hypothétique, à un quelque chose déjà expériencé, à une facticité présupposée. La voie négative consiste en une négation de ce néant du savoir et donc en une position d'une détermination finie. La voie affirmative affirme précisément un non-néant et pose donc un infini. Le Oui et le Non, le plus et le moins, comme dit aussi Rosenzweig dans les formalisations tentées dans la première partie de *L'Étoile,* ne dessinent nulle figure ou procès dialectiques. Ils sont également originaires, même si les modalités de leur exposition peuvent laisser croire à des décalages. Car si le mouvement du savoir, qui va d'un rien à un quelque chose, n'était pas toujours-déjà fondé dans une affirmation infinie, ce savoir ne pourrait jamais parvenir à la connaissance de quelque chose d'effectif. Mais s'il n'était pas position de déterminations finies, il ne progresserait pas d'une connaissance moins précise, moins déterminée, à une connaissance plus précise et plus déterminée.

Les « éléments » ainsi affectés d'un Oui et d'un Non esquissent dans leur « prémonde » les entités closes et archétypales d'un monde passé, d'un monde d'avant le monde qui est comme le passé de toute

1. *L'Étoile de la Rédemption* (cité désormais ER), trad. A. Derczanski et J. L. Schlegel, Paris, Seuil, 1982, p. 11-26.

pensée, un passé présentifié dans l'acte de penser. Dans cette mesure, le « prémonde » est « perpétuel » : un Dieu ou des dieux mythiques, un Monde plastique, un Homme tragique. Au Oui qui pose une identité, au Non qui pose une différence, Rosenzweig ajoute le Et, la conjonction qui permet de comprendre le passage d'une pure position d'être à la multiplicité réelle. Ces trois « mots-origines » sont les compagnons silencieux de tous les mots manifestes, de toutes les propositions constructibles. L'ambition est de donner la structure fondamentale de toute facticité : fini-et-infini, particularité-et-universalité, activité-et-passivité, acte-et-chose, existence-et-essence. Rosenzweig s'arrête illustrativement sur le signifiant même du *fait, Tatsache (*ER, 285) : le fait détient un côté chose (*Sache)* et un côté acte (*Tat).* On peut songer ici à l'interprétation kabbalistique des deux Torah selon laquelle la Loi écrite et la Loi orale seraient comme les parties dispensatrice et réceptrice du divin lui-même. La structure Dieu-Monde-Homme articule donc les résultats prémondains, lesquels vont devenir, on l'a dit, les « commencements » du « monde », « constamment renouvelé » quant à lui, alors que le « prémonde » est « perpétuel ». La métaphore rosenzweigienne de la valise sert à marquer la nature strictement non dialectique de ce passage : « ... de même qu'on déballe en sens inverse de leur rangement les effets contenus dans une malle, ... la naissance hors du fondement se dissocie en ces actes [qui] ne se développent pas dialectiquement de sorte que le second serait issu du premier ; le Non n'est pas l'antithèse du Oui ... » (ER, p. 136-137). Chaque « élément » de la facticité Dieu-Monde-Homme, chaque facticité, va se porter vers les autres et s'arracher à sa fixité.

Ce devenir-événement des éléments, comme dit Rosenzweig, c'est leur Révélation, ce qui vient faire rupture dans la trame quotidienne en se donnant et en se vivant dans l'instant. Se révélant dans et pour des réalités humaines vécues, Dieu-Monde-Homme change de statut ontologique et existentiel dans une inversion généralisée (la valise qu'on défait), dans l'advention de la relation, par le langage et l'existence (l'un est « l'organon » de l'autre), dans le temps et pour un autre (il faut du temps et il faut un autre pour que je puisse parler et exister). Bien entendu, le toujours-déjà donné, c'est la relation elle-même, le « devenir sonore des mots-origines », soit le langage, l'existence et l'altérité ; ils ne viennent après que dans l'exposé constructif. Création-Révélation-

Rédemption vont croiser et conjoindre Dieu-Monde-Homme : on a là les six pointes de l'étoile.

Ici, comme sur d'autres points, Rosenzweig est débiteur du Schelling des *Ages du Monde*, Création-Révélation-Rédemption répondant au séquençage passé-présent-futur et aux modalités du connaître qui y sont associées et déchiffrées. La Création conjoint le moins de Dieu et le plus du Monde, elle est l'affirmation du Monde par un Dieu qui se retire de soi. Comme dans la Kabbale lourianique, l'Infini ne peut donner lieu au monde de la liberté et de la responsabilité qu'en faisant retrait pour confier l'espace de ce retrait à notre travail de réparation, au *tikkoun* ou à la recollection des étincelles disséminées après le bris des vases, pour parler comme les kabbalistes. La Révélation conjoint, elle, le plus de Dieu avec le moins de l'Homme, une donation et un accueil ; et la Rédemption le plus de l'Homme et le moins du Monde, négation par l'Homme de son propre être fini et affirmation d'un Monde ouvert à un autre monde. Dans ce système des éléments (Dieu-Monde-Homme), désystématisé par leur mise en relation (Création-Révélation-Rédemption), comment sont pensés ou repensés le monde comme inachevé et l'apocatastase comme politique ?

II

Analysant le mode relationnel Création, *L'Étoile* montre que, de même qu'il n'y a de passé que remémoré ou connu ou saisi aujourd'hui, donc présentifié (on voit là aussi le lien à Schelling), de même il n'y a de Création que révélée. Au sens fort, seule existe la Révélation d'un passé créationnel et aussi d'un avenir rédimant. Pour Rosenzweig, une Création qui ne se révèlerait pas ne serait qu'un prémonde élémentaire bis. Aussi toute Création en tant qu'elle est révélée, c'est-à-dire reprise dans un autre type de modalité relationnelle, est Re-Création, mieux Trans-Création (ER, 186). Saisie du côté de la Créature humaine (Rosenzweig l'envisage également du côté du Créateur et quant à la Relation), la Création signifie : conscience d'être créé, d'être en train d'être recréé ou transcréé, dans ce constant renouvellement créaturel en quoi consiste cette révélation de moi-même comme créature. Rosenzweig propose ici une différence décisive entre choséité et *Dasein*. L'existence, c'est ce qui, dans la créature, excède le simple créé chosal. Dans la révélation de sa création, le *Dasein* se découvre comme étant déjà-là. Ces pages de *L'Étoile* (publiée en 1920) ont évidemment appelé un rapprochement avec le Heidegger de *Sein und Zeit.* La facticité heideggerienne, c'est aussi cette découverte par le *Dasein*, dans ses modes d'être (déréliction, être-au-monde, historicité), de sa différence avec l'être-là-devant chosal. L'existence, c'est aussi cette « ek-sistence », cette extériorisation de soi (de soi par soi, « avance-sur-soi », pour Heidegger ; de soi par un autre, « Révélation », pour Rosenzweig) qui doit sans cesse se reprendre dans « l'ouverture du là », se reconstituer [1]. Cette Révélation, pour le *Dasein*, requiert la reconnaissance *et* de sa propre incomplétude transcréaturelle *et* de l'inachèvement du monde chosal ou élémentaire, la Rédemption nommant dès lors la modalité relationnelle de leur « entr'appartenance ».

L'inachèvement du monde s'atteste dans les formules énoncées par Rosenzweig dans sa construction des éléments [2]. Celles de Dieu et de l'Homme montrent deux homogénéités actives. Dieu est un universel qui crée et se révèle, l'Homme un particulier qui se révèle par un autre puis œuvre dans le Monde. Celui-ci, au contraire, est un hétérogène passif : il apparaît d'abord dans la multiplicité et la discontinuité phénoménale et il faut qu'un acte vienne l'assurer de son essence, en quelque sorte. Cette activité, le Monde la reçoit de Dieu dans la Création et de l'Homme dans la Rédemption. « L'énigmatique du monde », écrit Rosenzweig (ER, 259), c'est « qu'il se révèle avant que son essence n'existe », d'abord ensemble bariolé et chaotique, puis monde créé et à rédimer. Sa temporalité propre est donc à l'inverse de celle des deux autres éléments : le Dieu de la Création et l'Homme de la Révélation *sont,* dans

1. *Sein und Zeit*, §§ 50 et 28. Il faudrait aussi relever une certaine affinité de ces deux pensées dans les analyses de la temporalité et de la mort. Elle n'échappa guère d'ailleurs à Rosenzweig. Dans une petite recension de 1929, commentant la rencontre de Davos, il évoque « une position philosophique » (celle de Heidegger) qui serait « celle de notre pensée nouvelle » (« Vertauschte Fronten » *in* F. Rosenzweig, *Der Mensch und sein Werk, Gesammelte Schriften*, III, La Haye, M. Nijhoff, 1984, p. 236).

2. Pour autant que leur intérêt n'est pas de simple illustration, on pourrait les déployer dans plusieurs tableaux à entrées multiples. Donnons seulement ici les indications suivantes :

Dieu : A=/A
Homme : B=/B
Monde : B=/A

A signifie *universel* ; B signifie *particulier* ; = : ce qui articule.
Côté droit : Non [/] (liberté, activité, directionalité).
Côté gauche : Oui (essence, passivité, réceptivité).

un être-depuis-toujours ou dans un être-devenu, alors que le Monde *devient* (ER, 110, 259). Dire que le Monde se manifeste, ou arrive, avant d'être, dire que cet être ne lui advient que par l'Homme dans la Rédemption, revient à dire qu'il est inachevé. L'expérience immédiate que nous avons du monde, c'est celle de son inachèvement et, réciproquement, cette expérience de l'inachèvement n'est rien d'autre que l'expérience humaine du temps. Le présent grammatical verbalise l'instant et instantanéise l'expérience du monde. Le passé de ce monde, temps de la « philosophie narrative » dont Schelling esquissa le projet, se présente pour moi comme étant-là de son commencement à son terme dans la connaissance que j'en construis. Le futur est le mouvement même du monde en tant que celui-ci est un « venir », le *olam haba* de la tradition juive ou ce que Rosenzweig n'hésite pas à appeler « le Royaume » : un monde perpétuellement en souffrance de son achèvement, de la « vitalisation de son pur être-là » (ER, 265) puisqu'il est lui-même, dans sa tension d'hétérogène, ce qui quête cette venue en lui d'un autre, l'essentialisation de sa phénoménalité étant son avenir. Symétriquement par rapport au passé, le futur permet de dire au présent, dès à présent, ce mouvement d'infinitisation du monde. Un futur non anticipant n'est évidemment plus un futur mais « quelque chose qui se traîne sur la longue route stratégique du temps », sur une ligne plate. L'anticipation constitue la seule forme présente, la seule façon de vivre l'avenir dans la présence du présent. Autour de cette idée, Rosenzweig expose en quelques pages les linéaments d'une théorie messianique de la connaissance et de la croyance sur quoi s'ente toute connaissance. L'être en effet ne peut être expériencé que par la croyance au sens où, dans *L'Étoile,* la croyance caractérise dans une de ses significations majeures le fait de croire (sans choix alternatif possible) qu'il y a du présupposé relationnel, une facticité imprépensable (*unvordenklich*, disait Schelling) avant toute pensée et au fond de chaque existence. Croire et exister, c'est tout un puisque exister, c'est faire corps avec cette facticité. Revenons sur le rapport entre présence et anticipation, à partir de deux petites phrases de *L'Étoile :*

« Ce que nous cherchons n'est pas encore là, ou plus exactement, il est là comme n'étant pas encore là » (263-264).

« Le Royaume est toujours à venir, mais à venir, il l'est toujours » (265).

Il y a une sorte d'identité disloquée entre ces deux énoncés. Le Royaume, le monde achevé n'est jamais là puisque le monde est perpétuellement en voie d'achèvement. Mais c'est au présent (est, n'est pas, n'est pas encore) que je le dis. Cette caractérisation mondaine d'être à venir s'éprouve ontologiquement dans un présent perpétuellement renouvelé qui modalise toute relation à l'avenir. Ce doublet achèvement/inachèvement est la texture même du temps, faite de surabondantes attentes. On reconnaît là, bien sûr, la figure générique du messianisme juif. Sur un plan strictement philosophique, il faudrait dire qu'une attente est inscrite au cœur même de l'expérience des hommes et qui en rompt l'immanence : dans un *à-dieu* pour Levinas, dans un *à-la-mort* pour Heidegger (le *Dasein* comme ek-sistence est ontologiquement constitué lui aussi dans une rupture) et dans un *au-monde* pour Rosenzweig – étant bien entendu que ces trois effets de rupture ne sauraient être réduits ou figés. On doit aussi mentionner dans la même ligne, de façon au moins suggestive, le nom de Walter Benjamin : « De ce qui est inachevé (= bonheur), la remémoration peut faire quelque chose d'achevé et de ce qui est achevé (= souffrance), elle peut faire quelque chose d'inachevé. Cela relève de la théologie, mais la remémoration nous fait faire une expérience qui nous interdit de concevoir l'histoire d'une manière fondamentalement athéologique » [1]. Une véritable constellation de pensée relient ces thèmes, dans laquelle l'anticipation blochienne tiendrait aussi une place, *L'Étoile* elle-même en esquissant les usages, par exemple dans ce qui est décrit comme « un demain qui pourrait bien être aujourd'hui » ou encore « un aujourd'hui qui serait conscience d'être plus qu'aujourd'hui » (265). Ce champ magnétique d'une théologie historique, d'un messianisme politique, se découpe sur le fond d'une différence très marquée entre la figure du « progressiste » et celle du « croyant », comme dit Rosenzweig. On a d'un côté une saisie de l'histoire sous la catégorie de son sens, de sa finalisation, dans une concaténation causale de déterminations linéaires et cumulées qui forment la marche de l'Esprit absolu. De l'autre une vision de l'histoire où « le Royaume avance à pas imprévisibles » (ER, 269), où « chaque seconde est la petite porte par ou le Messie peut entrer » comme disent

1. *Passagenwerk* in *Gesammelte Schriften*, V, 1, p. 584. Précisons que la remémoration est un thème central des analyses du livre III de *L'Étoile de la Rédemption* consacrées aux liturgies juive et chrétienne.

les kabbalistes, c'est-à-dire où chaque instant est disponible pour l'accueil toujours possible de « l'éternité ». Le propre de l'histoire, dès lors, ce serait d'être imprédictible, faite de « miracles » (jusques et y compris au sens trivial de ce mot lorsqu'on l'utilise pour parler de l'inattendu ... d'un boom économique). L'histoire, tout simplement, n'est pas un pur être-là chosal et son imprédétermination par la raison résulte des attentes dont elle est saturée.

III

L'*être-au-monde-inachevé,* situation de l'homme rosenzweigien, est circonscrit par la catégorie de Rédemption comme relation Homme-Monde. Comme la Création, la Rédemption est révélée par la Révélation, centrale, à tous les sens du terme, dans l'économie générale des flux et des temporalités dessinée par *L'Étoile.* Théologiquement, la Révélation révèle le miraculeux d'une existence singulière engagée dans une rencontre au présent du Soi (l'Homme tragique), désormais ouvert à l'extériorité divine par le commandement d'aimer. Les pages consacrées par Rosenzweig au commandement d'aimer Dieu, très rigoureusement distingué d'une loi, sont désormais connues [1]. Seul l'amant peut dire « aime-moi » (ER, 210), attestant dans ce dire le déjà-là de l'amour. Si l'autonomie est le pouvoir qu'a la volonté de se déterminer en se donnant à elle-même sa loi, indépendamment de tout mobile sensible, et si elle est le principe unique de toutes les lois morales, de sorte que ces lois morales ne reconnaissent que le présupposé de la liberté, alors cette autonomie (celle de Kant bien sûr) n'est autonome qu'aussi longtemps qu'elle n'a aucun contenu. Dès qu'elle s'en donne un, écrit Rosenzweig, ou bien la loi qui vient déterminer la liberté est vide, ou bien elle est quelque chose et l'autonomie est pliée à ce contenu. Dans sa réponse à l'injonction-imploration divine, le Soi est transi, traversé par une parole dialogale, et il se constitue alors dans sa clôture défaite comme Je

1. Paul Ricœur les a commentées. On peut y trouver la source contemporaine de toutes les pensées de l'exposition de la loi, de sa légalité, à une légalité plus vaste, plus « légale » et plus ancienne – ce que Blanchot appelle « application de la Loi avant la Loi » ; ce que Levinas décrit comme une éthique précédant toute détermination en lois et en concepts ; ce que Derrida, scrutant « le performatif du contrat », explique lorsqu'il décrit comment la loi qu'on se donne garde un rapport irréductible à la loi qu'on reçoit avant la loi.

humain, comme sujet de langage et d'existence. Mais il y a là toutefois un péril, « mystique » dit Rosenzweig, celui de l'enfermement de l'Homme dans un tête-à-tête avec Dieu, totalement oublieux du Monde, substituant sa quiétude à sa fermeture antérieure. L'inquiétude de « l'âme aimée », son souci, cette nostalgie projective, va porter au désenclavement du duo, à un au-delà de cette culmination de l'existence dans l'évidence fulgurante de l'instant. Sans cela, le Monde, abandonné par la posture « mystique », serait retenu dans ses figures élémentaires et prémondaines. Pour Rosenzweig, il y a une sorte de circulation objectale de l'amour qui préside, à partir du commandement, à l'ouverture et à la mise en interrelation des éléments. A certains égards, la Rédemption prolonge le commandement d'aimer Dieu en le tournant et en le faisant déboucher sur celui d'aimer le prochain, *das Nächste* écrit Rosenzweig au neutre pour souligner qu'il est un fragment du Monde qui en signifie l'altérité foncière dans une assignation à une tâche rédimante. La catégorie métagrammaticale qui, d'ailleurs, correspond à la Rédemption (comme l'*événement* pour le narratif de la Création ou l'*expérience* vécue, *Erlebnis,* pour le dialogal de la Révélation), c'est l'*action.* Quelle est la teneur de cette action transmondaine ?

Elle est un travail qui consiste à produire, ou tout au moins à s'efforcer de produire, l'arrangement, l'ajointement, de deux temporalités, celle de l'Homme et celle du Monde, à effectuer de « l'éternisation », ce dont l'inquiétude amoureuse de l'âme aimée était en quête. Trois contenus distincts de cette action (où se retrouve d'ailleurs la scansion temporelle Création-Révélation-Rédemption qui est comme la pulsation secrète de toute réalité) sont indiqués dans *L'Étoile* :

1. Il y a tout d'abord l'action humaine sur la choséité. C'est une action pratique et finalisée qui se donne un but, y subordonne des moyens et dont l'objet et le champ sont le monde comme créature. Dans l'Antiquité « enchantée », les instruments de cette action sur les choses étaient la magie et l'astrologie et Rosenzweig leur attribue une fonction analogue à celle de la technique et de la science dans notre monde désenchanté. En effet, elles médiatisaient un rapport au monde dans une univocité de la signification, dans un résultat pratique insoucieux de son essence, un rapport impensé au monde. Ce premier contenu de l'action relève de la modalité Rédemption car il déploie l'une des liaisons Homme-Monde, en visant notamment l'humanisation de la nature.

2. Le deuxième contenu de l'action, c'est évidemment la relation personnelle, l'amour du prochain comme procès d'humanisation de l'homme, de qui aime et de qui est aimé. Le prochain, on l'a dit, est dans *L'Étoile* le représentant plénier du Monde, son « lieu-tenant », « le substitut de tout autre et de tous les autres » (283), c'est-à-dire la part du monde qui m'est la plus accessible, le « premier venu » de Levinas et non pas celui qui m'est affectivement ou biologiquement le plus proche. La mise au neutre du prochain par Rosenzweig n'est évidemment pas son anonymisation ; elle tend à neutraliser toute proximité spatiale perceptible. Tendanciellement, l'amour du prochain effectue « l'entr'appartenance du n'importe qui et du monde entier » (ER, 278 – ce qui est une belle définition de l'action rédimante). Contrairement à l'action sur les choses, il est tout entier sous « le signe de l'indétermination ». Il n'a pas en effet de fin prédéterminée, sauf à se galvauder en acte charitable, lequel concernerait davantage le Soi cuirassé que la transformation d'un fragment du monde pouvant hâter la venue du Royaume. Libre, spontané, vivant dans les hasards de la rencontre, de la relation, l'amour du prochain expose car il n'est assuré de rien. Pour l'âme en vis-à-vis de son Dieu, le prochain emporte son dé-tournement sans garantie vers le Monde, son tournement vers l'inachèvement de celui-ci, véritable tropisme de la Rédemption.

3. La prière fait le troisième contenu de l'action. Anticipation imaginaire et communautaire d'une situation qui n'est pas encore, elle est avant tout ce moment langagier où un sujet se tourne vers le monde. Rosenzweig se réfère ici au verbe hébraïque *lehitpalel* qui signifie prier non pas au sens d'un recueillement intérieur mais, littéralement : se mettre en état d'être jugé de l'extérieur. Une fonction utopique de la prière s'affirme, d'un certain mode de prière, faudrait-il dire, car *L'Étoile* propose une typologie précise des prières. Pour Rosenzweig, très proche dans ces pages du Bloch de *L'Esprit de l'utopie,* livre à peu près contemporain de *L'Étoile,* l'utopie atteste une réalité à venir dans ses traces présentes. La prière, cette prière, a une fonction active, comme dans certaines théurgies kabbalistiques, mais avec toutes les différences inscrites dans leur profonde repensée. Capacité et conscience anticipantes, elle fond en une croyance partagée la multiplicité des Je sans en abolir la singularité et projette ainsi souhaits et désirs particuliers vers un à-venir, le « surmonde » éternel, dont l'horizon serait la réconciliation de l'Homme et du Monde – cette possible définition de la Rédemption

chez Rosenzweig consonnant remarquablement avec celle de la « révolution » chez le jeune Marx, celui, notamment, des *Manuscrits de 1844*.

La praxis, le prochain et la prière, pierres d'angle de la Rédemption comme relation Homme-Monde d'où Dieu s'absente, se lient de ce fait dans ce qu'on pourrait appeler une transcendance horizontale. Il y aurait en effet lieu, écrit Rosenzweig, de « faire des exigences du Royaume de Dieu des exigences pour le temps » (339). Une véritable politique messianique est esquissée dans *L'Étoile de la Rédemption* [1], mais désabusée, sans les connotations de *Schwärmerei* qu'on associe habituellement au terme. Elle consiste dans un double et même constat explicitement formulé dans une lettre de 1924 à la façon d'un mot d'ordre : « limitation nécessaire de toute politique qu'il faut faire malgré tout » [2].

Cette politique messianique se déploie dans des analyses circonstanciées (judaïsme, christianisme, sionisme, assimilation et dissimilation) qu'il serait trop long d'évoquer par le menu. On peut cependant, pour conclure, indiquer leur substrat théologico-philosophique. De façon radicalement anti-hégélienne, l'histoire se présente, dans *L'Étoile*, la *Correspondance* et de nombreuses annotations du *Journal*, comme attente d'un imminent, champ d'une incessante tension entre temporalité (des cultures et des civilisations) et éternité (ou éternisation processuelle). Ni co-incidence dialectique de ce qui est avec ce qui doit être, du réel avec le rationnel, ni dépassement de ses tragiques déchirements dans une forme plus haute de réconciliation, elle s'ouvre indéfiniment sur l'extériorité de ce qui n'est pas elle et qu'elle ne saurait juger. Elle est donc placée « sous le signe de l'indétermination », de son indétermination en raison des « prochains » impliqués dans les projectualités aléatoires de la Rédemption [3] – seule une représentation de l'histoire

1. Le jugement de Gershom Scholem sur ce point (voir « Sur l'édition de 1930 de *L'Étoile de la Rédemption* de Rosenzweig » *in Le messianisme juif*, Paris, Calmann-Lévy, 1974) doit être, me semble-t-il, fortement nuancé.

2. *Gesammelte Schriften*, éd. cit., II (*Briefe und Tagebücher)*, p. 969 (lettre du 1er juin 1924). Je me permets de renvoyer, à propos de la Correspondance « politique », à « État et éternité chez Franz Rosenzweig » *in* A. Münster (dir.), *La Pensée de Franz Rosenzweig*, Paris, PUF, 1994, p. 137 *sq*.

3. On trouverait sans mal dans le dialogue d'Ulrich et d'Agathe à la fin de *L'Homme sans qualités* ou dans les aphorismes des cahiers *in-octavo* de Kafka de très

comme « procès sans sujets » croit pouvoir en inventer les lois et les théorèmes.

Dans cette tension sans relève du temps et de l'éternité, dans ce sillonnement de ce monde-ci par un autre monde, Rosenzweig voit l'État [1] comme le grand rival par mimétisme de l'éternité. Il est en effet une force dont les formes sont perpétuellement changeantes et qui travaille, à travers ces incessantes transformations, à convertir la temporalité des peuples et l'historicité de leurs mondes en simulacre d'éternité effective et advenue, en fait à travestir leur mouvance en suspens du temps. Sans relâche, l'État s'emploie à arrêter le flux continuel des relais qui segmentent l'histoire en un édifice stable et ordonné, singeant dans la monumentalité spatiale l'infini et l'éternité. Cette succession de présents étatiques, de « maintenant », est maintenue par le glaive, par la violence institutionnelle, même lorsqu'elle est douce, car le barrage fait toujours violence au fleuve : du coup, les « moments » de la conscience de soi de l'Esprit universel, en se faisant suite pour mimer une pseudo-solution enfin advenue des contradictions, s'annulent les uns les autres.

La pensée rosenzweigienne de l'entr'appartenance rédimante, c'est-à-dire de l'achèvement, par éternisation de fragments du monde, de ce qui est inachevé, y oppose le strict point de vue théologique, au sens benjaminien, d'une extra-historicité et d'une extra-étaticité habitables et praticables du dedans même de l'histoire et de l'État, par la liturgie ou par l'utopie concrète. C'est certainement l'une des significations les plus riches de cette « nécessaire limitation d'une politique qu'il faut faire malgré tout ».

nombreux énoncés insérables sans rupture de trame dans le tissu de pensée rosenzweigien. Commun « expressionnisme » théologique et philosophique de ces penseurs ?

1. Dans les déterminations qu'en donne Hegel dans ses philosophies du Droit et de l'Histoire et que reçoit Rosenzweig comme sa terrible vérité (voir *Hegel et l'État,* trad. G. Bensussan, Paris, PUF, 1991).

Toute politique est en effet excédée par l'éternité, toute action est supportée par un flux rédempteur qui la met au monde et, du coup, tout État s'essaie à combler un peu de cet écart, au risque toujours menaçant de s'auto-instituer en instance faussement transcendante.

Gérard BENSUSSAN
Université de Provence

Bibliographie sommaire

ROSENZWEIG Franz, *L'Étoile de la Rédemption*, trad. A. Derczanski et J. L. Schlegel, Paris, Seuil, 1982 ; *Der Mensch und sein Werk. Gesammelte Schriften*, La Haye, M. Nijhoff, 1984.

MÜNSTER Arno (dir.), *La Pensée de Franz Rosenzweig*, Paris, PUF, 1994.

TABLE DES MATIÈRES

ACHEVÉ D'IMPRIMER
EN FÉVRIER 1999
PAR L'IMPRIMERIE
DE LA MANUTENTION
A MAYENNE
N° 33-99

Dépôt légal : 1er trimestre 1999